Editorial

On the road: Heftredakteurin Meike Kirsch mit dem Propheten Peter Mt. Shasta; Fotograf Alex Tehrani in Downtown Los Angeles

Liebe Leserinnen und Leser,

„Coast of Dreams" hat der Historiker Kevin Starr Kalifornien genannt, denn keine andere Weltgegend lässt uns so sehr träumen. Wenn wir ins Kino gehen, dann in zwei von drei Fällen, um eine Hollywood-Produktion zu sehen. Wir summen die Songs der Beach Boys oder der Red Hot Chili Peppers, um uns in Strandstimmung zu bringen. Die schnittigeren Linien deutscher Automarken stammen aus kalifornischen Design-Labs, ebenso wie die coolen iPods. Und natürlich sind es Wissenschaftler aus Kalifornien, die prophezeien, dass Querschnittsgelähmte dank Stammzellen bald wieder Laufen lernen.

Was nur hat diese Küste, dass es sich hier so viel befreiter, so viel gewagter träumen lässt als bei uns? Die Schönheit der Natur, die wir im Heft abbilden, das milde Klima allein sind es nicht. Dann könnte das Silicon Valley auch in Mecklenburg liegen, Hollywood an der Algarve. Was Kalifornien einzigartig macht, ist, dass hier die Vergangenheit konsequent abgeschafft und die Zukunft zur Religion erhoben wird. Der Golden State ist nämlich nicht nur der größte Exporteur, sondern auch der größte Importeur von Träumen: Jeder vierte Einwohner wurde außerhalb der USA geboren, fast jeder zweite spricht zu Hause eine andere Sprache als Englisch. Die Hoffnungen, das ungestüme Vorwärts der Neuankömmlinge geben dem Staat seit jeher einen Optimismus, der Einheimische wie Besucher mitreißt, und dieses spezifische Gefühl: Alles ist möglich.

Viel Spaß bei der Lektüre und beim Träumen wünscht Ihnen Ihr

Florian Hanig

(Florian Hanig)

W0396372

INHALT

96

Mount Shasta
DER ZAUBERBERG

Dieser Gipfel hat Kraft. Wie ein Magnet zieht der Mount Shasta Sinnsuchende an, die an seinem Fuße die großen Fragen des Lebens stellen. Zum Beispiel: War ich Marilyn Monroe?

32

Las Vegas
ZIRKUS UMS GROSSE GELD

Manege frei für die Jongleure des Glücks: Steve Wynn, der König von Las Vegas, verrät GEO Special, wie er seine nächsten Milliarden verdienen wird. Mike Russo, Spieler, möchte eine ganze Menge davon abhaben

82

Los Angeles
AB IN DIE MITTE!

Es ist ein kalifornisches Märchen. Ein Ex-Obdachloser und ein findiger Gärtner schaffen, was unmöglich erschien: Die lange verwahrloste Downtown strahlt wieder

52

Themen

Nationalparks
BLÜTEN-THERAPIE
Gestressten Europäern verschreiben Ranger gern die acht kalifornischen Nationalparks. Dosierung: möglichst hoch. Nebenwirkungen: allgemeine Entspannung, Freiheitsgefühle und Glückswallungen

Extrem-Surfen
EKSTASE IM SCHLEUDERGANG
Wenn es Schutzengel gibt – in Maverick's haben sie alle Hände voll zu tun. Wer hier das Board in Wände aus Wasser steuert, hat keine Angst vor dem Tod, nur vor der Flaute

Hollywood
TRICKSER AN DIE MACHT!
Hollywood hat neue Helden: die digitalen Tüftler der Trickfilmstudios. Sie animieren nicht nur Pixelcharaktere wie »Die Unglaublichen«, sondern auch ein müdes Kinopublikum

Unterwegs
CALIFORNIA DREAMIN'
Immer noch ist die Anziehungskraft Kaliforniens gewaltig wie die Weite des Ozeans. Hier lässt sich auf jede(r) Tour Optimismus tanken

Venice
DAS ANDERE ARKADIEN
Geplant war der Strandvorort als gesittetes Venedig an der Westküste, als perfektes Idyll, doch dann wurde Venice zum Konzentrat Kaliforniens: schrill, quietschbunt und liebenswert unvollkommen

Rubriken

Titelbild: Golden Gate Bridge im Nebel; Fotograf: Paul Harris

Reise-Service

Der große Reiseteil mit Empfehlungen für einen unbeschwerten Urlaub:

19 SEITEN AKTUELLSTE TIPPS UND ADRESSEN

HEIMAT DER STARS

Hollywood, das zeigt ein etwas anderer Spaziergang, ist vor allem eine schillernde Fassade

Hier reißen sich viele ums Sitzenbleiben: Papp-Stars vor der Oscarverleihung im Kodak-Theatre

AUF DEN STÜHLEN, DIE DIE WELT BEDEUTEN

Jeder kann Julia Roberts sein – jedenfalls an drei Tagen im Jahr. Wer einen der begehrten Jobs für die Kameraprobe der Oscarverleihung ergattert, darf für 24 Dollar Stundenlohn gen Bühne schreiten und schluchzend eine Zwei-Minuten-Dankesrede improvisieren. Damit keine Missverständnisse auftreten, verliest der Moderator jeden Sieger-Namen mit dem Zusatz „For this rehearsal only“, zu Deutsch: „Nur für diese Probe“. Besonders glamourös geht es dabei nicht zu: Als Ersatz für die Oscar-Statue halten oft leere Flaschen her. Wer bei der nächsten Probe vom 3. bis 5. März 2006 dabei sein will, schickt seine schriftliche Bewerbung an „Seligman Entertainment“, 1438 North Gower Street, Los Angeles, CA 90028.

KARRIERE DANK WUTANFALL

Das Hochhaus 7050 Hollywood Boulevard ist ein Bau in Braun und Schmutzigweiß. Was hier 1994 geschah, gibt es eigentlich nur im Film: Damals betrat eine 18-jährige Südafrikanerin namens Charlize Theron die Bank, um einen Scheck in Bargeld einzutauschen. Als der Mann hinterm Schalter sie wegschicken wollte, weil Theron kein Konto besaß, wurde sie laut. So laut, dass ihr der Talent-Scout John Crosby, der auch in der Schlange wartete, beeindruckt seine Karte zusteckte. Nach ein paar Wochen rief Theron ihn an, 2003 bekam sie einen Oscar für ihre Rolle in „Monster“.

Monster-Erfolg mit einer Szene, die in keinem Drehbuch stand: Charlize Theron

STIMMEN AUS DEM OFF

Segen der Technik: Jetzt können auch normale Menschen im Film Unsterblichkeit erlangen

Seit Jungunternehmer Tyler Cassity mit nicht einmal 30 Jahren den „Hollywood Forever Cemetery" am Santa Monica Boulevard gekauft hat, erleben die Toten des Friedhofs ihre letzte Unruhe: Cassity, der Grabsteine als „Steinzeittechnologie" bezeichnet, führte das multimediale Begräbnis ein. Auf Wunsch werden Bestattungszeremonien jetzt live im Internet übertragen, und am „Erinnerungskiosk", einer Konsole mit Touchscreen, lassen Videoclips mit Interviews und bewegenden Bildern Verstorbene wieder auferstehen. Die Idee hatte Cassity, als seine Großmutter starb und ihm kurze Zeit später ein Tonband mit ihrer Stimme in die Hände fiel. Über den Button „Grab finden" verrät der digitale Ahnenverwalter auch, wo genau in dem 25 Hektar großen Park eine letzte Ruhestätte zu finden ist. Mit Erlaubnis des jungen Friedhofbesitzers haben Fans zum Beispiel schon im „Kathedralen-Grabmal, Gruft 1205" eine nächtliche Gedenkfeier zelebriert. Hier ruht Stummfilmstar Rudolph Valentino, dem die Cocktail-Party bestimmt gefallen hätte.

MIT DEM **WISCHTUCH** DURCH DIE GALAXIS

Im Dienste des Gewerbeverbands von Hollywood poliert John Peterson, 56, für neun Dollar und acht Cent pro Stunde die Sterne des Walk of Fame (Hollywood Boulevard und Vine Street). Früher war er obdachlos und wienerte gegen Trinkgeld von Touristen – bis er 1999 den bezahlten Job und eine Wohnung bekam.

Herr Peterson, wie viele Sterne gibt es eigentlich? Über 2000. Ich schaffe schätzungsweise 100 am Tag. Manchmal nur 80, wenn irgendwo Kaugummi draufklebt. Kaugummi kostet viel Zeit. Auch Skateboard-Spuren sind besonders übel.

Poliert das Image der Stars: John Peterson. »Warum wird gerade Ronald Reagan gehasst?«, fragt er sich oft

Ihr Geheimmittel? Fensterreiniger und extra starke Papiertücher, damit verschwindet jede Art Dreck von den Sternen. Wenn der letzte Stern glänzt, fange ich wieder von vorne an.

Haben Sie einen Liebling? Arnold Schwarzenegger, aber seit der in die Politik gegangen ist, hat meine Begeisterung nachgelassen. Es wundert mich, dass es seinem Stern noch nicht so geht, wie dem von Ronald Reagan. Den beschmutzen Leute mit Absicht, manche pinkeln sogar drauf.

Mehr als nur neun Buchstaben: der Hollywood-Schriftzug

DAS **Y** SPENDIERTE PLAYBOY **HUGH HEFFNER**

Der Hollywood-Schriftzug auf dem Mount Lee im Griffith Park ist gesichert wie der Tresor eines paranoiden Millionärs. Zehn Videokameras sind ringsum installiert; und eine Menge Bewegungsmelder. Vor dem größten Feind können sie das Wahrzeichen jedoch nicht schützen: einem chronisch leeren Bankkonto. Weil die Stadt Los Angeles zu arm ist, bettelt die Stiftung „Hollywood Sign Trust" bei der Lokalprominenz um Spenden. Das letzte große Geschenk gab es 2005, als eine Malerfirma den dringend nötigen neuen Anstrich für die fast 14 Meter hohen Buchstaben spendierte. Dass der Schriftzug überhaupt auf seinem Hügel stehen blieb, verdankt er ebenfalls leeren Kassen: Eine Immobilienfirma hatte 1923 das Wort „HOLLYWOODLAND" an den Hang montiert, um für eine Neubausiedlung zu werben. Nach der Kampagne war kein Geld da, um die Konstruktion aus Strommasten und Blech vollständig wieder abzureißen.

Ein Raum wird wahr: Stars und Sternchen lassen sich hier betten – gern auch pompös

HEIMAT DER TÜFTLER

Kalifornien ist der Welt oft voraus. Verrücktheiten von hier könnten also bald unter uns sein

COMPUTER AM STEUER

Auf dem Siegerfoto des „Grand Challenge"-Rennens fehlt der Fahrer – es gab keinen. Stanley, ein umgebauter Volkswagen Touareg, manövrierte sich im Oktober 2005 völlig auf sich gestellt über einen 220 Kilometer langen Kurs quer durch die Mojave-Wüste. Eine absolute WELTPREMIERE. Zehnmal in der Sekunde berechnete Stanley seine Position dank eines Gehirns aus sechs Pentium-M-Motherboards im Kofferraum, Lasersensoren, Videokameras und GPS-Navigationssystemen. Computer am Steuer, so die Hoffnung von Stanleys Entwicklern, könnten bald Auffahrunfälle verhindern, beim Einparken helfen – und irgendwann den Menschen hinterm Steuer ganz überflüssig machen.

SCHEITERN MACHT LUSTIG

Eis am Stil, die Jukebox und die Barbie-Puppe traten von hier ihren Siegeszug an – der Brüllomat unerklärlicherweise nicht

Ob Moira und Frank Figone wohl ein glückliches Paar waren? Ihre Erfindung lässt darauf schließen, dass mitunter Spannungen die Stimmung trübten: Das Team aus Belmont konstruierte im Jahr 1989 einen BRÜLLOMATEN, der Wutgebrüll erstickt. Schreit man in den Schaumstoffzylinder hinein, schluckt er den Lärm, und die Nachbarn werden nicht gestört. Besondere Lautstärke wird mit blinkenden Leuchtdioden belohnt.

Um seine Sehnsucht nach Meeresrauschen künftig auch fern der Küste stillen zu können, bastelte Rick Hilgert aus Santa Ana eine SURFMASCHINE. Ein Benzinmotor ließ ein Rohr mit 3,40 Meter Durchmesser so schnell rotieren, dass die 2275 Liter Wasser darin durch Zentrifugalkraft an die Wand gepresst wurden: eine Welle, die nie brach. Surfer glitten auf ihr dahin, ohne vom Fleck zu kommen. Wenn die Testpersonen allerdings stürzten, wirbelten sie im Kreis herum, als wären sie in die Trommel einer Waschmaschine geraten. Weil niemand die 1995 patentierte Maschine kaufen wollte, baute der Erfinder sie 2005 wieder auseinander.

Dass Walter Netscherts gewiefte Erfindung floppte, hatte andere Gründe. Netschert beschloss Ende der 1980er Jahre, endlich Frieden zwischen Rauchern und Nichtrauchern zu stiften und erfand den RAUCHER-HUT. Das klobige Gerät sitzt wie ein Helm auf dem Kopf des Trägers und verdeckt das halbe Gesicht. Wenn Qualm aufsteigt, pustet ihn ein batteriebetriebener Ventilator direkt in den Aktivkohlefilter der Konstruktion und anschließend durch ein Riechstoff-Reservoir, dass die Hut-Abgase angenehm nach Vanille oder Fichtennadel duften lässt. Was Netschert nicht vorhersah: Kalifornien hat das Problem der Mief-Belästigung längst anders gelöst. Fast überall gilt heute striktes Tabakverbot.

Erfindungen, die die Welt verkannt hat: Raucher-Hut (links) und Brüllomat (rechts oben)

Bundesrepublik Deutschland
Finanzagentur GmbH

Wer jetzt oder später viel vorhat, sollte sich finanziell rechtzeitig darauf einstellen. Bundeswertpapiere sind dafür genau die richtige Geldanlage – und noch mehr. Sie können damit kurz-, mittel- oder langfristige Ziele verfolgen, Anschaffungen planen, die Ausbildung sichern und fürs Alter vorsorgen – monatlicher Auszahlungsplan inklusive. Mehr Informationen jetzt unter 069/95114269 oder per Coupon.

Bundesschatzbriefe: Anlage mit 6 bis 7 Jahre steigenden Zinsen.
Finanzierungsschätze: Anlage mit 1 oder 2 Jahre festgelegten Zinsen.
Bundesobligationen, Bundesanleihen, Bundesschatzanweisungen: Börsennotierte Wertpapiere mit unterschiedlichen Laufzeiten, festgelegten Zinsen und garantiertem Rückzahlungswert.

Wer will, der kann. Bundeswertpapiere.

Bitte schicken Sie mir kostenlos ausführliche Informationen. Informationsdienst für Bundeswertpapiere, Lurgiallee 5, 60295 Frankfurt/M., Fax: 069/95114160, Mail: bwp@deutsche-finanzagentur.de

Name

Straße

PLZ, Ort

Weitere Informationen zu Bundeswertpapieren: automatischer Ansagedienst 069/95114159, Faxabruf aktuelle Konditionen 069/2570200 10, Faxabruf Kurse & Renditen 069/2570200 12. Oder bei der Bundeswertpapierverwaltung: Service-Center 06172/108222 oder 030/69034222, Service-Computer 06172/108930 oder 030/69034930.

Frühes Erwachen in den Ästen einer gewaltigen Monterey-**Zypresse** –
15 Meter über der Schwerkraft des Lebens

Sorge dich nicht, schwebe

Glücklich zu sein, fällt Kaliforniern von Natur aus leichter als anderen, denn der Golden State ist wie die aufgehende Sonne eines neuen Tages: ein Versprechen, dass alles gut ist – oder gut werden wird. Eine Bilderreise zu den Heimatorten dieses besonderen Gefühls

Kalifornische Riviera nennen die Bewohner von Santa Barbara ihre Küste dank der 300 Sonnentage im Jahr und der vielen Palmen, die für Skater an der Strandpromenade Spalier stehen

Tausende wildromantische
Buchten reihen sich an der Küste von
Big Sur, dem »großen Süden« aneinander –
jede von ihnen ein Logenplatz für ein Rendezvous
mit der Liebsten oder den Elementen

Luftnummer mit Doppelseil,
aber ohne doppelten Boden.
Bei der Traverse zur Felsnadel Lost Arrow Spire,
500 Meter über dem Yosemite Tal,
erleben Kletterer Hochgefühle

Kann man jemanden schöner in die Wüste schicken als in die Dünen von Stovepipe Wells? Benannt ist die Gegend nach Pionieren, die Ofenrohre in den heißen Sand steckten, um Wasserstellen zu markieren

»Baum-Stellung«, vriksha-asana,
heißt diese Yoga-Übung. Aber auch mit
viel Spirit wird die junge Frau im Jedediah Smith State Park
nie die Standhaftigkeit der Redwood-Bäume neben ihr erreichen:
Die wachsen dort nämlich fast seit Christi Geburt

Außerirdische werden in Kalifornien in schöner Regelmäßigkeit gesichtet. Bei den merkwürdigen Sandsteinbögen der Alabama Hills landen allerdings meist etwas abgehobene Irdische

Wie eine Diva steigt San Francisco aus dem Schaumbad des Nebels, das sie fast jeden Abend umschließt. Ursache ist eine kühle Meeresströmung an der Küste, über der zwischen Mai und September warme Luft kondensiert

Hasta la vista, Arnie

Arnold Schwarzenegger ist die Personifizierung des Californian Dream: ein Einwanderer, der bewiesen hat, dass alles möglich ist. Doch heute brauchen die Kalifornier keinen starken Mann mehr um zu träumen. Denn mit dem Golden State geht es auch ohne »Gouvernator« wieder bergauf

TEXT: SUSANNE WEINGARTEN

Erfolg in der Zukunft beginnt heute", steht auf einem handgemalten Banner in der Bibliothek der George Porter Middle School. Um das Banner hängen Wimpel der besten amerikanischen Universitäten, die Bücherschränke im Raum allerdings sind halb leer. Mit großer Wahrscheinlichkeit werden es die überwiegend hispanischstämmigen Kinder aus Granada Hills, einem Durchschnittsvorort von Los Angeles, nie nach Yale, Harvard oder Princeton schaffen – auch wenn die Wimpel in ihrer Bücherei den großen Traum symbolisieren, auf den sich Kalifornien gründet: Fange heute an, für deinen Erfolg zu kämpfen, dann wirst du morgen ein besseres Leben führen. Du kannst es schaffen, auch wenn alle Umstände gegen dich sprechen.

An einem kühlen, windigen Dezembertag empfängt die George Porter Middle School einen Gast, der diesen Traum von einer besseren Zukunft verkörpert wie kein zweiter. Arnold Schwarzenegger steuert das in der Bibliothek bereitstehende Rednerpult an. Er hält sich übertrieben aufrecht, hat den Kiefer zu einem Nussknackerlächeln auseinander gezogen. Der Gouverneur trägt zu perfekt geputzten Cowboystiefeln einen perfekt gebügelten Anzug in Königsblau, seine perfekt gefönten Haare leuchten in einem Farbton, der in der Natur eher selten auf Köpfen 58-jähriger Männer vorkommt.

Vor Schwarzenegger haben sich 15 Fernsehteams aufgebaut. Für diese Kameras ist er geschminkt und gepudert, obwohl er nur einen Routinetermin abspult, Futter allenfalls für eine 30-Sekunden-Meldung in den Lokalnachrichten. Aber der Erste Mann im Sonnenstaat tritt mit einer Akribie an, als ginge es um das entscheidende Fernsehduell im Präsidentschaftswahlkampf. Jede Geste wirkt geplant, jede Bemerkung auswendig gelernt.

Als Schwarzenegger im Herbst 2003 zum Gouverneur gewählt wurde, stöhnten viele Kommentatoren: „Die spinnen, die Kalifornier ..." Nur in Kalifornien, so schrieben sie, könne ein alternder Actionstar den übergangslosen Wechsel von Hollywood in die Politik schaffen. Die Einschätzung war ebenso richtig wie falsch. Richtig, weil das Phänomen Schwarzenegger in der Tat nicht denkbar ist ohne die „Küste der Träume", wie der Historiker Kevin Starr jenes gelobte Land nennt, dessen gesellschaftliches Gewebe vor allem von Ideen und Hoffnungen zusammengehalten wird, von einer Psychologie der ewigen Erwartung – und nicht nur von schnöden Gegebenheiten.

Wenn Amerika sich über seine hochfliegenden Ansprüche auf Gleichheit, Freiheit und Glück definiert, dann potenzieren sich in Kalifornien diese Ansprüche, bis der Rest des Landes nur noch staunt. Erst vor 156 Jahren wurde die Küste der Träume zu einem amerikanischen Bundesstaat, damals lebten an ihr gerade ein paar Hunderttausend Menschen. Inzwischen sind es 36 Millionen, ein Achtel der Gesamtbevölkerung der Vereinigten Staaten. Die Zuwanderer verwandelten die Wüsten in fruchtbare Äcker. Immer zog es diejenigen nach Kalifornien, für die das Neue, das Unvorstellbare vorstellbar schien: die Goldgräber, die Gründer Hollywoods, die Tüftler der Rüstungsindustrie, die Hippies, die Computerbesessenen des Silicon Valley, die Umweltschützer und aktuell die Visionäre der Biotechnologie.

„Die spinnen, die Kalifornier", ist aber auch eine falsche Einschätzung, weil sie ignoriert, wie wichtig Träumen für den Erfolg Kaliforniens ist. Als 4,2 Millionen wütende Wähler ausgerechnet „Ahnuld" ins Amt des Gouverneurs spülten, wählten sie nach jahrelangen Krisen die Hoffnung auf einen Mann des Neuanfangs, der nicht weiter *business as usual* auftischen würde.

Die Hoffnung auf einen, der selbst mit großen Träumen im gelobten Land ankam – und mit dem unbändigen Ehrgeiz, sie zu verwirklichen. Schwarzenegger, geboren in der österreichischen Steiermark, flog 1968 in die USA und ging bald dorthin, wo das Bodybuilding bereits boomte: nach Los Angeles, in das Fitnessstudio Gold's Gym am „Muscle Beach" von Venice. Sicher, auch dort galt die Bodybuilding-Kultur noch als belächelte Randerscheinung. Aber die Toleranz für Freaks und Fanatiker war groß, und die Surfer an den Pazifikstränden hatten den Körperkult bereits zu zelebrieren begonnen.

Was der Bodybuilder erschafft, ist nur auf den ersten Blick ein Körperideal allein. Er drückt vielmehr eine Selbstverwandlung aus, in der das alte Ich langsam hinter einem neuen Ich verschwindet. Auch diese Selbstverwandlung hat lange Tradition an der Küste der Träume; schon viele der *Selfmademen* der Gründungsära hatten alte, häufig kriminelle Biografien an der Ostküste zurückgelassen und erfanden sich im Westen neu. Es ist geradezu eines der Versprechen von Kalifornien, dass hier nur zählt, was jemand erreicht. Die Vergangenheit ist vergessen.

Arnold Schwarzenegger hat das Bodybuilding nie als Zweck an sich gesehen; für ihn war es der Weg zu Anerkennung und Ruhm. Als junger Bodybuilder träumte er, „als König oben auf einem Berggipfel zu stehen. Mit keinem Platz für jemand anderen. Nur für mich". Dass der muskelbepackte Körper im Laufe der 1970er Jahre grundlegend umgedeutet wurde, dass er zunehmend als Männlichkeitsideal statt als Geschmacksverirrung galt, ist vor allem Schwarzeneggers Verdienst, der es bis 1980 zum fünffachen Mr. Universum und siebenfachen Mr. Olympia brachte.

Für die nächste Selbstverwandlung war der Einwanderer in seiner neuen Heimat genauso richtig: Nur 20 Kilometer nordöstlich von Gold's Gym, wo er sich seinen Bizeps von 56 Zentimetern antrainierte, liegt Hollywood. Und auch dorthin kam Arnold Schwarzenegger zur richtigen Zeit: 1981 stieg sein Vorbild Ronald Reagan, der ehemalige Hollywood-Westernstar, vom kalifornischen Gouverneur ins höchste Amt der Vereinigten Staaten auf. Als Präsident neigte Reagan nicht nur dazu, Politik in eine Kino-Terminologie zu kleiden. Seine konservative Revolution beruhte auch auf der Beschwörung einer nationalen Kraft, die ihren direkten Ausdruck in den gepanzerten Körpern von Actionhelden fand – Körpern, deren Aufgepumptheit die Muskelhelden früherer Jahrzehnte wie Waschlappen aussehen ließ.

In der Reagan-Ära fungierte Hollywood als eine Fabrik, die konservative Wunschvorstellungen in alle Welt transportierte. An der Küste der Träume wurde die in Washington erdachte Politik in handliche Geschichten verpackt. Lange abschätzig betrachtet, avancierten Actionfilme damit zum wichtigsten, teuersten und erfolgreichsten Genre der Filmindustrie. Was Schwarzenegger, den größten Kraftprotz von allen, zum Inbegriff des unerschütterlichen Helden – und zum bestbezahlten Kinostar überhaupt krönte. Aber auch die Schauspielerei sah er nur als Mittel zum Zweck. Hollywood war für ihn der einzige Ort, an dem globale Kultfiguren erzeugt wurden, und dadurch der logische nächste Schritt zur Mehrung von Anerkennung und Ruhm. Politik war der logische übernächste.

Mitte der 1990er Jahre, man erinnert sich kaum, hielt der Rest der Welt die politischen Ambitionen des Mannes, der überwiegend für Einzeiler wie „I'll be back" bekannt war, noch für einen Treppenwitz der amerikanischen Geschichte. Man wunderte sich darüber, dass er ausgerechnet eine Kennedy-Nichte geheiratet hatte, die Fernsehjournalistin Maria Shriver, und damit Mitglied der wichtigsten Politikerdynastie Amerikas wurde. Der Autodidakt Schwarzenegger blieb eine Lachnummer für das liberale Establishment der Ostküste, das hartnäckig die kalifornische Bewunderung für Selbstverwandlungen unterschätzte – und die an der Westküste verbreitete Toleranz für die Vulgarität des Erfolgs.

Doch an der Küste der Träume herrschte längst die Überzeugung, dass Unterhaltung und Politik zunehmend ununterscheidbar waren – und das nicht nur, weil hier ein Popstar wie Sonny Bono zum Kongressabgeordneten oder ein Filmstar wie Clint Eastwood zum Bürgermeister gewählt werden konnte. So wie sich die Leinwand zum ideologischen Schlachtfeld gewandelt hatte, operierte umgekehrt die Politik zunehmend mit ›

In Mr. Universum-Zeiten brachte es Arnold Schwarzenegger auf 56 Zentimeter Bizeps, die noch in seinen Filmen »Predator« und »Terminator« für ihn sprachen. Erst in der Rolle des Gouverneurs muss der gebürtige Österreicher seit 2003 selbst reden

den klassischen Taktiken Hollywoods: Mithilfe des Fernsehens wurden politische Images aufgebaut und kultiviert, öffentliche Auftritte von Kandidaten folgten strikten Drehbüchern, die ihre dramaturgischen Höhepunkte stets in Massenjubel, Tusch und Triumphgesten fanden. Die Person war zur eigentlichen Botschaft geworden.

Von dieser Hollywoodisierung der Politik hat kein anderer so profitiert wie Arnold Schwarzenegger – kein anderer beherrscht sie so gut. „Worum es auch immer geht", gab Schwarzenegger einmal zu Protokoll, „Hype ist alles." Als Filmstar war er sich selbst *message* genug, und dieses Prinzip wollte er auch auf die Politik übertragen: Action zum Wohle der Gesellschaft.

Die Chance zum Einstieg in das neue Metier kam eher unverhofft. Die kalifornischen Wähler hatten in einem Volksreferendum den amtierenden Gouverneur zur Abdankung gezwungen, praktisch jeder konnte als Nachfolger bei der Neuwahl antreten. Und Schwarzenegger war bestens vorbereitet: Er hatte die Rechte an Nacktfotos und inkriminierenden Interviews aus früheren Bodybuilder-Tagen aufgekauft, die Nazi-Vergangenheit seines Polizistenvaters Gustav sowie Gerüchte über eigene hitlerfreundliche Kommentare durch jahrelanges Engagement für jüdische Einrichtungen aufgewogen und ein Netzwerk an Kontakten mit Politikern und Wirtschaftsgrößen geknüpft. Vor allem aber hatte er gelernt, nicht von seiner Gier nach Größe zu reden, sondern von der Teilhabe am amerikanischen Traum. „Alles, was ich im Leben erreicht habe, verdanke ich Kalifornien – und darum ist es an der Zeit, etwas zurückzugeben", rief er gern in die Menge.

Im Wahlkampf ging Schwarzenegger politischen Debatten mit seinen Gegnern gezielt aus dem Weg; viel lieber stellte er sich in Sacramento mit einem Besen vor das Regierungsgebäude und verkündete, er werde ausmisten. In wirtschaftlichen Fragen ein knallharter Rechter, in heiklen gesellschaftspolitischen Fragen wie Abtreibung, Homoehe oder Stammzellenforschung dagegen eher liberal, versprach der Republikaner Schwarzenegger, alles für alle Wähler zu sein – und als Action-Gouverneur durchzugreifen.

Und das Land war reif für dieses Versprechen. Als Kalifornien Schwarzenegger wählte, hatte der Staat innerhalb kürzester Zeit zahlreiche schwere Erschütterungen erlebt, die seine Identität grundlegend infrage stellten. Anfang der 1990er Jahre, nach dem Ende des Kalten Krieges, war die Rüstungsindustrie zusammengebrochen, die jahrzehntelang Hunderttausenden ein Vorortidyll mit Pool und Doppelgarage finanziert hatte. Dazu kamen Erdbeben, Feuersbrünste, Regenstürme und Springfluten, die das Land wie biblische Plagen überzogen; die immer brutaleren Gangkriege in den Städten; die Rassenunruhen nach dem Rodney-King-Prozess und eine ständig wachsende Staatsverschuldung. Gegen das Prinzip der Hoffnung schien sich die Noir-Fassung der kalifornischen Legende – der Traum als Albtraum einer sich in ihrer Hybris selbst verschlingenden Gesellschaft – durchzusetzen, die Autoren von Raymond Chandler bis Michael Connelly beschworen.

Kaum hatte sich Kalifornien einigermaßen vom Chaos erholt, platzte Ende 2001 die Internet-Blase. Wieder verloren Zehntausende ihren Job, wieder klaffte bald ein milliardentiefes Haushaltsloch. Und wie um die kollektive Furcht vor dem Absturz zu untermalen, versank die Hochburg der High Tech-Schmieden in Dunkelheit: Eine katastrophale Energiepolitik führte monatelang immer wieder zu *blackouts*, die den Alltag lahm legten. Ja, es war an der Zeit für einen neuen Traum.

Zwei Jahre nach seiner Wahl jedoch ist Schwarzeneggers Popularitätsquote auf unter 40 Prozent gefallen. Auch der „Gouvernator" hat sich als ganz normaler Politiker entpuppt, der seine Klientel bedienen, am Budget herumtricksen und Termine in Schulen abreißen muss. Und Schwarzenegger hat im November 2005 den für sein Image fatalen Fehler gemacht, eine Reihe von Entscheidungen auf die Bürger abzuschieben, anstatt sie in der Hauptstadt zu treffen: von wegen Action. Alle von ihm vorgeschlagenen Reformen fielen bei der Volksabstimmung glatt durch. „No, no, no, no, no, no, no, no", höhnte die „Los Angeles Times", andere Medien waren nur wenig gnädiger.

Wichtiger noch für den Popularitätsverfall als die Enttäuschung über Stümpereien, ist allerdings die schlichte Tatsache, dass Schwarzenegger seine Schuldigkeit bereits getan hat. Dem Golden State geht es wieder besser: Die Arbeitslosenquote sank von 6,8 Prozent im Jahr 2003 innerhalb von zwei Jahren auf 5,4 Prozent, und die Exportzahlen, die zwischen 2000 und 2003 um mehr als ein Viertel gefallen waren, steigen wieder stark an. Wäre Kalifornien eine unabhängige Nation, würde sie als achtgrößte Wirtschaftsmacht der Erde geführt. Kalifornien braucht Schwarzenegger nicht mehr, um von einer besseren Zukunft zu träumen. **I**

Als **Susanne Weingarten**, 41, Arnold Schwarzenegger zum Film „End of Days" interviewte, erzählte ihr dieser von seinen Plänen, in die Politik zu wechseln. Weingarten blieb skeptisch. „End of Days", dachte sie 1999, sei auch „End of Career". „So kann man sich irren", sagt die promovierte Amerikanistin heute.

Nordamerika für Individualisten

Individuell...

Individuell das ganze Jahr

Frühling

Beach & More im Sunshine State Florida

Über 60 Hotels in allen Kategorien, ob am Golf von Mexiko, der Atlantikküste, den Keys oder mitten im Themenparkparadies Orlando. Z.B.

Microtel Inn & Suites Orlando NN+

Tagespreis im DZ inkl. Frühstück

p. P. schon ab € **13,–**

Herbst

Lobster Essen in Neuengland?

Wir bringen Sie hin, z.B. mit British Airways nach Boston inkl. aller Steuern und Gebühren

p. P. schon ab € **529,–**

Flüge zu tagesaktuellen Preisen in 100 weitere Destinationen in Nordamerika

Sommer

Busrundreisen exklusiv deutschsprachig und mit Halbpension

Z.B. 18 Tage Kanada von den großen Seen zum Pazifik. Im Doppelzimmer inkl. Halbpension

p. P. schon ab € **1.649,–**

Frühbucherpreis bis 28.02.06

Verlängerungsnächte in Vancouver individuell dazubuchen Z.B.

Sandman Hotel Downtown Vancouver NNN

Tagespreis im DZ

p. P. schon ab € **29,–**

Winter

Wintermärchenstadt New York

Welcome to the Big Apple

Hotel Pennsylvannia NN+

3 Nächte im Doppelzimmer ohne Verpflegung inkl. Singapore Airlines Flug

p. P. schon ab € **465,–**

Hotel Thirty Thirty NNN

3 Nächte im Doppelzimmer ohne Verpflegung inkl. Singapore Airlines Flug

p. P. schon ab € **489,–**

Weitere Informationen und Buchung **in Ihrem Reisebüro** oder unter Tel. **0 18 03 - 88 88 55***

*(€ 0,09/Min. aus dem gesamten Bundesgebiet)

Neckermann macht's möglich.

Neckermann Reisen

neckermann-reisen.de

MIDLIFE-KRISE

Lebensmitte: Die Chance, sich neu zu finden

MAGEN-MEDIKAMENTE

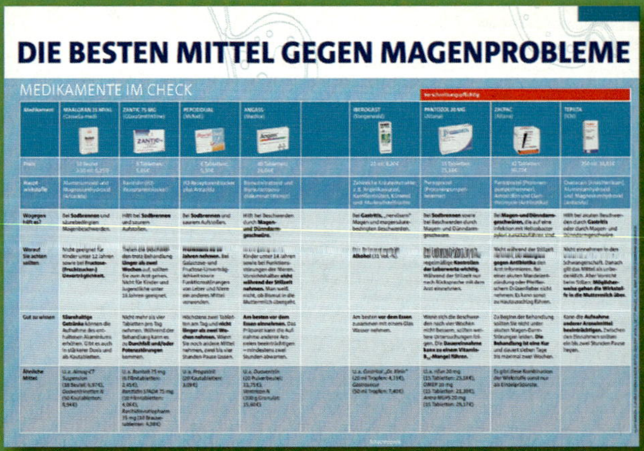

Was bei Sodbrennen und Co. wirklich hilft

Jetzt kostenloses Probe-Exemplar anfordern: 018 05/8 61 80 00 (12 Cent/Min.)

RAUCHEN

Zigarette ade! So schaffen auch Sie es

ALTERNATIV-MEDIZIN

Sanfte Heilung für Rücken und Wirbelsäule

GESUNDHEIT

Die billigste, schönste Medizin der Welt: Lachen

EXTRA: FITNESS-POSTER

So trainieren Sie Ihre Gelenke richtig

Lesen Sie gesund.

DER ZIRKUS UMS GROSSE GELD

Wenn sich im New York-New York-Hotel der Vorhang zur Show »Zumanity« hebt, fallen schnell die Hüllen der Darsteller. In dieser Revue zeigt sich der Cirque du Soleil von seiner nicht jugendfreien Seite

The show must go on in Las Vegas. Die Stadt zelebriert ihren Größenwahn mit immer schrilleren Shows, immer gigantischeren, immer luxuriöseren Hotels. Finanziert wird das Spektakel durch die Einnahmen in den Kasinos. Ein paar Profispieler aber überlisten das System – und werden dafür gejagt

TEXT: TORSTEN HAMPEL

Der Mann, der einst in London kein Kasino eröffnen durfte, weil Scotland Yard annahm, dass er für ein Verbrechersyndikat arbeitete, wird in Las Vegas der König der Stadt genannt. Zu seinem Vermächtnis, hier in der Wüste, zählt ein Vulkan, zählen weiße Tiger, Piratenschiffe, Tausende Spielautomaten und mehr als 10 000 Hotelbetten. Es ist früher Nachmittag, er sitzt auf einem Stuhl und erzählt von seinem neuen Palast. Wieder ein Kasinohotel. Kosten: 2,5 Milliarden Dollar. In Gedanken baut er schon das nächste.

Eine Meile weiter südlich erwacht wie immer um diese Zeit gerade ein anderer Mann aus dem Schlaf. Würde er vom Bett aus zum Fenster hinaussehen, könnte er den Namen des Königs lesen. Er ist hoch über der Stadt an die Fassade des neuen Hotels montiert. „Wynn.“; der Punkt hinter dem Namen ist so groß wie ein Mensch. Steve Wynn ist Kasinobesitzer, Mike Russo, der keinen Kaffee braucht, um wach zu werden, Spieler. Zwei Männer, die nach nichts so sehr streben, als einander das Geld abzunehmen.

Wynns Büro liegt im Erdgeschoss des Hotels, 50 Stockwerke unter dem Namensschild, der Raum ist etwas kleiner als ein Tennisplatz. Den Boden bedeckt ein cremefarbener Teppich, an den Wänden glänzen schwarze Mosaikfliesen. Wynn, 65 Jahre alt, sitzt auf einem Stuhl, mitten im Raum, zu seinen Füßen liegen die Schäferhunde Palo und Sela. Er hat das rotbackige Gesicht eines Jungen, keine Falten, bis auf die beiden, die von den Nasenflügeln zu den Mundwinkeln verlaufen. Vorhin hat er sich zu Sela hinuntergebeugt und „gib Küsschen“ gesagt, auf Deutsch, sie leckte ihm daraufhin mit der Zunge über die Lippen. Jetzt sitzt er wieder aufrecht da. Seit die Hunde schlafen, ist er gelangweilt, und deshalb redet er nun vom Kambrium.

„Vor 540 Millionen Jahren explodierte das Leben auf der Erde“, sagt Steve Wynn. „Die Vielzeller kamen auf, komplexes Leben, fast über Nacht. Wahrscheinlich, weil die Erde abkühlte. Und seitdem ist die Geschichte des Lebens bestimmt durch zwei Dinge: das warme, nicht mehr heiße Licht der Sonne und das Wasser.“ An das Licht und an das Wasser habe er gedacht, als er sein Hotel baute, sagt er. 2700 Zimmer, 18 Restaurants, zwei Theater, ein Berg, ein See, 1960 Spielautomaten, ein 18-Loch-Golfplatz, zwei Ballsäle, 31 Boutiquen, fünf Schwimmbäder, ein Ferrari- und Maseratigeschäft, zwei Hochzeitskapellen. Es ist, gemessen an der Zimmerzahl, bei weitem nicht das größte Hotel in der Stadt. Es ist das, was am meisten gekostet hat. Wer es betritt, glaubt nicht mehr in Las Vegas zu sein.

Das Wynn ist ein stilles Haus, ein bronzefarbener Bogen aus Glas, der das Stilempfinden der Wohlhabenden nicht stört. Tageslicht kommt durch Fenster und Decken im Erdgeschoss, jedes Restaurant und jede Bar hier hat Tische im Freien. Der Berg vor dem Haus, 43 Meter hoch und bewachsen mit Tausenden Kiefern, schirmt das Hotel vor dem Autolärm und den wilden Lichtern des Las Vegas Boulevard ab. Und nicht jeder Weg führt, wie in den anderen Häusern an dieser Straße, die nur „der Strip“ genannt wird, geradewegs ins Kasino. Das Hotel ist das Las Vegas der Zukunft.

Steve Wynn sagt: „Wenn du heute hier bestehen willst, hast du den Gästen die Wahl zu lassen.“ Er spricht ›

1| Place your Bett, please: Hoteltycoon Steve Wynn scheut keinen Einsatz – sein 2700-Zimmer-Palast »Wynn.« hat 2,5 Milliarden Dollar gekostet. 2| Schon beim Betreten wird dem Gast klar, was der Eigentümer unter »Lobbyarbeit« versteht – wozu diese Traumwelt eigentlich wieder verlassen? 3| Der Urnengang führt zu einem der 18 Restaurants des Hauses. 4| Sollte am Ende des Marsches noch keine Entscheidung gefallen, dafür aber ein neues Paar Schuhe vonnöten sein – auch damit können exklusive Boutiquen an der Esplanade dienen

3

4

1| In den Kasinos drehen die Dealer am Rad – und bleiben meist Herr der Lage. 2| Slot Machines wie im Hotel Paris Casino sind die eigentlichen Gewinnbringer der vergangenen Jahre. Günstig in der Anschaffung, erwirtschaften sie hohe Erträge. Selbst Millionen-Jackpots müssen von den Spielhallenbesitzern nicht gefürchtet werden – das Geld wird meist in Raten von über 20 Jahren ausgezahlt. 3| Geben und nehmen. Am Kartentisch des MGM Hotel & Casino ist ehrliche Handarbeit gefragt. 4| Fehlende Uhren und Fenster verwandeln die Kasinos in Zeit- und Raumschleusen. Natürlich gibt es immer Auswege aus der Spielwelt, man muss sie nur finden – »Exit«-Schilder sind rar

mit vollem Mund, ein Schokoladenriegel. In den Händen rollt er das Stanniolpapier zu einer Wurst. „Und du kannst heute auch nicht mehr in die Stadt reinkommen mit weniger", sagt er. „Du kannst hier nicht herkommen und eine Boutique aufmachen. Las Vegas hat seinen Maßstab, und der fordert Größe. Immer mehr. Es ist so eine Art Evolution." Wynn sagt, er habe das alles erst jetzt begriffen.

Mike Russo, der Spieler, hat sich das Wynn gleich zur Eröffnung angesehen. Es war ein Donnerstag Ende April 2005. Russo wusste: Das Sicherheitspersonal würde sehr aufmerksam sein in dieser ersten Nacht, und auch die Detektive von Griffin Investigations wären ganz sicher da, sie kannten sein Gesicht. Überwachungskameras würden an Computer angeschlossen sein, die biometrische Merkmale lesen und auswerten können. Wie breit ist die Nase, wie groß ist der Abstand zwischen den Augen, stehen die Ohren ab? Aber Russo hat in den vergangenen Jahren auch die Erfahrung gemacht, dass diese Maschinen nicht gut funktionieren. Mike Russo sagt von sich, er habe das Allerweltsgesicht eines weißen amerikanischen mittelalten Mannes, es sei nicht besonders individuell. Er hat eine gute Haut, weil er kaum trinkt und nicht raucht, hellblaue Augen, und seine Zähne sind weiß.

Er ist gleich zu den Blackjacktischen gegangen, zu jenen, an denen man bis zu 10 000 Dollar auf ein Spiel setzen kann. Er hat die Kartengeber beobachtet, die *dealer*. Sie sind gut gewesen.

Mike Russo, 48, ist Blackjackspieler. In den Steuererklärungen für das Finanzamt gibt er das als seinen Beruf an: *gambler*. Er ist einer von vielleicht 30 Männern in Las Vegas, die von Blackjack leben können. Sie haben ein paar Fähigkeiten, ein schneller Blick und mathematische Kenntnisse gehören dazu, die sie gewinnen lassen, wenn die Umstände gut sind. In den Kasinos von Las Vegas werden sie dafür gehasst, und sie werden gejagt. Fachleute sagen, dass Menschen wie Russo den Gewinn aus diesem Kartenspiel um drei Prozent schmälern.

Glücksspiel ist im Grunde ein sicheres Geschäft. Steve Wynn sagt: „Die einzige Chance, in einem Kasino reich zu werden, ist, es zu besitzen", der Satz ist in Las Vegas zum geflügelten Wort geworden. Wynn ist reich, aber er sagt auch, er sei nicht im Glücksspielgeschäft, er sei im Erholungs- und Unterhaltungsgeschäft. „Das Geld aus meinem Kasino ermöglicht lediglich all die

anderen Dinge, die ich tue." Dieses Geld ermöglicht die beiden Theaterhäuser, es ermöglicht den Golfplatz, der auf teurem städtischem Baugrund steht, es ermöglicht die Flachbildfernseher in den Badezimmern des Hotels. „Niemand macht sich mehr auf den Weg nach Las Vegas, nur um sich an einen Spielautomaten zu stellen." Wynn flüstert jetzt, weil es sich bei dem, was nun kommt, um den zweiten Teil seiner persönlichen Entdeckung handelt: „Viele Leute sind heute einigermaßen reich. Sie wollen das Beste, und sie wollen nicht lange danach suchen: die besten Shows, die besten Zimmer, den besten Service, die besten Restaurants, die besten Läden. Und wenn sie das bekommen, dann gehen sie vielleicht auch einmal spielen."

Vor allem aber bewirkt ein Haus, das alles bietet, folgendes: Die Menschen, haben sie es betreten und ein Zimmer gemietet, vermissen nichts darin. Sie gehen nicht woanders essen, einkaufen, spielen, Shows anschauen. Sie tun alles nur dort. All ihr Geld bleibt. Für diejenigen, die in den besonders großen, bis zu 1200 Dollar teuren Zimmern in der Südhälfte seines Hotels wohnen, hat Wynn einen separaten Eingang bauen lassen. Wer das Spielvolk nicht sehen will, der bekommt es auch nicht zu sehen. Wynn sagt, dass er es gern hätte, wenn die Einkünfte aus seinem Kasino bald weniger als 45 Prozent seiner Einnahmen ausmachen würden.

Mike Russo ist noch einige Male im Wynn gewesen, er sagt, dass es langweilig sei. Alles so geordnet und ruhig, und die Überwachung scheint lückenlos zu sein, zu viele Kameras. Wynn hat in jeden der Leuchter über den Spieltischen eine montieren lassen.

Am Ende gewinnen Kasinos fast immer, die mathematischen Gesetze der Spiele, die sie anbieten, geben das vor. Roulette, Blackjack, Baccara, Craps. Die *slot machines*, die einarmigen Banditen, die zu Hunderten in fast endlosen Reihen in den Spielhallen stehen, sind so programmiert, dass in ihnen abends meist mehr Geld liegt als am Morgen. Insgesamt 6,8 Milliarden Dollar haben die Kasinos der Stadt im Jahr 2004 an den Spielern verdient.

Russo unterläuft die mathematischen Gesetze, doch was er tut, ist nicht illegal. Er nutzt nur jeden Vorteil, den ein Spiel ihm bietet. Für Blackjack hat er sich entschieden, weil es das angreifbarste Kasinospiel ist. Russo sagt, den Lauf einer Kugel beim Roulette könne man kaum vorhersehen. Und wie man bei Craps, einem Würfelspiel, ein System in den Zufall bringt, kann er sich auch nicht vorstellen. Nur beim Blackjack, sagt er, kann er sehen, was gleich kommen wird. Bei diesem Spiel geht es darum, mehr Punkte als die Bank zu erreichen, maximal 21, in Deutschland ist Blackjack unter dem Namen 17 und 4 bekannt. Als Spieler gewinnt man, wenn man näher an der 21 liegt als die Bank oder diese sich überkauft hat.

Russo ist angewiesen auf schlampige und abgelenkte Dealer, er muss Blicke auf die verdeckten Karten erhaschen können, er muss auf Dealer treffen, deren Mischtechnik durchschaubar ist, es gibt Möglichkeiten, anhand des Rückseitenmusters einer Karte auf ihren Wert zu schließen. Und wenn Russo gewinnt, muss er es so tun, dass es keinen Argwohn weckt. Es muss aussehen, als hätte er Glück. Er brauchte Jahre dafür.

Einmal waren Russo und Wynn beide im selben Raum. Russo erinnert sich nicht mehr genau, es muss im Hilton-Hotel gewesen sein, ein gesellschaftliches Ereignis, Jahre her. Er weiß noch, dass Wynn von zwei Begleitern in den Saal geführt worden ist. Wynn hat eine Augenkrankheit. Nachts, an Orten, die kaum beleuchtet sind, sieht er fast nichts; und tagsüber nur das, was er fixiert, das Drumherum bleibt schwarz. Als würde er durch eine Röhre schauen. Deshalb wirft er am Tisch Weingläser um, deshalb stolpert er über Treppenstufen. Wynn bemerkt oft nicht, wenn ihm Menschen, denen er gegenübersteht, die Hand geben wollen. Russo wird ihm an jenem Abend im Hilton nicht aufgefallen sein.

Eine Donnerstagnacht, Mike Russo spielt. Im High-Limit-Raum, maximal 5000 Dollar Einsatz pro Spiel. Das Rio, ein großer Glaszylin- ›

der, der violett und rosafarben leuchtet, liegt abseits des Strip, 800 Meter die Flamingo Road hinauf. Russo ist oft hier, er macht hohe Umsätze. Die Kasinomanager haben ihn in die Kartei der Stammgäste aufgenommen, würde er verlieren, bekäme er vom Haus Kredit. Er hat eine *player's card* aus Plastik, zeigt er die in den Geschäften und Restaurants vor, muss er nicht bezahlen. Es ist ein Bonus, den die Kasinos ihren Gästen gewähren, den Menschen, die oft kommen und oft verlieren. Solange auch Russo diese Karte besitzt, solange er als Verlierer gilt und seine Gewinne dem Zufall zugeschrieben werden, hat er alles richtig gemacht.

Es ist halb eins, in den letzten fünf Minuten hat Russo 19 800 Dollar gewonnen. Aber nun, aus dem Nichts, stehen sechs Männer in schwarzen Anzügen um seinen Tisch, hinten an der Wand fünf Polizisten in Uniform. Eine Frau ist dabei, auch sie im Anzug. Sie stellt sich neben Russo und sagt: „Wir möchten, dass Sie gehen."

Er hat sie nicht kommen sehen. Er hatte zurückgelehnt in seinem Sessel gesessen seit halb neun, rechts außen am Tisch. Die Amateurspieler, die Touristen, waren irgendwann endlich gegangen. Er hatte Chips vor sich aufgestapelt, violett wie die Rio-Fassade. Jeder 500 Dollar wert, jeweils zehn übereinander, fünf Stapel. Zwei gelbe Tausender lagen daneben.

Russo steht auf und geht aus dem Raum, hinaus in die riesige Spielautomatenhalle. Er hofft, dass die Sicherheitsleute ihm folgen und sagen, dass alles nur ein Irrtum war. Sie kommen nicht. Russo sagt: „Ich hatte am Schluss eine 17, die Kameras haben das vielleicht gesehen, und ich hab trotzdem eine Karte nachgefordert. Ich wusste ja, dass die Dealerin 18 hat und ich etwas riskieren musste." Wer ein Blatt hat, mit dem er gewinnen könnte, der hat eine Hand, sagen die Spieler. Die 17 ist keine besonders gute Hand, sie ist von den guten die schlechteste. Hat man eine 17, belässt man es üblicherweise dabei, man fordert keine Karten mehr nach. Alles andere erregt Verdacht.

Die Spieler nennen es Hitze, *heat*, wenn sie die Aufmerksamkeit des Kasinopersonals auf sich ziehen. Russo denkt darüber nach, ob er hätte bemerken können, dass es heiß wurde. Er kommt zu dem Schluss: Jetzt ist es zu spät. Jetzt ist sein Gesicht auf den Überwachungsvideos. Man wird Fotokopien machen und sie an die Angestellten des Rio verteilen. Einen Monat lang, ›

Schöne Aussichten. Fast sieben Milliarden Dollar verspielten Besucher 2004 in der Glitzerwelt von Las Vegas – 700 Millionen mehr als im Vorjahr. Das Geld hat der Stadt einen gewaltigen Bauboom beschert

1| Viel Neon ist verglüht, seit der texanische Cowboy Benny Binion an der Fremont Street sein Kasino eröffnete. Das Golden Nugget war Steve Wynns erstes eigenes Spielerparadies.
2| Rund um künstliche Lagunen in den Vororten leben diejenigen, die vom Glücksspiel profitieren: Hotelmanager, Croupiers, Immobilienmakler.
3| Dem alten Themenpark-Konzept ist das Hotel New York-New York verpflichtet. Praktisch: von Manhattan zur Freiheitsstatue braucht man keine Fähre

das ist die Faustregel, wird er sich hier nicht mehr sehen lassen können. Und die Bonus-Plastikkarte ist nun wahrscheinlich auch wertlos.

Seit 1989 lebt Russo in Las Vegas. Wynn war zu jenem Zeitpunkt längst da, er konnte 1967 als Teilhaber beim Kasinohotel Frontier einsteigen, vermittelt durch alte Freunde seines Vaters, eines Bingohallenbetreibers von der Ostküste. Einige Monate später kam heraus, dass andere Frontier-Teilhaber im Auftrag von Gangstern aus Detroit arbeiteten. Wynn hatte nichts damit zu tun, dennoch zog er sich aus dem Frontier zurück, kaufte Anteile am heruntergewirtschafteten Golden Nugget und sanierte es. Mit 31 war er dort Chef.

Als Russo in Las Vegas noch nach einer Wohnung suchte, eröffnete Wynn das Mirage, 610 Millionen Dollar teuer, 3000 Zimmer in drei 30-stöckigen Türmen. Es war der erste Neubau seit 16 Jahren, mit der Stadt ging es bergab. Kasinos waren mittlerweile an vielen Orten im Land erlaubt, warum sollten die Spieler also nach Las Vegas kommen? Wynn dachte nach und fand die Antwort: weil sie ihre Familien hierher mitbringen können. Er ließ die Zauberer Siegfried und Roy und ihre Tiger im Mirage auftreten, vor dem Haus eruptiert bis heute alle 30 Minuten ein künstlicher Vulkan, Delfine schwimmen durch ein Korallenriff.

Wynn hatte Erfolg mit dem Rummelplatz. Seine Konkurrenten zogen nach. Excalibur, eine Art mittelalterliche Burg, wurde gebaut, das Luxor, eine mächtige Glaspyramide, entstand, und ein Hotel bestehend aus Nachbauten berühmter Hochhäuser, das New York-New York, mit Freiheitsstatue und Brooklyn Bridge.

1993 eröffnete Wynns Treasure Island, 2900 Zimmer, 36 Stockwerke, vor der Tür nahezu stündlich eine Seeschlacht mit Piraten und königlich-britischer Marine. 1996 das Monte Carlo. Schließlich 1998 das luxuriöse Bellagio, 1,7 Milliarden Dollar teuer, in den Restaurants und einer Galerie hing Wynns Gemäldesammlung. Mindestens 300 Millionen Dollar wert.

Er hat diese Häuser 2000 alle verkauft, sein Rivale Kirk Kerkorian bezahlte 6,4 Milliarden Dollar dafür. Wynn sagt, es sei ein Geschäft unter Gentlemen gewesen, andere Kasinobetreiber in der Stadt sagen, es war eine feindliche Übernahme. Kerkorian habe so lange Anteile an Wynns Imperium zusammengekauft, bis ihm genug davon gehörte und er das Sagen hatte. Kerkorian selbst äußert sich nicht.

Steve Wynn redet über diese Häuser so, als seien sie allesamt Fehler gewesen. Das Schokoladenpapier hat er längst zu einer Kugel geformt und in den Papierkorb geworfen, drei, vier Meter hinter ihm. Er hat getroffen. An Orten, an denen er sich auskennt, ist nichts von seiner Sehschwäche zu merken. Wynn sagt, seine alten Häuser seien für eine kurze Zeit das Richtige für die Stadt gewesen, aber von Dauer seien sie nicht. Er habe es damals einfach nicht besser gewusst.

Wynn lässt bald eine neue Baugrube am Strip ausheben, Encore soll das Haus heißen, das daraus wachsen wird, 2000 Zimmer, 1,4 Milliarden Dollar soll es kosten. Die Morgenzeitung hatte einen Professor der Universität von Nevada damit zitiert, dass dies alles erst der Anfang sei. Die Stadt stehe vor einem Bauboom.

Angekündigt ist vieles. Der Hotelkonzern W Hotels Worldwide eröffnet 2008 sein erstes Haus in der Stadt. Eine Mischung aus Hotel, Wohnblock und Kasino mit 3000 Zimmern, 1,7 Milliarden Dollar teuer. Der Schauspieler George Clooney plant mit Geschäftspartnern eine gigantische Drei-Milliarden-Dollar-Anlage, Baubeginn ist 2006. Und Kirk Kerkorian will ein ganzes Stadtviertel errichten, das zwischen vier und fünf Milliarden Dollar kosten soll. Das Boardwalk-Kasino, auf dessen Grund das alles entstehen soll, schloss Anfang Januar. Nun wird es abgerissen.

Russo sagt: „Las Vegas ist ein großer Staubsauger für Geld und für Seelen. Ich bin auch hier wegen des Geldes." Und: „Jeder, der sagt, er liebe das Spielen, ist krank." Man macht vielleicht ein paar 100 000 Dollar im Jahr, sagt Russo, „aber dein Leben rauscht derweil vorbei". Russo geht über den Rio-Parkplatz, er steigt in den Wagen, biegt auf die Flamingo Road, fährt nach Osten, Richtung Strip. Es geht nur langsam

vorwärts. Die Autos stauen sich, Tausende Lampen spiegeln sich im Lack. All die Leute, die hier Zerstreuung suchen oder tatsächlich so etwas wie Glück. Die fast alle immer nur eines wissen: was sie von ihrem Gewinn alles kaufen werden.

Russo, die rechte Tasche seiner Jeans so voller Chips, dass der Stoff sich wölbt, hat Mitleid mit ihnen. „Nichts werden sie kaufen", sagt er, „sie werden verlieren. Das Geld, das sie mitgebracht haben, bleibt hier." Mike Russo, Spieler seit 1981, also über die Hälfte seines Lebens, ist in einer üblen Stimmung. Sein Geld sei nicht anständig verdient, sagt er, es sei immer auch ein wenig schmutzig. Einen Falschspieler lässt er sich aber nicht nennen. Gerade hat er einen Prozess geführt, gegen die Detektive von Griffin Investigations, vor denen er sich bei der Eröffnung des Wynn-Hotels noch hatte in Acht nehmen müssen. Er hat den Prozess gewonnen.

Griffin Investigations gab bislang ein Buch heraus. In diesem Buch standen alle Daten von Profispielern, an die die Detektive herankommen konnten. Wohnorte, bevorzugte Spielplätze, Strategien. Fotos waren darin abgedruckt. Es wurde an Kasinos auf der ganzen Welt verkauft. Das Griffin-Buch führte Russo seit 1993, er wurde darin beschrieben als ein „bekannter Betrüger" und Verschwörer.

Griffin, das ist das Ergebnis des Prozesses, muss Russo, der kein Betrüger ist, aus dem Buch streichen und insgesamt 105 000 Dollar Schadensersatz und Anwaltskosten bezahlen. Griffin hat deswegen Insolvenz angemeldet, die Firma ist bankrott, Russo ihr zweitgrößter Gläubiger. Er, der kleine Spieler, hat sich mit den Helfern der Großen angelegt, und er hat gewonnen. In Las Vegas ist er jetzt ein Held, denn die Folge der Griffin-Pleite ist: Das Buch, die riesige Spielerdatei, wird künftig nicht mehr gedruckt.

Auch Steve Wynn, der Faltblätter hat auslegen lassen, die krankhaft Spielsüchtige davor warnen, sein Kasino zu betreten, will nicht als Krimineller gelten. Vor 40 Jahren noch waren viele Kasino-Chefs in Las Vegas Verbrecher, das Geld für die Hotels in der Stadt stammte aus Drogengeschäften der Mafia. Die meisten der gigantischen Zukunftsbauten von heute werden durch den Verkauf von Aktienanteilen finanziert. Wenn die Mafia hier noch eine Rolle spielt, dann in den Biografien der Alteingesessenen.

Der Mann zum Beispiel, der heute der Bürgermeister ist, war einst Rechtsanwalt und verteidigte Verbrechersyndikate und mutmaßliche Auftragsmörder vor Gericht. Und auch Steve Wynn soll Kontakte gehabt haben. Anfang der 1980er Jahre plante er, ein schlecht gehendes Kasino in London zu kaufen. Die Behörden dort wollten wissen, wer er ist, und sie ließen ihn von Scotland Yard observieren. Man beobachtete Wynn bei Treffen mit New Yorker Gangstern, der „Genoveser Familie", und man zog den Schluss daraus, dass er ihr Strohmann ist. Der Scotland-Yard-Bericht ist lückenhaft und nicht logisch, aber der Londoner Kasino-Kauf war damit erledigt. Es ist vielleicht die schwärzeste Geschichte in Wynns Leben, Schlimmeres ist nicht bekannt geworden. Wer ihn darauf anspricht, riskiert, aus dem Büro geworfen zu werden.

Wynn will nicht mehr damit in Verbindung gebracht werden, er will, dass man ihn als den Mann sieht, der das beste Hotel der Welt gebaut hat. Dessen Angestellte, weil alles dort perfekt ist, Berufsspieler wie Russo auch ohne die Hilfe der Griffin-Detektive erkennen und ihnen klar machen, dass nur Verlierer erwünscht sind. Menschen, die Wynns dritten Theatersaal, der gerade geplant wird, finanzieren sollen. Russo, wenn er wieder einmal herkommt, wird das alles vielleicht rechtzeitig bemerken, er wird die Hitze spüren und gehen. **I**

Autor **Torsten Hampel**, 36, bekam von **Mike Russo** (der sich nur von hinten fotografieren ließ) zum Abschied Spielkarten geschenkt. „Zum Üben", sagte Russo. Hampel hatte bei Kasino-Besuchen an den Tagen zuvor konsequent verloren.

ALLER **FORTSCHRITT** GEHT VOM VOLKE AUS

Die Kalifornier haben ihren Staat per Volksentscheid dazu gezwungen, drei Milliarden Dollar in die Stammzellforschung zu stecken. Das hat einen neuen Goldrausch ausgelöst – und eine Prozesswelle

TEXT: STEFFAN HEUER

Vater der Stammzellen-Lobby, aus Sorge um ein krankes Kind: Robert Klein

Das California Institute for Regenerative Medicine (CIRM) besitzt Ähnlichkeiten mit seinem Untersuchungsobjekt, der Stammzelle. Wie jener wundersame Baustein der Entwicklungsbiologie, aus dem ein Lebewesen vom Embryonalstadium an alle Gewebesorten hervorbringen und über Jahrzehnte hinweg sogar erneuern kann, birgt die erst ein Jahr alte Behörde unerhörte Entwicklungsmöglichkeiten in sich und beflügelt die Fantasie von Forschern und Unternehmern.

„Vor uns liegt eine historische Mission", prophezeit der Präsident des Instituts, Zach Hall. Der hochgewachsene Endsechziger ist kein Träumer, sondern ein renommierter Mediziner. Er ist die Erdung für einen Traum, der die gesamte Westküste unter Strom gesetzt hat: Humane embryonale Stammzellen, so die kühne Vision, sollen in wenigen Jahrzehnten Diabetes, Querschnittslähmung, Alzheimer, Parkinson und selbst Krebs heilen oder verhüten helfen. Kalifornien will sich den Weg an die Weltspitze der ebenso vielversprechenden wie umstrittenen Forschung erkaufen. Aus dem Golden State soll ein „Stem Cell State" werden.

Im November 2004 haben die Einwohner des bevölkerungsreichsten US-Bundesstaates ihre Regierung zu einem weltweit einmaligen Förderprogramm gezwungen: In einem Volksentscheid, den gut eine Million Bürger mit einer Unterschriftensammlung erst möglich gemacht hatten, stimmten 59 Prozent für „Proposition 71". Einen Gesetzentwurf, der den Staat in den nächsten zehn Jahren verpflichtet, sagenhafte drei Milliarden Dollar Schulden zu machen, um die Forschung vor allem an embryonalen Stammzellen voranzutreiben. Zum Vergleich: Washington investiert landesweit gerade einmal 25 Millionen Dollar jährlich in embryonale Stammzellforschung – ein Zugeständnis von US-Präsident George W. Bush an seine konservativen Anhänger, für die jede befruchtete Eizelle ungeborenes Leben ist.

Kaliforniens neues Institut, von dem aus die Fördermilliarden verteilt werden sollen, setzt aber nicht nur ein trotziges Zeichen gegen Bushs restriktive Politik. CIRM hat einen Goldrausch ausgelöst, der Mediziner, Biologen und Chemiker aus aller Welt nach Kalifornien lockt. Labore verplanen die 300 Millionen Dollar staatlicher Fördermittel pro Jahr, um massiv zu expandieren. Und Risikokapitalfirmen, die bislang in Internet-Firmen wie Amazon oder Google investierten, haben eigens Spezialisten angestellt, um nur den Einstieg in die Stammzell-Szene nicht zu verpassen.

Das Potenzial ist gewaltig. Eine Studie der Universität Stanford prophezeit Kalifornien dank der Proposition 71 in den nächsten Jahrzehnten bis zu 22 000 neue Arbeitsplätze pro Jahr mit enormer Magnetwirkung. Kein Wunder, dass Anfang 2005 zehn Städte um den Sitz von CIRM stritten und sich mit Privatjet-Flügen für Wissenschaftler, kostenlosen Hotelzimmern und mietfreien Büroflächen in bester Lage gegenseitig überboten. San Francisco erhielt schließlich im Mai 2005 den Zuschlag – wegen seiner Infrastruktur, aber wohl auch, weil die Bay Area als idealer Nährboden gilt. Schon jetzt ist fast jedes dritte der rund 2600 Biotech-Unternehmen der USA hier zu Hause.

Die Vision hat nur einen großen Haken: CIRM konnte im ersten Jahr des Bestehens keinen einzigen Dollar auszahlen, das Institut ist in Prozesse verstrickt. Geklagt haben nicht nur religiöse Fundamentalisten, die eine Manipulation von Erbgut im Reagenzglas strikt ablehnen, sondern auch Bürgerinitiativen, die geregelt haben möchten, dass Patienten fairen Zugang zu künftigen Therapien erhalten wer-

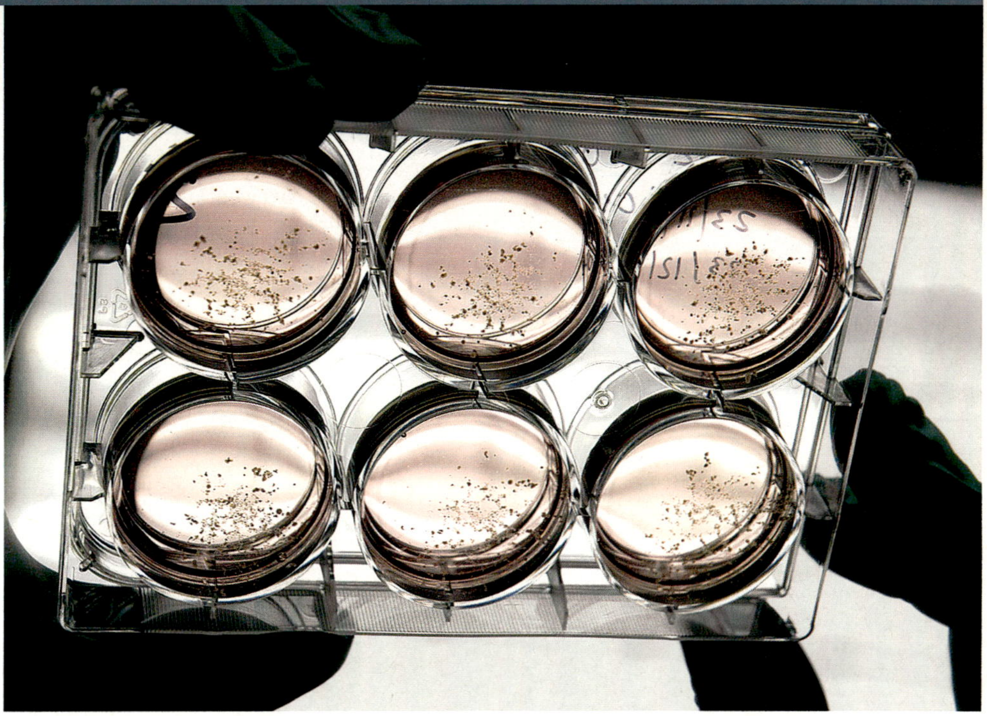

den. Solange diese Klagen anhängig sind, kann Arnold Schwarzeneggers Finanzminister die prall gefüllten Schatullen nicht öffnen.

Robert Klein, der den folgenschweren Volksentscheid initiierte, entmutigt das nicht. Klein, die schillerndste Figur der Stammzell-Szene, will Millionen von Dollar an privaten Spenden einsammeln, um CIRM in den Monaten der Ungewissheit am Laufen zu halten.

Der Anwalt und vermögende Banker ist ein unermüdlicher Wanderprediger für CIRM. Mitarbeiter witzeln, dass für ihren Chef ein Caffelatte im Stehen schon als Kurzurlaub gilt. Bei seinen Auftritten überwältigt er die Zuhörer mit ausgefeilten Litaneien neuester wissenschaftlicher Erkenntnisse. Eine erstaunliche Detailkenntnis, weil Klein weder Naturwissenschaftler noch Arzt ist.

Ihn treibt etwas völlig anderes – die Angst um ein Kind. Sein Sohn Jordan ist an juveniler Diabetes erkrankt, ihm droht die Erblindung, möglicherweise die Amputation eines oder beider Beine. Kleins Mutter leidet an Alzheimer. „Zumindest meinem Sohn will ich das Leben retten, für meine Mutter wird das alles wohl zu spät kommen", erklärt Klein seinen gehetzten Lebensstil. Was ihm an Ausbildung fehlen mag, macht er mit Willen wett. „Bisher haben wir alle unsere Kritiker Lügen gestraft. Die Klagen werden uns nicht stoppen. Wir schaffen es."

Wie lange das dauern wird, ist noch unklar. Biotechnologie erfordert normalerweise Jahre der Investition, bevor sie Renditen für Patienten und Anleger abwirft. Eine der Erfolg versprechendsten Firmen ist Geron Corp. Das börsennotierte Unternehmen hat in den vergangenen zehn Jahren nach eigenen Angaben rund 100 Millionen Dollar in die Forschung investiert und bereits acht Zelltypen entwickelt, die sich im industriellen Maßstab züchten lassen. „Wir tun das, wovon die meisten Akademiker noch reden", brüstet sich Geron-Chef Thomas Okarma.

Als Mediziner, der zum Unternehmer wurde, nimmt Okarma im Gegensatz zu akademischen Kollegen kein Blatt vor den Mund. Wie Klein glaubt er an den Erfolg, macht sich aber auch Sorgen darüber, was bei Kaliforniens einmaligem Förderprogramm alles schief laufen könnte: „Wenn wir nicht aufpassen, werden diese Milliarden wie Erdnussbutter quer über den ganzen Staat geschmiert – das wäre ein Förderprogramm der dümmsten Art. Noch dazu werden viele mit dem Geld versuchen, das Rad neu zu erfinden. CIRM ist nur dann eine große Chance, wenn wir die Gelegenheit nutzen!"

Okarmas Nagelprobe steht für Ende 2006 an. Geron plant, in ersten klinischen Versuchen Gelähmte mit Nerven-Stammzellen zu behandeln. Dazu kooperieren Okarmas Forscher mit Hans Keirstead von der University of California in Irvine. Keirstead, den Kollegen wegen seiner ausgeprägten PR-Instinkte auch schon als „Rattenfänger" bezeichnet haben, machte weltweit Schlagzeilen mit Videoaufnahmen, in denen gelähmte Ratten dank ins Rückenmark injizierter Nervenzellen wieder laufen konnten.

Sollte die Methode an bislang unheilbar gelähmten Menschen funktionieren, wäre das eine Sensation. Für die Versuche arbeitet Geron mit zehn Trauma-Zentren zusammen. „Das kann ein Modell für CIRM sein", sagt Okarma. „Wir könnten auch anderen Forschern Zelllinien liefern, mit denen sie kostenlos experimentieren." Wenn am Ende neue Firmen entstehen und der Golden State sich wirklich zum „Stem Cell State" wandelt, wäre es dem Geron-Chef nur recht. „Der Markt ist groß genug." I

Stammzellen, so sagen die Befürworter, bergen ein ungeheures Potenzial für die Medizin – und für die Wirtschaft Kaliforniens

HEILMITTEL FÜR KREBS UND ALZHEIMER – GREIFBAR NAH?

Steffan Heuer, 39, ist US-Korrespondent von „brand eins" und auf jegliche Art von Goldgräbern im Silicon Valley spezialisiert.

EKSTASE IM *Schleudergang*

»Engel halten meine Arme«, so beschreiben Surfer das Glücksgefühl in der tosenden Gischt. Wenn es Schutzengel gibt – bei Big-Wave-Surfern haben sie sicherlich alle Hände voll zu tun

BIS ZU 30 METER TÜRMEN SICH DIE WELLEN VOR MAVERICK'S AUF. NUR DIE TOLLKÜHNSTEN SURFER WAGEN SICH IN DIESE WÄNDE AUS WASSER. UND NUR, WER NOCH VERRÜCKTER IST, NIMMT DABEI EINE KAMERA MIT. EINER WIE GRANT WASHBURN

TEXT: WOLFGANG BAUER

Pas de deux in der doppelten Welle: Über dem zerklüfteten Meeresboden vor dem Pillar Point in Maverick's rasen zwei Wellen ineinander, eine besonders gefährliche Situation für die Surfer

Grant Washburn (links), schon zu Lebzeiten eine Legende, bereitet sich auf einen Ritt vor – auch mit Atemübungen. Wenn er nach einem Sturz nicht schnell genug wegpaddeln kann, hält ihn der Sog der Wellen minutenlang unter Wasser

Washburn lebt im Takt der Gezeiten. In seinem Kalender notiert er die Höhe der Wellen, die sich um den Outer Breaker von Maverick's entfesseln. Einmal die 30 Meter zu reiten ist Washburns Lebensziel

Warum gehst du nicht Fliegenfischen?", fragt sich Grant Washburn manchmal. „Oder Segeln? Oder machst etwas anderes – irgendetwas anderes."

Er reißt die Augen auf, mit jagendem Pulsschlag, zum dritten Mal in dieser Nacht. Albern, ärgert er sich und starrt auf die rote Digitalanzeige des Weckers. 3.40 Uhr. Diese widerliche Aufregung. Er ist hellwach. Der 37-Jährige schält sich aus dem Bett, lässt seine Frau weiterschlummern, schleicht sich leise vorbei an den Zimmern seiner Töchter. In der Küche, die Richtung Meer liegt, lauscht er lange in die Finsternis. Eine gewaltige Kraft haben die Hochsee-Bojen da draußen gestern gemessen, 1120 Kilometer vor Kalifornien, 40 Stundenkilometer schnell, wälzt die Welle unaufhaltsam auf das Festland zu. Im Laufe des Tages wird sie die Küste erreichen. Sie wird ein Albtraum werden und ein Traum. Beides will Washburn nicht verpassen.

Er gibt endgültig auf, etwas Schlaf zu finden. Er wird heute gegen Menschheitserfahrungen aus Hunderttausenden von Jahren handeln. Es ist noch dunkel, da steuert er den Van aus der Einfahrt seines Apartmenthauses in San Francisco. Die Ausrüstung samt Videokamera und Filmkassetten hat er bereits am Vorabend verstaut. Grant Washburn fährt den Highway 1 eine halbe Stunde südwärts, er lenkt das einzige Auto um diese Zeit, in Kurven eng an der Küste entlang.

Immer noch in der Dunkelheit steigt er bei dem kleinen Städtchen Half Moon Bay auf eine Klippe, unter der es schmatzt und saugt. 40, 50 andere Schlaflose finden sich in der nächsten Stunde ein. Die Signale der Bojen locken sie aus ganz Kalifornien an. Eine stumme Versammlung hoch über dem Pazifik, man schweigt miteinander, bis sich die ersten Sonnenstrahlen über das Meer zu tasten beginnen. Und sofort sehen die Wartenden, wie erschreckend flach so ein Ozean sein kann. Geschmolzenes Blei. „Drei-Meter-Wellen", schätzt Washburn enttäuscht. Den meisten Surfern würden die genügen. Nicht Washburn. Er wartet auf größere.

Nordkalifornien ist nicht Hawaii. Hier gibt es nicht die süße Surferlieblichkeit mit Palmen und Mädchen und knappen Bikinis, sondern das genaue Gegenteil. Der Ort heißt Maverick's, auf Deutsch: Außenseiter. Er ist rau und abweisend, kalt und knochenberstend. Festungsgleich schiebt sich das Kliff hinaus in schwarzes Wasser, das es aus drei Richtungen umtost. An nur wenigen Punkten trifft die Gewalt eines Ozeans so ungebremst auf das Festland wie hier. Grant Washburn und die anderen halten in der Morgendämmerung Ausschau nach den größten bekannten Wellen, die auf der Welt gesurft werden.

Die ersten Surfer stürzen sich ins Wasser, ungeduldig, Bauch auf Brett, sie paddeln mit Händen und Beinen. Ein Zug der Schildkröten. Fast einen Kilometer müssen sie hinaus, dort brechen die Wellen. Die Namen der Surfbretter, mit denen sie sich hierher wagen, klingen nach Mordwerkzeugen von Großwildjägern. „Elefantenbüchse" etwa oder „Nashornjäger". Washburn verharrt auf seiner Klippe. „Anfängerfehler", kommentiert er. „Die sind völlig ausgepowert, wenn die wirklich Großen kommen." Washburn ist einer der Erfah- ›

rensten. Ein wettergegerbter Hüne, 1,96 Meter groß. Hat Hände wie Schiffsschrauben, einen Brustkasten wie ein Motorblock. Unter den fünf Millionen Surfern weltweit ist er einer von rund 100 Extremsurfern. „Hüter von Maverick's" nennen ihn manche. Wie kaum ein anderer lebt Washburn im Takt der Gezeiten.

Saison ist in Maverick's zwischen Oktober und April, als beste Monate gelten Dezember und Januar. Die „Voodoo-Wellen", durch die das Riff Weltruhm erlangte, donnern an nur 20 Tagen im Jahr. Für heute werden zwei Staffeln von ihnen erwartet. Doch noch ziehen harmlose Whopper, gemütlich rund wie Walbäuche, unter den Wartenden hinweg. Heben und senken die Neopren-Gemeinde um drei, vier Meter, ein Gemenge wie im Freibad. Die Leute kreischen und jubeln. Sie wissen, dass aus Lustschreien in Maverick's schnell Panikschreie werden. Aber genau deshalb ist die Stimmung so ausgelassen.

D**er Sturm,** der das Wasser Richtung Kalifornien peitscht, Hunderte Kilometer entfernt, hat im Nordpazifik sechs Tage zuvor als Brise begonnen. Ein lokales Unwetter wuchs dort zum mächtigen Tiefdruckgebiet. Orkane, die zwischen Japan und Alaska Schrecken bringen, erscheinen in den Wettermeldungen der Surfverbände als Partyereignisse. Die Surfsaison 2005 in Florida wurde vom Killer „Katrina" gerettet.

Es braucht aber mehr als einen Sturm. Nur etwa zwei Dutzend Strände sind weltweit bekannt, an denen die Wellen höher als fünf Meter werden. Es muss ein großer Ozean vor der Küste liegen. Ein Wässerchen wie die Nordsee reicht nicht. Der Ort muss die richtige Distanz zu den Stürmen haben, weit genug weg sein, damit die Wellen zur vollen Größe anschwellen können, und nah genug dran, damit sie nicht wieder an Energie verlieren. Maverick's erfüllt diese Kriterien und hat noch ein Extra in Reserve: Eine Schlucht im Meeresboden fasst die Welle wie ein Kanal. Die Wassermassen brechen nicht am Riff, sondern rasen hindurch, mit über 30 Kilometern in der Stunde, sie stellen sich noch

Auf Wochen oder Monate des Wartens folgen Wimpernschläge der Erlösung, Sekunden des reinen Glücks. Denn die von der Neopren-Gemeinschaft verehrten »Voodoo-Wellen« donnern selten – und an wenigen Stränden einmal höher auf, vertikal, bis zu 30 Meter hoch. Eine schwarze Wand, über die weiße Gischtschlieren laufen wie Geiferfäden aus einem tollwütigen Hundemaul.

Das Mobiltelefon klingelt bei Washburn auf der Klippe, jemand, der bei ihm eine einzelne DVD bestellen will. „Die nächste Episode von Big Waves, Tall Tales." Mühsam versucht sich der Familienvater mit dem Drehen von Surfvideos zu ernähren. Den Beruf des Zimmermanns hat er aufgegeben, er will sich ganz dem Surfen widmen. Washburn hat einige spektakuläre Szenen jener Kinofilme gedreht, die auch in Deutschland liefen. „Riding Giants" etwa. Er gründete eine kleine Produktionsfirma, behauptet, das umfangreichste Maverick's-Archiv auf Videokassette zu haben. „Ich versuche, jede der ganz großen Wellen mitzukriegen."

Mal filmt er auf dem Wasser mit einer Helmkamera, mal vom Jet-Ski, dann wieder von einem speziell angefertigten Surfbrett aus, auf dem die Kamera fest installiert ist. An den *big days* arbeiten ihm mehrere Freunde zu, bezahlt manchmal, unbezahlt meistens. Sie stehen mit der Kamera auf dem Kliff, schultern die Ausrüstung auf einem wild umherschaukelnden Boot zwischen den Wellen, halten sie aus einem Helikopter, der über den Gladiatorenspielen kreist. Viele Aufnahmegeräte liegen zerschmettert auf Maverick's Riffboden. „Die Kamera", sagt Washburn, „kann plötzlich vom Freund zum Feind werden. Sie richtet sich gegen dich, wenn dich die Welle vom Brett reißt. Sie kann dich grün und blau schlagen."

Es ist nur wenige Monate her, da stanzte sich ein befreundeter Surfer mit der Videokamera das Gebiss aus. Weil er die Gefahr kennt, schleudert Washburn die Ausrüstung mit ganzer Kraft von sich, wenn er beim Filmen ins Schlingern gerät. Fünf Kameras hat er in den letzten Jahren auf diese Weise versenkt. Und in 15 Jahren kam er auf gerade einmal 50 Filmstunden. Die Konkurrenz ist hart, *big waves* sind längst zum Kult avanciert. Es werden Filme gedreht über Surfsenioren, Frauen, die surfen, Meistersurfer, Surfwettbewerbe, Surffilmemacher. Jede große Welle ist kurz nach ihrem Zerstäuben schon als Videoclip im Internet. „Oh!", kreischen die Menschen im Film verzückt, und wenn die nächste Woge schäumt: „My God!" Es klingt wie im Porno.

Die Welle bricht in der Mitte, an ihrem höchsten Punkt, und rollt in der *tube*, einer haushohen Röhre, nach beiden Seiten aus. Die Röhre ist die Heldenhalle der Surfer, nur die Großen schaffen es hinein, und nur die Größten unter den Surferfilmern, wie Washburn, folgen den Extremsurfern mit der Kamera. Umschlossen von den Wänden einer Walze, des in sich kollabierenden Pazifiks, fünf Stockwerke hoch, Niagarafälle, die hinter dem Brett niederkrachen, einen Meter dahinter, oft nur Zentimeter dahinter, oft darüber.

Der Druck lässt fast das Trommelfell platzen, das rasende Wasser überdehnt den Körper, kugelt Gelenke aus, Knie, Schultern. In Finsternis öffnet der Verschlungene seine Augen. Prallt beim Versuch aufzutauchen gegen den Meeresboden. Stößt sich in die andere Richtung, viermal, das Licht wird graugrün, sieben Züge, die Kehle drückt sich zu, drei Züge, Panik jetzt, und der Surfer bricht durch die Wasseroberfläche. Taucht auf, saugt Luft und wird sofort von der nachfolgenden Welle in neue Tiefen gerissen, wirbelnd, haltlos, eingekringelt wie ein Embryo. Die durchschnittliche Zeit dieser *hold downs* – auch das wurde gemessen – beträgt 19 Sekunden, manchmal auch länger, manchmal zu lang. Helden steigen in Maverick's Flut, Geister entsteigen ihr. Zitternd, bleich, Blut hustend. Es gab bislang nur einen Toten. Ein Wunder.

Washburn geht zum Lunch in die Half Moon Bay Brewery. Den Treffpunkt der Big-Wave-Surfer. Von der Haiattacke letzte Woche erzählt man sich hier. Immer mehr dieser Fische lauern in den Wellen, einen 25-Jährigen hat es gerade erwischt. Unverletzt ist er geblieben, aber in seiner 500 Dollar teuren „Neptune Gun" steckt nun ein Haizahn. „Wenn ich das Brett im Internet versteigere, bekomme ich das Geld für vier neue", frohlockt er in Interviews der Lokalzeitungen. Washburn ist zuletzt vor drei Jahren ein Hai gegen die Leiste geprallt. Beide hatten in der Welle ihren Halt verloren.

Er bestellt zwei Burger. Beim Warten hält er den Atem an. Teil seines Trainingsprogramms. Er hat sich zum Ziel gesetzt, fünf Wellen unter Wasser zu überstehen, ohne ohnmächtig zu werden. Mehr als einmal hatte er beim Sturz in die Brandung das Gefühl: „So ist es also, zu ertrinken." Washburn reißt den Kiefer auf, zieht Luft. Drei

Schweigeminute: Der Profi Mark Foo ertrank 1994 in einer vergleichsweise niedrigen Fünf-Meter-Welle, als sich die Fußleine seines Boards nicht lösen ließ

Für die Paddel-Puristen ist es Verrat, doch immer mehr Surfer lassen sich, wie hier vor Hawaii, von Jet-Ski-Piloten auf die höchsten Wellenkämme ziehen, die mit Muskelkraft nicht zu bezwingen sind

Minuten, 25 Sekunden zeigt die Stoppuhr. Zu wenig für Maverick's, sagt er sich. Draußen sind die Wellen nunmehr auf fünf Meter angewachsen. Er wartet auf größere.

I**n den letzten Jahren** sind die Bretter immer besser geworden, immer höher die Wasserberge, die erklommen werden können. Dreieinhalb Meter waren einst die Grenze, heute beginnen Wellen erst bei 15 Metern unreitbar zu werden. Schon hat ein Surfausrüster einen Wettbewerb für die 30-Meter-Marke ausgelobt. Das *Tow-in-Surfing* ist erfunden: Wassermotorräder chauffieren Surfer auf die Gipfellagen, die durch bloßes Paddeln nicht mehr zu erreichen sind. An einem Seil ziehen Jet-Ski-Piloten den Surfer vor die Brandung. „Na, los!", rufen sie überheblich den Paddlern zu. „Macht schon! Rauf auf die Welle!" Seitdem ist der Frieden dahin auf Maverick's Monsterkämmen, Traditionalisten bekämpfen die Dieselfraktion. Gegenseitig macht man sich die Plätze in der Wartezone streitig. Washburn, bisher Galionsfigur der Paddelpuristen, lässt sich nun auch an die Wassermotorräder hängen. „Ich will in meinem Leben einmal die 30 Meter reiten. Und ich habe dafür nur noch zehn Jahre, in denen ich fit genug bin."

Die Wellenfront ist offenbar nach Süden abgedreht, Washburn ahnt es nach dem Lunch. Er nimmt wieder seinen Platz auf der Klippe ein. Fünf seiner Surfbretter, frisch gewachst, liegen noch unangetastet im Auto. Die Videokamera hat keine Sekunde aufgezeichnet. Das Warten verschlingt viele Tage im Jahr, viele Wochen. Ein Maverick's-Ritt dauert dagegen gerade mal 40 Sekunden. „Dreimal länger als in Waimea auf Hawaii", schwärmt Washburn.

Eine Schaumkrone plötzlich. Washburn springt auf. Sie durchpflügt die Linie der im Wasser treibenden Surfer, wird zur Wand, lauter Jubel hallt auf die Klippe, einer schafft es dort unten. Elegant gleitet er über den Wellenkamm, acht Meter hinab, in das tiefe Wassertal, durch Fahnen sprühender Gischt, und schießt mit dem Brecher der Küste entgegen. Reines Glück. Erlösung. Endlich.

„Ich fühle mich komplett in Gottes Hand", beschrieb diesen Augenblick eine der wenigen Frauen, die Monster surfen. „Ich lasse völlig los, und Engel halten meine Arme."

Es kommt nur diese einzige Welle. Washburn bleibt unerlöst und packt seine Kamera wieder ein. Die Bojenmeldungen sind auch für den nächsten Tag vielversprechend. Er fährt nach Hause. Highway 1. Stau diesmal. Er wird erneut schlecht schlafen und nachts der Brandung lauschen. „Die Wellen der vergangenen Stunden waren nur der Beginn." Washburn wartet auf größere. ▮

Wolfgang Bauer, 35, hat als Hobby-Höhlenforscher ein Faible für Extremes. Die Gespräche mit Grant Washburn schreckten ihn nicht ab: Er möchte bald auf einem Surfbrett stehen.

MONSTERMÄSSIG erfolgreich

TEXT: MARC DECKERT

Seit die großen Studios erkannt haben, dass sie mit digitaler Technik nicht nur ganze Filme, sondern auch kinomüdes Publikum animieren können, ist die Branche im Rausch. Vorne dabei ist aber nur, wer tief in die Trickkiste greift – und in die Kasse

Shrek-Moment: Kein Film gefiel den Amerikanern 2004 so gut wie »Shrek 2«. Nicht verwunderlich, dass das DreamWorks-Team über eine weitere Folge mit dem Sumpfbewohner nachdenkt. Der scheint erfreut

Andrew Gordons Büro liegt im Dschungel. Auf dem Flur vor seinem Arbeitsplatz wächst ein Wald mannshoher Plastikpalmen aus dem Fußboden, in dessen Zentrum eine polynesische Cocktail-Bar thront. Noch eigenwilliger als es die exotischen Versatzstücke sind, ist die Tierwelt, die Gordon auf dem Weg zu seinem Arbeitsplatz passiert: Eine vierköpfige Combo aus Riesenplüschhasen hält Trommeln und elektrische Gitarren in ihren Pfoten.

„Die können Stones-Lieder spielen", sagt Gordon. „Was wollen Sie hören?" Er entwickelt von Beruf Trickfilme, genauer gesagt: computergenerierte Trickfilme. In seiner Welt bezeichnet man den 33-jährigen Turnschuhträger als *animation geek*. Geeks sind nie erwachsen geworden und haben sich oft einen ausgeprägten Spielzeugfimmel bewahrt – das gilt besonders für solche, die bei „Pixar" arbeiten, dem Animationsstudio, das Kassenschlager wie „Toy Story" oder „Findet Nemo" produzierte.

In der Pixar-Zentrale in Emeryville, einem drögen Industrievorort im Nordosten der San Francisco Bay, ähnelt kein Büro einem anderen. „Salon de thé" steht an einer Tür. Ein anderer Raum hat Schwingtüren wie ein Westernsaloon. In den meisten Zimmern brechen Regale und Schreibtische unter der Last von Actionfiguren und Spielzeugrobotern fast zusammen. Nur Gordons Büro sieht aufgeräumt aus: ein Zeichentisch, zwei Computermonitore, ein Bücherregal und eine goldene Shakespeare-Büste, sonst nichts. „Moment, das ist nur die Hälfte", entschuldigt sich Gordon und klappt den Shakespeare-Kopf an einem Scharnier nach hinten.

Auf dem glatt zerteilten Hals des Dichters zeigt sich ein Knopf. Ein Druck – und schon fährt das gesamte Bücherregal mit einem Summton zur Seite. Zum Vorschein kommt ein mit rotem Samt ausgekleideter Raum, den ein plüschiges Sofa beinahe ausfüllt. Das Licht ist schummrig, aus einem Lautsprecher wispert Dean Martins weicher Bariton. Gordon wirft einen prüfenden Blick auf eine Anrichte mit Single-Malt-Whiskys. „Das ist die Love Lounge. Einen Drink?"

In Gordons Metier, digitalem Trickfilm, können sich die Angestellten solche Spleens leisten. Die Branche boomt. 1995 erschien mit „Toy Story" der erste vollkommen computergenerierte Film. Seither sind die ehemals steifen Filmcharaktere wesentlich beweglicher und lebensechter geworden, und Pixar hat fünf weitere Blockbuster produziert, die in den USA zusammen fast 1,5 Milliarden Dollar einspielten. Sechs Hits in Folge – das schaffte noch kein Studio in der Filmgeschichte. Den Rekord für den erfolgreichsten Trickfilm aller Zeiten aber hält Pixar-Konkurrent „PDI DreamWorks" im Örtchen Redwood City, nur wenige Kilometer von Emeryville entfernt: „Shrek 2", das zweite Liebesabenteuer des charmanten grünen Sumpfbewohners, spielte allein in den USA 440 Millionen Dollar ein. Kein Wunder, dass momentan fast jedes größere Studio versucht, einen eigenen Pixel-Blockbuster aus der Taufe zu heben. Computergenerierte Filme gelten als das Geschäft der Zukunft, der klassische Zeichentrick als mausetot.

Animatoren wie Andrew Gordon werden oft als „elektronische Puppenspieler" bezeichnet. Von ihrer Kunstfertigkeit hängt es ab, ob die Charaktere im digitalen Wunderland wirklich überzeugen können. Gordon gilt als einer der besten seines Fachs: Unter anderem erweckte er den kugelförmigen Helden Mike Wazowski aus „Die Monster AG" zum Leben, den ausbrechenden Aquarienfisch von „Findet Nemo" und „E", die blasierte Kostümdesignerin aus dem Superheldenabenteuer „Die Unglaublichen".

Wie aber animiert man? Gordon eilt von der Love Lounge hinüber zum Monitor seines Computers und klickt eine Datei an. Bilder öffnen sich: ein schimpfender Mann, ein verwundert schauendes Baby, eine Mutter, die überglücklich ihr Neugeborenes an sich drückt – Gordons Fotoalbum ›

Am Brunnen vor dem Tore: Wie schon in »Krieg der Sterne« dringen auch im wahren Leben nur wenige zum Jedimeister Yoda vor, der vor dem Eingang des stark gesicherten »Letterman Digital Arts Center« wacht. Die Konkurrenz ist groß. Selbst Erfolgsgaranten wie die Helden aus »Toy Story 2« können im Wettbewerb unter die Räder geraten menschlicher Emotionen umfasst ein paar Gigabyte und ist sein wichtigstes Referenzmaterial. Ein erneuter Klick, und das 3-D-Modell eines menschlichen Gesichts erscheint. Es hat keine Haut. Dafür scheinbar Hunderte von Muskeln.

Mit wenigen Mausbewegungen zaubert Gordon ein Lächeln, ein Stirnrunzeln. Er zoomt auf einen Querschnitt des Mundraums: Zunge, Rachen, Lippen, Zähne… Wie in einem computergestützten Lernprogramm für Zahnärzte. Der Animator setzt die Computer-Zunge in Bewegung, Muskelstränge kontrahieren, der ganze Kiefer verschiebt sich. „Sehen Sie? Wenn die Figur ein ‚the' aussprechen soll, muss ich ihre Zähne wirklich mit der Zunge berühren." Gordon glaubt, dass er mit den digitalen Muskeln nahezu jede Geste, jede menschliche Emotion simulieren kann. „Schwierig wird es erst, wenn Interaktion hinzukommt", sinniert er. „Ich weiß leider noch immer nicht, welche Muskeln ich beim Küssen genau benutzen muss."

Das Zentrum der digitalen Filmwirtschaft liegt in der Bay Area rund um San Francisco – nicht etwa 650 Kilometer weiter südlich in Hollywood. San Franciscos Bürgermeister Gavin Newsom schwärmt bereits vom „digitalen Hollywood". Er hat eine PR-Kampagne ins Leben gerufen und einen „digitalen Medienbeirat" eingerichtet, um die nordkalifornische Vorherrschaft über die Welt der Pixel noch auszubauen. Die Bay Area soll für computergenerierten Film das werden, was das Silicon Valley für Hard- und Software war. Unterstützung erhält dieser Plan von einem prominenten Lokalpatrioten: George Lucas, der Schöpfer der „Krieg der Sterne"-Filme, verlegte 2005 seine Firmenzentrale aus dem angrenzenden Marin County nach San Francisco. „Hier hat die digitale Revolution stattgefunden. Hier wurde der digitale Film erfunden. Und hier spielt momentan die Musik", betont er bei jeder Gelegenheit.

Die moderne Filmindustrie in San Francisco entstand, als die beiden jungen Regisseure Francis Ford Coppola und George Lucas 1969 in einer Fabrikhalle das unabhängige Filmstudio „American Zoetrope" gründeten. Beide waren sich einig, dass ihre Träume nicht in Hollywood zu Hause waren, sondern in der beflügelnden Gegenkultur und natürlichen Schönheit Nordkaliforniens – doch als unabhängige Filmemacher scheiterten sie grandios.

Coppola landete erst 1972 mit der Auftragsarbeit „Der Pate" einen Erfolg, Lucas wurde durch „Krieg der Sterne" 1977 zum Paten des von Kritikern geschmähten Blockbusterkinos. Die Merchandising-Rechte an Luke Skywalker, Darth Vader und Yoda machten ihn reich – und sein heutiges Firmenimperium, zu dem die Effektsparte ILM („Industrial, Light & Magic") gehört, überhaupt erst möglich.

2005 hat Lucas ein eigenes Trickfilmstudio hinzugefügt. Möglicherweise, um damit eine Entscheidung zu korrigieren, für die er sich mangelnde Voraussicht vorwerfen lassen musste: 1986 verkaufte er sein Computergrafiklabor, eine damals unprofitable Abteilung, für zehn Millionen Dollar an Steve Jobs, den Gründer von Apple Computers. Digitaler Trickfilm galt als Spinnerei, und die Abteilung hatte den Ruf, nicht mehr als ein Haufen von Geeks zu sein, die an esoterischen Lösungen für nicht existierende Probleme arbeiteten.

Ironischerweise wurde der verschmähte Ableger unter dem Namen Pixar so erfolgreich, dass nun das Mutterschiff zu ihm – und damit nach San Francisco – zurückkehren muss, denn Pixar und andere Studios haben fast den gesamten Pool an Animationstalenten in die Bay Area gezogen. Nirgendwo sonst sind so viele qualifizierte Mitarbeiter zu finden.

Der neue Lucas-Firmensitz, das „Letterman Digital Arts Center", befindet sich mitten auf dem Presidio, einem ehemaligen Militärstützpunkt. Heute ist das Gelände ein riesiger, unübersichtlicher Park mit Kiefernwäldern, über denen Seeadler kreisen. Eingebettet in einen hügeligen Magnolien-Garten und in Sichtweite zur Golden Gate Bridge, deren rostrote Pfeiler aus dem Nebel ragen, liegen die vierstöckigen Backsteinhäuser. Kein Zaun umgibt sie, dafür patrouillieren Sicherheitsmänner mit Funkgeräten. Im Pachtvertrag, den Lucas mit der nationalen Parkverwaltung schloss, musste er sich verpflichten, einen Teil des Geländes öffentlich zugänglich zu belassen. Eine Abmachung, die allerdings sehr nach dem Geschmack des Pächters ausgelegt wird: Als sich ein paar Touristen dem „Yoda-Brunnen" am Eingang des Letterman Center nähern, ist sogleich ein Sicherheitsmann zur Stelle: „Haben Sie Firmenausweise?"

Nur geladene Besucher dürfen die kleine Bronzestatue des weisen Jedimeisters aus „Krieg der Sterne" passieren und gelangen in eine Lobby, wo sie zunächst eine Geheimhaltungserklärung auf einem Touchscreen unterzeichnen müssen. Eine hünenhafte Puppe in der Uniform des Oberbösewichts Darth Vader wacht über das Ritual. Selbst der Empfang des Besuchers wird dramaturgisch reizvoll inszeniert. Aus einem Funkgerät raspelt es: „Krch, er kommt jetzt in den vorderen Bereich, krch." Dann, endlich, materialisiert sich der Gesprächspartner.

Cliff Plumer, der technologische Vordenker des globalen Entertainment-Konzerns Lucasfilm, ist eine überraschende Erscheinung: Plumer trägt ein schlabberiges Stoffhemd, das an einen Pyjama erinnert. Seine Füße stecken in sportlichen Hausschlappen. Und er ist ohne Zweifel hundemüde. „Ich wohne momentan praktisch hier", sagt er mit einem matten Lächeln. „Der Umzug hat mich wochenlang auf Trab gehalten." Plumer hat angegraute Schläfen, das Kreuz eines ehemaligen Footballprofis und als *Chief Technology Officer* von Lucasfilm mit den vielen Problemen zu kämpfen, die auftreten, wenn 1500 High-Tech-Arbeitsplätze auf Umzug geschickt werden.

Plumer legt eine um seinen Hals baumelnde Karte auf den Sensor in der Eingangshalle, das Drehkreuz bewegt sich: Das Innerste von Lucasfilm darf betreten werden. Unter den Holzdielen der weiß getünchten Flure verlaufen fast 1000 Kilometer Glasfaserkabel. Die Zehn-Gigabit-Leitungen des Hauses sind potent genug, um das digitale Äquivalent der größten Bi- ›

EINST GALTEN SIE ALS SPINNER, DIE LÖSUNGEN FÜR NICHT EXISTENTE PROBLEME ANBOTEN. HEUTE RÄUMEN DIE PIXAR-KREATIVEN OSCARS AB

Der will nur spielen – und Filme machen. John Lasseter (oben) ist Autor und Regisseur von »Toy Story«, dem ersten komplett animierten Kinoerfolg der Geschichte. Um den verwöhnten Zuschauer zu begeistern, muss die Technik ständig verbessert werden. Biegsame Damen und übermächtige Knirpse wie bei »Die Unglaublichen« sind das Mindeste

Kreative Raumordnung: Jason Topolski (oben) in seinem Büro, das so eingerichtet ist wie alle bei Pixar – unkonventionell. Kommt auch hier keine Inspiration, kann der Video-Techniker mit einem Roller ein bisschen durchs Gebäude fahren oder im hauseigenen Kino auf eine Idee wie zu »Findet Nemo« (unten) hoffen. Das Beste am Arbeitsplatz seines Kollegen, des Animators Glenn McQueen: Sieht aus wie ein Kinderzimmer, aber niemand sagt »Bitte aufräumen!«

Leistungszentren: Das fast zehn Hektar große Gelände des Letterman Digital Arts Center sieht eigentlich friedlich aus, dabei ist alles vorhanden, was eine ordentliche digitale Revolution braucht: fast 1000 Kilometer High-Tech-Kabel und eine Gesamtspeicherkapazität, mit der sich umgerechnet die fast 100 Millionen Titel der amerikanischen Kongressbibliothek erfassen ließen. In der Lobby von Pixar (unten) begegnet man der neuen Konkurrenz derzeit noch mit aufgeräumter Gelassenheit

bliothek der Welt in nur vier Stunden von einem Rechner zum nächsten zu pumpen.

Herz des Gebäudes ist eine 1250 Quadratmeter große Halle mit zu Wänden aufgetürmten Computerboards, die Angestellte „den Todesstern" nennen. In der Luft liegt orkanartiges Brausen. Schreiend erklärt Plumer, dass hier die geballte Rechenkraft des Letterman Center konzentriert ist. 3000 Hochleistungsprozessoren „rendern" rund um die Uhr aus einer Fülle von Daten hochauflösende Filmbilder.

Was schiere Computer-Power angeht, kann momentan keine andere Effektfirma mit ILM konkurrieren. Doch kleine Studios haben entscheidend aufgeholt. Wer vor wenigen Jahren digitale Schneeflocken für eine Winterszene herstellen wollte, benötigte noch eine eigene Softwareabteilung dazu. Großaufträge gingen daher stets an Branchenriesen. Erst die allgemeine Verfügbarkeit von 3-D-Animations-Software wie „Renderman" oder „Maya" hat eine Demokratisierung ausgelöst. „Ein Mann mit einem Computer kann heute schon ein Effektstudio sein", sagt Plumer.

Kleinere Studios, so genannte „Effektboutiquen", benutzen heute annähernd die gleichen Werkzeuge wie die Großen. Oft produzieren zehn oder mehr von ihnen einzelne Sequenzen für einen Kinofilm, dessen Startdatum näher rückt. Und Schnee ist eine der leichtesten Übungen.

D**rei ehemalige** Lucas-Mitarbeiter sahen diese Entwicklung bereits 1999 voraus und verließen ILM, um eine eigene solche Boutique aufzumachen. „The Orphanage", das Waisenhaus, nannten sie ihre Gründung – eine Anspielung auf den zurückgelassenen Papa George Lucas. Heute gehört The Orphanage selbst zu den Größeren der Branche. Das Waisenhaus ernährt und beherbergt je nach Auftragslage zwischen 70 und 190 Menschen. „Viele arbeiten für einen Film bei uns und wechseln dann wieder zu einem anderen Studio", erklärt Jonathan Rothbart, einer der drei Gründer. „Es ist ein einziges Personal-Karussell." Weit muss dabei niemand gehen: Das Firmengebäude von The Orphanage liegt nur 500 Meter von der neuen Lucas-Zentrale entfernt.

Rothbart, ebenfalls ein Turnschuhträger, versteht sich nicht als Techniker, sondern als Künstler. Übertrieben ist das kaum: Für die Kampfszenen des chinesischen Historiendramas „Hero" entwarf er am Computer ein Farbenmeer, das ihm einen „Hongkong-Oscar", den wichtigsten Filmpreis Asiens, einbrachte. Dem verbreiteten Urteil, dass im Film heute „alles digital" funktioniert, widerspricht der Effektmagier allerdings: „Oft sind die herkömmlichen Lösungen viel besser, aber die beherrscht kaum noch jemand." Als Rothbart und seine Kollegen vor kurzem für eine Szene dickflüssiges Blut brauchten, versagten alle Algorithmen ihrer Computer. „Schließlich nahmen wir Eierlikör und färbten ihn rot."

Mit Finessen wie diesen hat The Orphanage in der Welt der Spezialeffekte von sich reden gemacht, doch bislang arbeitete die Firma nur als Zulieferer für Hollywood. Zum Beispiel für die Comicverfilmung „Sin City", Roland Emmerichs Wetterdrama „The Day after Tomorrow" und aktuell für das Großprojekt „Superman Returns".

Seit kurzem schielen die Waisen aber auch selbst auf den Regisseurstuhl. Ihr großes Ziel: mit eigenen Trickfilmen an der Erfolgsgeschichte in der Bay Area mitzuschreiben. Eine frisch gegründete Animations-Abteilung soll in den nächsten Jahren sechs abendfüllende Filme produzieren, alle mit einem Budget zwischen 50 und 75 Millionen Dollar. „Wir wollen da hin, wo Pixar schon ist", sagt Carsten Sørensen, der Chef der Firma. Fast 20 Millionen Dollar aus „ungenannten Quellen" seien bereits gesammelt.

Denn auch wenn Computer und Programme heute selbst für kleine Betriebe erschwinglich geworden sind, bleibt digitaler Trickfilm ein enorm teures Geschäft. Computer können den Menschen nämlich nur einen Teil der Arbeit abnehmen. John Lasseter, der Schöpfer von „Toy Story", hat auf die Frage nach seinem Erfolgsrezept einmal gesagt: „Effekte mögen Leute dazu bringen, ins Kino zu gehen. Aber Handlung und Charaktere halten sie auf den Sitzen." Auch bei Lucasfilm und The Orphanage verweisen alle auf Lasseters Leitsatz: „Story is king" – es ist die Geschichte, die einen guten Film ausmacht.

Wie bei jedem klassischen Trickfilm findet deshalb die Vorarbeit für einen digitalen Trickfilm größtenteils in den Köpfen und auf den Zeichenbrettern der Entwickler statt: *Character designer* entwerfen Figuren, Modellbauer basteln sie als Skulpturen, *storyboarder* zeichnen jede einzelne Szene der späteren Filmhandlung per Hand. Bis endlich die Grafikspezialisten digitale Sets entwerfen, bis Animatoren ihre Arbeit aufnehmen können, sind oft drei Jahre vergangen. Ein einziger Film beschäftigt so leicht Hunderte von Menschen vier bis fünf Jahre lang.

U**m eigene Produktionen** bezahlen zu können, benötigen ambitionierte Studios wie The Orphanage deshalb potente Geldgeber – und die sitzen wie zu Zeiten der ersten Gehversuche von Lucas und Coppola noch immer in Hollywood. Unabhängig von der etablierten Filmindustrie im Süden zu arbeiten, schafft nach wie vor kaum jemand. Nur Pixar ist als börsennotiertes Unternehmen mit hinreichend Kapital ausgestattet.

Von Emeryville aus blickt der Animator Andrew Gordon gelassen in die Zukunft: „Ich glaube, was gute Ideen angeht, können wir durchaus mit dem echten Hollywood konkurrieren." Er läuft an der goldenen Shakespeare-Büste vorbei zum Grammofon in seinem geheimen Hinterzimmer, dort dreht er die Dean-Martin-Platte ein weiteres Mal um. „Und außerdem", ruft Gordon aus seiner roten Höhle. „Mir tun die Jungs aus Hollywood in jedem Fall leid: Sie haben keine Love Lounge." I

Für **Marc Deckert**, 35, war es der zweite Besuch bei den Trickfilmern. Obwohl fasziniert von den Pixar-Büros, zögert der Neon-Textchef noch mit der Verwandlung seines Arbeitsplatzes.

BIENVENIDO A **MEXIFORNIA**

In 15 Jahren, so die Prognose, wird es in Kalifornien genauso viele Latinos wie Weiße geben. Doch die Verhältnisse haben sich schon jetzt verkehrt: Einstige Underdogs stellen die neue Mittelklasse – und werden von Politikern hofiert

TEXT: JOCHEN SIEGLE

Kaliforniens Gesicht der Zukunft ist braun gebrannt. Schwarze Haarwellen, ein freundliches Lächeln, funkelnde Augen. Es gehört Antonio Villaraigosa, seit Juli 2005 Bürgermeister von Los Angeles. „Rockstar" nennen Parteifreunde den 53-Jährigen respektvoll, er gilt auch als große Hoffnung für die orientierungslosen Demokraten im Land. Doch Villaraigosa ist noch mehr als das. Als erster *mayor* lateinamerikanischer Herkunft seit 133 Jahren repräsentiert er die Zukunft Kaliforniens – denn die gehört den Latinos.

Villaraigosa wuchs als Sohn mexikanischer Eltern im ärmlichen Osten von Los Angeles auf. Der Vater ein Trinker. Die Mutter zog die vier Kinder allein auf; jahrelang rackerte sie sich mit zwei Jobs gleichzeitig ab. Schon als Siebenjähriger musste der älteste Sohn Antonio dazuverdienen – als Schuhputzer. Später engagierte er sich in der Gewerkschaft und besuchte die renommierte University of California in Los Angeles. Mit viel Fleiß und einem unerschütterlichen Glauben an sich selbst hat Villaraigosa seine persönliche Version des amerikanischen Traums verwirklicht.

Die Zahl der Latinos, also der Einwanderer aus Guatemala, El Salvador, Honduras, Nicaragua und besonders aus Mexiko, lässt sich kaum verlässlich schätzen, denn viele kamen illegal. Offiziellen Statistiken zufolge stammen heute über 30 Prozent der 36 Millionen Kalifornier aus Lateinamerika; Latinos stellen damit die größte Minderheit im Bundesstaat, noch vor den Afro-Amerikanern. Und bis voraussichtlich 2025 werden sie auch den „nichthispanischen Weißen" zahlenmäßig überlegen sein, deren Zahl Prognosen zufolge bis 2040 auf 31 Prozent fallen wird. Heute schon wird fast jedes zweite in Kalifornien geborene Kind von einer Mutter hispanischer Herkunft zur Welt gebracht; weiße Kinder dagegen machen nicht einmal mehr 33 Prozent aller Geburten aus. Kalifornien nennen viele längst Mexifornia.

Angesichts der demographischen Entwicklung steht der Staat vor enormen Herausforderungen. Laut Wirtschaftsexperten dürften jedoch die Hispanics selbst zur Lösung der Probleme beitragen. Denn engagierte junge Latinos, bestrebt, den sozialen Aufstieg zu schaffen, füllen die Steuersäckel und belasten gleichzeitig die Sozialkassen des maroden Sonnenstaats weit weniger als die alternde und schrumpfende weiße Bevölkerung.

Die meisten Weißen sehen Immigration allerdings nicht als Chance, sondern als Gefahr für Kalifornien. Sie glauben, dass das Heer der armen, unversicherten Einwanderer dem Staat auf der Tasche liegt und das Lernniveau an öffentlichen Schulen drückt. 1994 fand eine Volksinitiative, die „Proposition 187", eine klare Mehrheit, die Immigranten ohne Papiere von nahezu allen Sozialleistungen ausschließen wollte. Erst das Eingreifen eines Bundesrichters, der das Gesetz kurzerhand für verfassungswidrig erklärte, machte dem populistischen Spuk ein Ende. „Eine schmutzige und beängstigende Kampagne war das", sagt Fernando Quinones, ein auf Einwanderungsrecht spezialisierter Anwalt, der selbst als Junge mit seiner Familie ohne Papiere aus Mexiko kam.

Die „Prop 187" unterstützte damals auch ein Immigrant aus Österreich: Arnold Schwarzenegger. Inzwischen zum Gouverneur gewählt, verweigert er den „undokumentierten" Ausländern vehement die Fahrerlaubnis. Die *driver's license* gilt als Ausweisersatz, und so besitzt der Staat keinerlei Informationen über Hunderttausende seiner Bürger, die meist seit Jahren in die Gesellschaft integriert sind und tagtäglich ohne Führerschein und damit ohne Versicherungsschutz fahren.

Vertreter eines neuen Selbstbewusstseins: Bürgermeister Antonio Villaraigosa

Aber nicht nur deswegen ist Schwarzenegger unter den Hispanics äußerst unpopulär; gerade 17 Prozent von ihnen waren Ende 2005 noch der Meinung, der Hollywood-Star sei ein guter Gouverneur. Schwarzenegger forderte im April 2005 die komplette Schließung der Grenze zu Mexiko. Wenig später versuchte er den Sturm der Entrüstung zu dämpfen: Er habe „sichern" gemeint, nicht „schließen", sein Englisch sei leider nicht fehlerfrei.

Für Anwalt Quinones sind solche Äußerungen schlicht rassistisch motiviert. „Viele fürchten insgeheim, eine Latino-Revolution könnte nicht nur Kalifornien, sondern die ganze Nation überrollen." Die Stimmung ist aufgeladen. So kontrollieren in Südkalifornien etwa Busfahrer der Greyhound-Linie eigenmächtig die Papiere von Reisenden in Richtung Norden. Wer Spanisch spricht und keine gültigen Dokumente besitzt, muss aussteigen.

Man spricht Spanisch: Los Angeles ist an manchen Ecken fest in lateinamerikanischer Hand

Dabei sind es längst die Hispanics, die Kaliforniens Rückgrat bilden. Hunderttausende Latino-Familien haben es zu Bildung und Wohlstand gebracht. Und ohne die Heerschar der für wenige Dollar arbeitenden Gärtner, Hausmeister, Kindermädchen, Krankenpfleger, Wagenwäscher oder Anstreicher würde das Alltagsleben kollabieren. Besonders in der Landwirtschaft: „Latinos sind die Hauptantriebsfeder des Wohlstands, nur können die Ausgebeuteten an ihm nicht teilhaben", sagt Rey Leon vom Latino Issues Forum im San Joaquin Valley, dem Drehkreuz der florierenden kalifornischen Obst- und Gemüsewirtschaft. Nach wie vor ist diese Sparte – nicht etwa High Tech oder Unterhaltung – der bedeutendste Wirtschaftszweig Kaliforniens.

Nur langsam geht Politikern auf, dass sie ohne die Unterstützung der mächtiger werdenden Wählergruppe nicht regieren können – überraschenderweise haben *latino votes* sogar die letzte US-Präsidentschaftswahl zugunsten von George Bush entschieden. Wesentlich mehr Latinos, als von Wahlforschern erwartet, hatten republikanisch gewählt: rund 40 Prozent.

Auch dem republikanischen Gouverneur Schwarzenegger verhalfen 2003 Latino-Stimmen zum Sieg; sein demokratischer Widersacher Cruz Bustamante – selbst Enkel mexikanischer Einwanderer – blieb chancenlos. Nach zwei Jahren im Amt hat sich der Glanz des Action-Helden jedoch abgenutzt. „Schwarzenegger hat seine Popularität unter Latinos böse überschätzt", sagt Clarissa Martinez De Castro vom National Council of La Raza, einer Organisation, die gegen Diskriminierung kämpft. Dass der Gouverneur noch für eine Million Dollar spanischsprachige Wahlkampf-Spots drehen ließ, half ihm bei den Sonderwahlen Ende 2005 nur wenig. Nach der Abstimmungsschlappe gilt Schwarzenegger als angezählt, die Liste seiner potenziellen Nachfolger wird länger. Neben Hollywood- und Polit-Prominenz lassen sich voraussichtlich auch aussichtsreiche Politiker lateinamerikanischer Abstammung für das höchste Amt im Staat aufstellen. Dem Demokraten Fabian Núñez aus Los Angeles werden gute Chancen zugerechnet, als erster Latino-Politiker das Gros der 2,7 Millionen registrierten Latino-Wähler in ganz Kalifornien zu mobilisieren.

OHNE DIE STIMMEN DER **LATINOS** WÄRE BUSH NICHT PRÄSIDENT

Sein Vorbild: Antonio Villaraigosa. Dem heutigen Ersten Mann von L.A. war es gelungen, bei der Bürgermeisterwahl Massen der eigentlich „wahlfaulen" Latinos zum Urnengang zu bewegen. „Der Erfolg von Villaraigosa wird einiges in Bewegung bringen", sagt auch Clarissa Martinez. „Er ist das Signal, dass Latinos sehr weit kommen können." ❙

Jochen Siegle, 37, lebt seit fünf Jahren als freier Journalist in San Francisco und berichtet von dort für „Spiegel", „Spiegel Online" und „Financial Times".

EINE WELTSTADT
VOM ERDBODEN VERSCHLUCKT

Am Morgen des 18. April 1906 bebt in San Francisco der Boden. Drei Tage später erinnern nur noch rauchende Ruinen an die damals grösste Metropole am Pazifik. Doch nicht die Naturkatastrophe führte zu ihrer Zerstörung. Verheerender als das Beben, so wissen die Historiker heute, war bodenlose Dummheit

TEXT: EMANUEL ECKARDT

Die Nacht ist ruhig, für die Jahreszeit ungewöhnlich warm und trocken. Seit zwei Wochen hat es kaum geregnet, ein herrlicher Frühling. In den frühen Morgenstunden des 18. April 1906 ist es erstaunlich klar in den Straßen von San Francisco. Der Nebel, der so oft alles verhüllt, fehlt. Nichts deutet darauf hin, dass die Stadt in wenigen Sekunden ihre größte Katastrophe erleben wird. San Francisco, kühle Schönheit unter den Städten Kaliforniens, blühende Metropole am Pazifik, schläft ahnungslos.

Es ist Mittwoch. Am Freitag wird es die größte Siedlung im amerikanischen Westen so nicht mehr geben, wird San Francisco in die Geschichte eingehen als die Stadt, die sich selbst zerstört hat, als Schauplatz einer Tragödie, die mit einer Naturkatastrophe begann und in Chaos und Vernichtung endete, verursacht durch Dummheit und Versagen.

Erdbeben sind in San Francisco nichts Ungewöhnliches, deshalb hat es sich Alexander McAdie, Leiter des Wetteramtes von San Francisco, zur Gewohnheit gemacht, Zeitpunkt und Dauer von Erdstößen zu messen. Seit 20 Jahren liegen neben dem Bett des Professors eine Taschenuhr mit Sekundenzeiger, ein geöffnetes Notizbuch mit dem aktuellen Datum, ein Bleistift und eine elektrische Stablampe. Die Wissenschaft war jenem unheimlichen Naturphänomen noch nicht endgültig auf die Spur gekommen. Nur Joseph LeConte, seit 1869 erster Professor für Geologie in Berkeley, sah einen Zusammenhang zwischen Erdbeben und Vulkanausbrüchen und widersprach damit der verbreiteten Theorie, dass Erdbeben durch Elektrizität verursacht würden.

Als Alexander McAdie am 18. April 1906 um 5.12 Uhr aus tiefem Schlaf gerissen wird, braucht er ungefähr sechs Sekunden, bis er Licht gemacht und den bereitliegenden Stift in der Hand hat. Er notiert „ein anhaltendes schweres Beben von annähernd 40 Sekunden".

Auch James Hopper, Reporter des „Call", erlebt das Beben im schwankenden Bett, hört das Donnern der Ziegelsteine, sieht die bleiche Mondsichel am grünen Himmel des Morgengrauens. Der Profi ringt nach Worten und Bildern. „In Wahrheit war die Gewalt des Bebens unvorstellbar", schreibt er. „Das Beben startete mit einer unglaublichen Direktheit, wild entschlossen und ohne Zweifel an seinem Ziel. Es stürzte sich auf die Erde wie eine außerirdische Bulldogge, brüllend mit hungrigem Ungestüm, schüttelte die Erde wie eine Ratte zwischen den scharfen Zähnen, schüttelte, schüttelte, schüttelte, mit immer neuen Ausbrüchen wilder Wut."

Das bisher schwerste Erdbeben des 20. Jahrhunderts, verursacht ›

Blick vom Nob Hill auf die Sacramento Street.
»Das Beben stürzte sich auf die Erde wie eine außerirdische Bulldogge«, schreibt der Reporter james Hopper

durch eine Bewegung der Pazifischen Platte entlang der San-Andreas-Verwerfung, erschüttert Kalifornien zwischen Cape Mendocino und Hollister auf einer Länge von rund 400 Kilometern. San Francisco ist schwer getroffen. Die Stärke beträgt zwischen 7,7 und 7,9 auf der Richterskala, präzise Messungen gibt es nicht, zwei veraltete Seismographen am Studentenobservatorium in Berkeley und auf dem Mount Hamilton bei San Jose springen am Morgen des 18. April aus ihren Halterungen. Die Erschütterung ist zu stark.

Zuverlässiger sind die Berichte der Zeugen. In der Washington Street beobachtet Polizeisergeant Jesse Cook, wie sich mitten in der Straße ein klaffender Riss auftut, zwei Meter tief, zur Hälfte mit Wasser gefüllt, und sich langsam wieder schließt. Wände stürzen ein, Balken bersten, ein schreckliches Dröhnen liegt über allem. Den Gästen in der Eingangshalle des Valencia Street Hotels gelingt es gerade noch, ins Freie zu fliehen, dann sackt der Bau in die Tiefe. Nun flüchten die Menschen aus den Fenstern des vierten Stocks, denn der ist plötzlich auf einer Ebene mit der Straße. Die beiden mittleren Stockwerke mit über 100 Personen hat der Erdboden verschluckt.

Das Palace Hotel an der Market Street gilt als erdbebensicherer, einladend strahlen seine Lichter ins Dunkel, als die Palmen in der Eingangshalle plötzlich zu schwanken beginnen. Der Zeitungsreporter Frank Ames glaubt zunächst an eine optische Täuschung, aber dann packt ihn die Angst: „Es war, als versinke der Boden unter mir, als wären die Pflastersteine zum Leben erwacht. Sie tanzten wie Popcorn, während sich die Gebäude auf beiden Seiten zu verneigen schienen." Elektrokabel peitschen durch die Luft, spucken blaue Blitze, unter der Erde vernimmt der Reporter das Gebrüll von tausend Löwen. Er rennt um sein Leben.

3000 Tonnen Eisen bilden das Skelett des sieben Stockwerke hohen Palace mit seinen 800 Zimmern, schwelgerisch ausgestattet im Louis-XIV-Stil, mit viel Brokat, Eichenholzparkett und Täfelungen in Redwood. Ein gemauerter Luxus-

Schauspiel für Schaulustige: An der Kreuzung Golden Gate Avenue/Larkin Street blicken Neugierige auf ein Gebäude, das wie die fragile Fassade einer Filmkulisse in sich zusammengebrochen ist

Ein überraschendes Aroma liegt über dem Hafen – noch wochenlang glimmen in den Warenhäusern Teelieferungen

»WIR MÜSSEN ALLE STERBEN!«, WIMMERT CARUSO

dampfer, der Größte seiner Art im Westen der USA, die „Titanic“ von San Francisco, unsinkbar. Aber auch dieser Riese wankt. In der Hotelhalle stürzt Stuck in großen Brocken von den Wänden, Kronleuchter krachen zu Boden. Aller Glanz verschwindet unter Wolken von Staub. In den Zimmern bersten die Täfelungen, kippen Schränke und Kommoden, fallen die Gäste aus dem Bett.

Einer von ihnen ist ein Star: Enrico Caruso, 33 Jahre alt. Am Abend zuvor hat er den Don José in „Carmen“ gegeben, ein Gastspiel der Metropolitan Opera aus New York. Er bewohnt die Präsidenten-Suite mit Marmorkamin und Satintapeten, der richtige Rahmen für den besten Tenor aller Zeiten. „Es ist nichts“, sagt der Kammerdiener, der auf Carusos Rufen in der Tür erscheint.

Den Sänger beruhigt das nicht. Schreiend und nahezu unbekleidet rennt er aus seiner Suite, irrt durch die Flure, macht Stimmübungen, ein Handtuch um den Hals geschlungen. Er hält ein Bild umklammert, das gerahmte Foto Theodore Roosevelts. Der Präsident hatte es ihm vor wenigen Tagen zugesteckt, mit persönlicher Widmung. Caruso entdeckt den Dirigenten Alfred Hertz, fällt ihm um den Hals, schluchzend wie ein Kind. „Wir sind alle verdammt! Wir müssen alle sterben!“

Das Unheimlichste ist die Stille nach dem Beben. Zeugen beschreiben sie als unwirklich. Stumme Prozessionen von Menschen irren durch die Stadt, um zu sehen, was geschehen ist. Mittendrin die Schriftstellerin Mary Austin. Rauch steigt vor die aufgehende Sonne, „das blutunterlaufene Auge des Unheils“, notiert Austin entsetzt. Feuer! Die ganze Dimension des Verderbens wird Reporter Hopper bewusst, als er sich durch die Stadt fahren lässt und die vielen Brände registriert: „In diesem Moment wurde uns klar: Das Erdbeben war nur der Prolog. Die Tragödie würde im Feuer geschrieben werden.“

In San Francisco leben 1906 rund 400 000 Menschen in Häusern, von denen 90 Prozent aus Holz erbaut sind, dem praktischen, jederzeit verfügbaren Baustoff, der ebenso für elegante Villen wie für Fabrikhallen, Kirchen und Schulen verwendet wird. So eine Stadt braucht eine gute Feuerwehr: 584 uniformierte Feuerwehrleute stehen bereit, 38 dampfgetriebene Feuerlöschfahrzeuge, 39 Schlauchwagen, 13 Pferdewagen, 320 Pferde und vier Automobile in gutem Zustand.

Die Löschtrupps verlieren keine Zeit, doch wohin zuerst? Die Kommunikation ist zusammengebrochen. Kein Telefon funktioniert. Wo es brennt, erfahren die Männer auf Zuruf. Sie rücken aus, aber wo immer sie hinkommen, das gleiche Bild: ein Meer aus Flammen und kaum ein Tropfen Wasser. Das Beben hat das System der Wasserversorgung nahezu vollständig zerstört, Rohre sind geplatzt, Hydranten ohne Druck, die Hauptwasserleitungen unterbrochen. Nichts geht mehr.

Kurz nach zwölf Uhr steht das Palace Hotel in Flammen. Um ein Uhr mittags brennen die großen Zeitungshäuser. Das Call Building, mit fast 100 Metern höchstes Bauwerk der Stadt, „glüht wie ein phosphoreszierender Wurm“, wie Reporter Hopper über die Vernichtung seines Arbeitsplatzes berichtet. Dieser Teil der Stadt „war eine große Flamme, die im Wind peitschte wie die riesige seidene Fahne einer kosmischen Anarchie“.

Ambulanzen jagen durch die Straßen. Die zentrale Unfallklinik befindet sich im Tiefgeschoss der neuen City Hall, dem größten Gebäude des Staates Kalifornien. Beim Beben war der Prunkbau eingestürzt, nur die kupferne Kuppel blieb auf ihrem Skelett aus Stahlstüt- ›

Auch bei den Löscharbeiten droht Lebensgefahr. Einstürzende Mauern begraben immer wieder Menschen und Löschfahrzeuge

Die Innenstadt, ein ausglühendes Ruinenfeld. Die meisten der 28 000 Gebäude werden aber nicht durch das Beben, sondern durch die anschließenden Sprengungen und Feuer zerstört

Der Vorhang gefallen, das halbe Gebäude eingestürzt. Doch bald heißt es im Majestic Theater: The show must go on – Aufführungen finden in einem Zelt statt

zen. Erstaunlicherweise wurde niemand getötet. Die Patienten werden aus dem Schutt befreit und in eine Halle auf der anderen Straßenseite geschoben, doch in der Notaufnahme können sie nur wenige Stunden bleiben. Auch dieses Gebäude muss evakuiert werden.

Das Feuer frisst sich voran. Das Fire Department hat nicht einmal genug Wasser, um ein halbes Dutzend kleine Brände zu löschen, es gibt aber mehr als 50 Brandherde in der Stadt. Schließlich verfallen die Autoritäten auf eine unheilvolle Idee: Dynamit! Sprengungen sollen Brandschneisen schaffen, um die Ausbreitung der Flammen zu verhindern. Der amtierende Feuerwehrchef fordert „allen verfügbaren Sprengstoff" an. 48 Fass Schwarzpulver werden geschickt. Sprengstoffhersteller wie die Vulcan Powder Works, die Giant Powder Company und die California Powder Works haben ihren Sitz in der Region. Ihre Lager sind voll.

Brigadegeneral Frederick Funston, in Abwesenheit des Kommandeurs Befehlshaber der Pacific Division der US-Streitkräfte, blickt wie von einem Feldherrnhügel vom Nob Hill auf die Rauchsäulen über dem Fabrik und Bankenviertel der Stadt. Nach kurzer Lagebesprechung mit Bürgermeister und Polizeichef fällt eine Entscheidung, an deren Zustandekommen sich später niemand mehr erinnern will. Die gemeinsame Notausgabe der Zeitungen „Call", „Chronicle" und „Examiner" berichtet, dass San Francisco seit Mittwoch neun Uhr unter Kriegsrecht stünde, eine glatte Erfindung, wie sich später herausstellt. Weder Präsident Roosevelt noch Kaliforniens Gouverneur George Pardee haben befohlen, die Nationalgarde zu mobilisieren. Doch genau das geschieht.

General Funston ist nicht zu bremsen. Er setzt die größte Militärmaschinerie in Marsch, die je in Friedenszeiten eine amerikanische Stadt besetzt hat. Kriegsschiffe nehmen Kurs auf San Francisco, Marines marschieren ein, Infanterie von den Inseln Alcatraz und Angel Island,

Artillerieeinheiten aus Fort Baker in Marin County. Bald sind 2000 Mann Bundestruppen in der Stadt, bewaffnete Nationalgarde und kalifornische Marine in Uniform patrouillieren. Das Corps der Univer-

BÜRGERMILIZEN ERHALTEN STRIKTEN **SCHIESSBEFEHL**

sity of California in Berkeley erlebt seinen Jungfern-Einsatz. Zum ersten Mal bekommen die 600 Kadetten scharfe Munition ausgehändigt, jeder fünf Patronen.

Die Polizei wird durch spontan rekrutierte Spezial-Polizei und Bürgermilizen verstärkt, ein Rückgriff auf die Volksjustiz in den Tagen des Goldrauschs. 2000 Hilfspolizisten hatte die Zivilregierung schon ernannt, bald verteilt ein eigens einberufenes Bürgerkomitee weitere 1000 Polizeiabzeichen. Ein Sicherheitsausschuss wird einberufen. Wachen umstellen das Rathaus und das Schatzamt, in dem sechs Millionen Dollar lagern. Militär und Polizei schließen alle Geschäfte, in denen Alkohol verkauft wird. Der Ausschank ist streng verboten. Bei Zuwiderhandlungen sollen sämtliche Vorräte konfisziert und auf die Straße geschüttet werden.

Bürgermeister Eugene Schmitz residiert, nachdem sein Rathaus abgebrannt ist, auf dem Portsmouth Square, dem Platz vor dem evakuierten Justizpalast. Er sitzt auf einer Kiste Dynamit, benutzt eine andere als Schreibtisch und ist umgeben von einer Tonne Sprengstoff. Gefechtslärm und Detonationen hallen durch die Straßen, auch Artillerie kommt zum Schuss. Die Wirkung ist fatal: Nach größeren Sprengungen zerspringen im Umkreis von fünf Blocks alle Fensterscheiben, was die Flammen nur schneller vorantreibt. Weil die Feuerwehr keine Erfahrung im Umgang mit Sprengstoff bei offenem Feuer hat, legt sich eine hochexplosive Staubwolke mit Schwarzpulver-Partikeln über die Trümmer. Neuer Zündstoff, der noch mehr Holz in Brand setzt. Zu allem Überfluss wird auch eine Fabrik, die Feuerwerkskörper herstellt, in die Luft gejagt.

„Nicht die Naturgewalten waren für das Chaos, die Zerstörung, die Zahl der Verletzten und Toten verantwortlich", schreibt der amerikanische Autor Philip Fradkin in seiner 2005 erschienenen Bilanz „Das Große Erdbeben und die Feuerstürme von 1906 – wie San Francisco sich beinahe selbst zerstörte". Die Ursache für das verheerende Ausmaß der Katastrophe sei menschliches Versagen gewesen, die Befehle militärischer und ziviler Autoritäten, die „unter großem Druck absolut töricht" reagiert hätten.

Für die Zeit zwischen Sonnenuntergang und Sonnenaufgang wird eine Ausgangssperre verhängt. Der Bürgermeister ordnet an, jede Person, die bei kriminellen Handlungen ertappt wird, sofort zu erschießen. Wie viele Menschen von militärischen und paramilitärischen Ordnungskräften erschossen wurden, wird nie zu klären sein. Die Bewaffneten machen kurzen Prozess, ohne Feststellung der Personalien. Zeugen berichten, dass die Toten in die Bay oder ins Feuer geworfen wurden. Und dass der Schießbefehl besonders strikt ausgeführt wird, wenn die Verdächtigen der Unterschicht oder ethnischen Minderheiten angehören. Dass auch ein Mitglied des Bürgerkomitees erschossen wird, ist eine Panne. Die Generalität verbreitet später, dass neun Männer eines gewaltsamen Todes starben, ein Rechercheur nennt die Zahl 490. Fradkin schätzt 50 bis 75 Ermordete.

Der Donnerstag verspricht ein heißer Tag zu werden. Am Tag nach dem Beben steigt das Thermometer auf über 27 Grad Celsius, ungewöhnlich für diese Jahreszeit. Ostwind bläst heiße, trockene Wüstenluft in die Bay Area, treibt das Feuer in die Wohnviertel im Westen, die bisher von den Flammen weitgehend verschont geblieben waren.

Selbst vor den Trümmern ihrer Existenz gilt für die Tischrunde in der Franklin Street eines: Haltung wahren

Chinatown ist da schon längst abgebrannt, ein Ghetto, in dem mehr Chinesen hausten als in jeder anderen amerikanischen Stadt, auf engstem Raum und unter fatalen hygienischen Bedingungen.

Die Menschen verlassen die Stadt, versuchen ihre Habseligkeiten zu retten, der Strom der Flüchtlinge reißt nicht ab, Familien, die ›

Wie klaffende Wunden ziehen sich Risse durch die Stadt. Nicht selten sind sie mehrere Meter tief

Kisten an Hanfseilen hinter sich herziehen, Lastwagen, auf denen sich Haushaltsgegenstände türmen, Müllwagen hoch beladen mit teurem Mobiliar, Bierkutschen, Heuwagen, Handwagen, Kinderkarren, eine Karawane ohne Ende. Rote-men. Er darf an Bord. Die Hölle liegt hinter ihm. Nie wieder wird er an diesen Ort zurückkehren.

Die Nachricht von der Katastrophe löst eine Welle der Hilfsbereitschaft aus. Mit sicherem Gespür für ein dramatisches Medienereignis setzt Pressezar William Randolph Hearst einen Sonderzug mit 40 Ärzten, 70 Krankenschwestern und ausgesuchten Journalisten von Los Angeles nach San Francisco in Bewegung. Das „Los Angeles Examiner Relief Corps" trifft am Donnerstagmittag im stark beschädigten Ferry Building am Ende der Market Street ein, dort, „wo Stunden vorher noch die Stadt San Francisco gestanden hatte", wie es ein Teilnehmer der Expedition ergriffen formuliert.

Nahrungsmittel für die Bevölkerung sind auf dem Weg, das Militär verteilt Rationen aus seinen Depots. Brigadegeneral Funston kabelt dem Kriegsminister: „Wir brauchen Tausende Zelte und alle Rationen, die geschickt werden können." Erst einmal stiftet das Militär 84 002 Paar

DAS DESASTER – DIE STRAFE FÜR **LEICHTLEBIGKEIT?**

Kreuz-Ambulanzen suchen ihren Weg, eine Frau trägt eine Katze im Vogelkäfig, der Papagei sitzt auf ihrer Hand, eine andere hält ein Goldfischglas.

Den Flüchtenden macht die Hitze zu schaffen, viele wirken merkwürdig plump, sie tragen ihre beste Kleidung in mehreren Schichten am Körper. Auch die Compagnie der Metropolitan Opera verlässt die Stadt. Caruso hält das signierte Porträt des Präsidenten hoch, um Zugang zu einer überfüllten Fähre zu bekom-

Stiefel, die einst für den Einsatz amerikanischer Truppen in den Philippinen vorgesehen waren.

Der Ausnahmezustand weckt Betroffenheit und Schaulust. Auch Jack London will wissen, wie es um seine Geburtsstadt steht. Der Schriftsteller, damals schon ein gefeierter Autor, nimmt mit seiner Frau Charmian den Zug nach Sausalito und von dort die Fähre nach San Francisco. „Ich sah von der Bucht aus die gewaltige Feuersbrunst. Starke Winde bliesen aus allen Richtungen in die Stadt, die dem Untergang geweiht war." Das Phänomen des Feuersturms fasziniert ihn. „Der Aufstieg heißer Luft verursachte einen enormen Sog, das Feuer schuf seinen eigenen kolossalen Kamin durch die Atmosphäre." Furchtlos streift das Ehepaar durch die nächtliche Stadt, über den zerstörten Broadway und die Market Street. Am Union Square schlagen die Flammen von drei Seiten hoch.

Am Freitag wechselt der Wind. Von San Francisco existiert nur noch der feinere Nordosten, vor allem Wohnhäuser zwischen Russian Hill und Telegraph Hill. Dass sie am zweiten Tag nach dem Beben ein Raub der Flammen werden, liegt an der fahrlässigen Sprengung einer pharmazeutischen Fabrik, in der große Mengen Alkohol lagern. Westwind kommt auf, innerhalb von 18 Stunden stehen 50 Blocks in Flammen.

Doch keine Katastrophe ohne Helden. Das neue Post Office aus Granit wird von der Belegschaft erfolgreich gegen die Flammen verteidigt. Obwohl Soldaten den Angestellten befehlen, das Haus zu verlassen, bleiben zehn Postler an ihrem Arbeitsplatz, tauchen Briefsäcke in einen Wassertank und schlagen so ›

Im ganzen Stadtgebiet werden – wie hier unterhalb von Fort Mason – Notcamps errichtet. Rund 225 000 Menschen hat das Erdbeben zu Obdachlosen gemacht

lange auf die Flammen, bis sie verlöschen. Am Freitag öffnet das Post Office wieder.

Erstaunlicher noch ist die Rettung von 3000 Fässern Whiskey. Für einen Dollar pro Stunde rollen Männer aus dem Hafen den wertvollen Stoff aus der Gefahrenzone, bewacht von bewaffneten Angestellten des Handelshauses A. P. Hotaling & Company, die vom Militär autorisiert wurden, jeden zu erschießen, der eines der Fässer zu stehlen versucht. Niemand stiehlt, niemand schießt. Der Whiskey ist gerettet, dem Unternehmen geht es besser als je zuvor, denn alle anderen Whiskeylager der Stadt sind zerstört.

Am Sonntag regnet es. Am Montag beginnen die Sprengungen baufälliger Häuser. San Francisco ist unbewohnbar geworden. Viele Menschen haben Zuflucht in den Parks gesucht. Allein im Golden Gate Park kampieren 2000 Obdachlose. Zehntausende sind aus der Stadt geflohen, suchen Unterkunft in den Kommunen von Nordkalifornien. Ihre Ankunft löst nicht immer Begeisterung aus. Türen bleiben verschlossen, Menschen mit gelber oder brauner Hautfarbe finden selten Aufnahme, die Angst vor Trinkern, Kriminellen und Prostituierten ist groß. „San Francisco hatte – zu Recht oder nicht – für seinen Ruf als vergnügungssüchtige, sündige Stadt der Boheme zu zahlen", bilanziert Autor Fradkin. Schon kabeln Gemeinden, dass sie nicht genug Waffen und Munition hätten, um Sicherheit für ihre Bürger zu garantieren.

Dafür fließen die Spenden. Rund zehn Millionen Dollar werden 1906 in den USA gesammelt und als Soforthilfe gespendet, 50 000 Tonnen Hilfsgüter finden ihren Weg in die Katastrophenregion. Auch William Randolph Hearst lässt es nicht bei einem Sonderzug bewenden. Er mietet ein Haus in Oakland und eröffnet eine Entbindungsstation. Der Clou: Jedes Kind, das dort geboren wird, soll 100 Dollar bekommen.

Die Bilanz des Erdbebens und der Feuerstürme von 1906 ist verheerend. Drei Viertel der Stadt sind vernichtet, 508 Häuserblocks niedergebrannt, mehr als 28 000 Häuser zerstört, Rathaus, Justizpalast und Bezirksgefängnis, fünf Polizeiwachen, 27 Feuerwachen, 39 Kirchen aller Glaubensrichtungen und 31 Schulen ein Raub der Flammen. „Keine moderne Metropole ist in der Geschichte der Menschheit so vollständig zerstört worden, schreibt Jack London. Alles was bleibe, seien ein paar Wohnhäuser in den Außenbezirken, „die Fransen dessen, was einst San Francisco war".

Wie viele Menschen ums Leben kamen, wird nie zu klären sein. Eine erste Statistik ein Jahr nach der Katastrophe nennt 315 Erdbebenopfer und 352 Vermisste, im Jahr darauf steigt die Zahl der Toten auf 478. Erst 1980 untersucht die Stadtarchivarin Gladys Hansen die Totenlisten aller Zeitungen der Region, die 1906 erschienen waren. Sie fragt bei Institutionen und Archiven, vermutet immer noch eine große Dunkelziffer. Die letzte Schätzung spricht von annähernd 4000 Opfern, darunter viele Chinesen, die namenlos geblieben sind. **I**

Emanuel Eckardt, 63, hat schon in der GEO-Erstausgabe 1976 über das Innenleben der Erde geschrieben. Die Details für diesen Artikel entnahm er dem Buch „The Great Earthquake and Firestorms of 1906" von Philip L. Fradkin.

MIT DEM BOHRER INS HERZ DES BEBEN

The Quake, das Erdbeben vom 18. April 1906, zählt zu den schwersten Naturkatastrophen, die Kalifornien je heimgesucht haben. Ursache solcher Beben ist die San-Andreas-Verwerfung, eine unruhige Bruchzone zwischen der Pazifischen und der Nordamerikanischen Kontinentalplatte, die sich seit Jahrmillionen aneinander vorbeischieben. Dabei bewegt sich die Pazifische Platte mit Los Angeles und der kalifornischen Küste mit einer Geschwindigkeit von etwa 35 Millimetern pro Jahr – etwa so schnell, wie ein Fingernagel wächst – nach Nordwesten, während sich die Nordamerikanische Platte mit San Francisco und dem gesamten nordamerikanischen Kontinent in Gegenrichtung schiebt. Bei gleich bleibender Geschwindigkeit wird Los Angeles auf seiner erdgeschichtlichen Reise Richtung Aleuten in etwa 16 Millionen Jahren an San Francisco vorbeiziehen. Wenn sich die Platten dabei an einer Stelle verhaken, sich Spannungen aufstauen und schließlich entladen, sind Erdbeben die Folge. Um noch mehr zu erfahren, haben Geophysiker um Mark Zoback von der Stanford University in Parkfield, einem 18-Einwohner-Ort im Central Valley, der sich stolz „Erdbebenhauptstadt der Welt" nennt, die San-Andreas-Verwerfung angebohrt und ein Erdbeben-Observatorium eingerichtet: das „San Andreas Fault Observatory at Depth (SAFOD)". Die amerikanische National Science Foundation und das International Continental Scientific Drilling Program am Geo-Forschungszentrum Potsdam unterstützen die wissenschaftliche und technische Pioniertat. Noch nie haben Wissenschaftler ein Loch durch die Nahtzone zweier Erdplatten gestoßen. Dorthinein, wo die Erdkruste zerbersten und eine Energie wie von Tausenden Atombomben freigesetzt werden kann. Das Team um Zoback trieb Bohrmeißel mit Zähnen aus Wolframkarbid, einem extrem härte- und hitzebeständigen Material, vier Kilometer weit in den Unruheherd der Erdbebenzone, zunächst nahezu senkrecht, dann im Sommer 2005 mit einem Knick nach Osten.

Dort installierten die Wissenschaftler Sensoren, um Erdbeben genau an der Stelle untersuchen zu können, wo sie entstehen. Voraussichtlich 2007 sollen in einer dritten Bohrphase zusätzliche Messgeräte installiert werden, die auch Veränderungen im Flüssigkeitsdruck registrieren. Weil dieser in Bruchzonen vor größeren Beben schwankt, hoffen die Forscher, einen weiteren Schritt auf dem Weg zu ihrem Fernziel voranzukommen: irgendwann Beben präzise vorhersagen zu können.

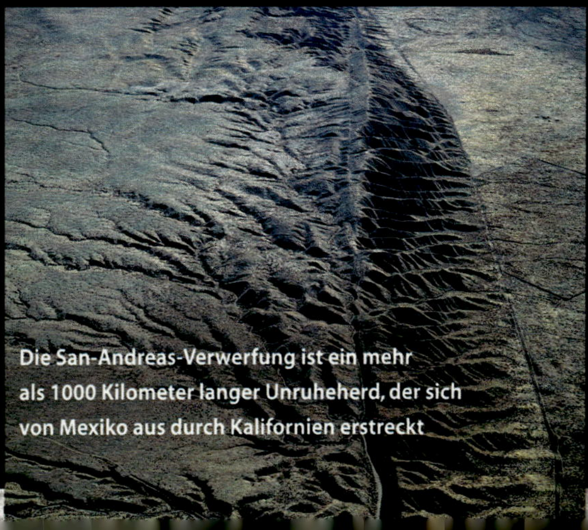

Die San-Andreas-Verwerfung ist ein mehr als 1000 Kilometer langer Unruheherd, der sich von Mexiko aus durch Kalifornien erstreckt

IM ANFANG WAR DER ORT

In den kalifornischen Nationalparks wird die Genesis auf den Kopf gestellt: Hier ist die Natur Krone der Schöpfung – und der Mensch nur staunendes Beiwerk.
Acht Ranger und Wissenschaftler erzählen, was sie mit »ihrem Park« verbindet

FÜR MEINE ELTERN WAR ES EIN RITUAL, uns Kinder in den Sommerferien ins Auto zu packen und acht Stunden gen Norden zu fahren – nach Yosemite. Heute bin ich Ranger in diesem Park und selbst Vater. Mein Sohn Spencer war gerade vier Tage alt, als wir ihn im Kinderwagen mit auf seine erste Wanderung nahmen. Half Dome ragte in den Himmel, neben uns donnerten die Yosemite Falls – und um uns schien alles vor purem Glück zu vibrieren. Es war ein perfekter Tag, an dem wir das neue Leben durch die dramatische Urlandschaft schoben.

Scott Gedimen, Park Ranger

Yosemite

WENN ICH DURCH DAS KÜHLE, KLARE OZEANWASSER NACH UNTEN GLEITE, mich durch die gewaltigen Stränge des Seetangs schlängele, dann tauche ich ein in eine andere Welt, in einen Wald, aber ohne grüne Bäume, Vögel und Wind. Sonnenstrahlen perlen durch seine Wipfel, und Schwärme von Fischen funkeln im goldenen Licht. Fast 150 der Spezies im Park sind endemisch, es gibt sie nirgendwo sonst. Der Rausch der Tiefe beginnt für mich deshalb immer direkt unter der Wasseroberfläche.

Gary Davis, Senior Scientist

Channel Islands

ICH KANNTE DIESEN ORT, ICH KANNTE SEINE STILLE, aber ich hätte mir nie träumen lassen, wie groß seine Kraft ist. Die Stille der Wüste wird reflektiert von Felsbrocken. Schmucklos und nackt liegen sie zwischen den Joshua Trees und sind doch Projektionsfläche. Filme meiner Kindheit in New York laufen auf ihnen ab, ich sehe graue Wolkenkratzer, hektische Menschen – dann atme ich durch und weiß, wo ich hingehöre.

Caryn Davidson, Park Ranger

Joshua Tree

EGAL, WAS AUCH IMMER GERADE IN DEINEM LEBEN PASSIERT, es ist einfach unmöglich, unter diesen Bäumen entlangzulaufen und sich nicht getröstet und inspiriert zu fühlen. Sie schmiegen sich an dich, sie umschmeicheln dich mit ihrem einnehmenden Duft und plötzlich weißt du, dass du auf dieser Welt niemals einsam sein wirst.

Alexandra Guier-Picavet, Park Ranger

Sequoia

Lassen

WIR HATTEN WÄHREND DES FÜNFSTÜNDIGEN AUFSTIEGS ein GPS-Gerät dabei, deshalb weiß ich genau, dass ich bei N 40° 29, 290′ Breite und W 121° 30, 301′ Länge vor Paula auf die Knie gefallen bin. Willst du mich heiraten? Sie sagte zum Glück sofort ja. Im Jahr 2029, am Tag unserer silbernen Hochzeit, wollen wir unsere Koordinaten wieder besuchen – auf dem Lassen Peak, 3187 Meter hoch. Vorbei an kochenden Schlammlöchern und dampfenden Quellen werden wir klettern, zurück in die dünne Luft des siebten Himmels.

Chad Beale, Trail Designer

LEBEN HIER MUSS ERKÄMPFT WERDEN, und ich bewundere jedes Tier, jedes Gewächs, das diesen täglichen Kampf gewinnt. Abends ziehe ich oft meine Schuhe aus, um zu spüren, wie die Hitze langsam aus dem knochentrockenen Boden weicht. Kurz darauf hören die Kojoten auf zu heulen, und der Nachthimmel ist zur Umkehrung der Wüste geworden: übervoll behängt mit Sternen.

Amy Moran-Thomas, Asst. Ranger

Death Valley

ICH WAR ZWEI KILOMETER DEM STEILEN PFAD NACH MILL CREEK GEFOLGT, als ich direkt über mir einen Puma fauchen hörte. Was für ein Schock! Mein Herz schlug wild. Ich konnte kaum mehr denken, rannte instinktiv bergab zu einer Gruppe kolossaler Redwoods. Ich konzentrierte mich auf die Energie, die von diesen Bäumen ausging, und bat sie, mich zu retten. Und tatsächlich: Der Puma verfolgte mich nicht.

Lynne Mager, Project Coordinator

Redwoods

BEWEGUNG IST DAS EINZIG BESTÄNDIGE AN DIESEM ORT: Unablässig rollen die Wellen des Pazifiks gegen die Felsen an – manchmal von Stürmen aufgepeitscht, manchmal aber auch so friedlich, dass ich das Atmen der Grauwale hören kann, die im Januar an der Küste entlang Richtung Mexiko ziehen, um im warmen Wasser ihre Jungen zur Welt zu bringen. Zwischen März und Mai wandern sie zurück gen Arktis, wo sie sich satt fressen. Gestern Abend sah ich drei, die Sonne beschien ihre riesigen Fontänen.

Jessica Taylor, Park Guide

Point Reyes

Weitere Informationen und Empfehlungen für die Nationalparks finden Sie im Reiseservice auf Seite 134

DICHTER AN DIE NATUR

Er baute einen hölzernen Mechanismus, der ihn jeden Morgen vor Sonnenaufgang aus dem Bett kippte – denn John Muir wollte keinen Moment des Tages in freier Natur verpassen. Mit seinen Essays und Tagebüchern begründete er die amerikanische Ökologiebewegung, wurde zum Präsidentenberater – und zum geistigen Vater der Nationalparks

TEXT: ANDREAS WEBER

John Muir veränderte den Blick auf Natur: Sie sei nicht Ressource, sondern Wert an sich

Es gab Momente, in denen der Präsident fliehen wollte, genug hatte von der Politik. Rastlos tourte Theodore Roosevelt in diesem Frühjahr 1903 durch sein riesiges Land, war in nur acht Wochen 22 500 Kilometer unterwegs, schüttelte unzählige Hände, schrie sich bei 200 Reden heiser. Nun aber, zwischen zwei Terminen, ließ er sich in die hohe Sierra Nevada schaukeln, zusammengesunken in den Samtpolstern des „Elysian", seines komfortablen Salonwagens.

Denn nach Tagen fiebriger Aktivität träumte Roosevelt von der Wildnis. Sie würde ihm die Kräfte zurückgeben, wie schon früher nach großer Anspannung und Momenten der Krise. Als Mann an seiner Seite kam für den Politiker nur einer infrage: John Muir. „Ich wünsche absolut niemand anderen zur Begleitung als Sie!", hatte Roosevelt in einer kurzen Note an Muir übermittelt, der schon damals als der geistige Vater der amerikanischen Naturschutzbewegung galt.

Muir hatte die Sierra Nevada mehr als drei Jahrzehnte zuvor zum ersten Mal durchstreift, ihre Schönheit in zahllosen Essays, Artikeln und Büchern beschworen. Seine Schriften hatten bewirkt, dass im Yosemite-Valley das erste Naturschutzgebiet der USA entstanden war. Muir prägte in seiner geliebten „Range of Light" eine Religion der Wildnis, die bis heute ihren Einfluss auf amerikanische Umweltschützer nicht verloren hat. Er machte Yosemite zum Heiligtum der amerikanischen Wilderness-Bewegung, seine Schriften stiegen zur Bibel auf.

Muir und Roosevelt bepackten ein paar Maultiere mit Vorräten und ritten hinein in die weglose Wildnis abgeschiedener Hochtäler. Ohne Zelt kampierten der Präsident und der Philosoph auf der Erde, grillten Steaks am Feuer und träumten unter den Sternen. „Wie herrlich ist das!", rief Roosevelt, als die kalte Luft sich mit dem Aroma von Granit und Harz gesättigt und Muir ihnen Bettstätten aus Fichtenzweigen bereitet hatte.

Näher kamen sich die große amerikanische Politik und die gewaltige amerikanische Natur vielleicht nie wieder. Am Ende seiner Amtszeit hatte Roosevelt den Yosemite-Park bedeutend vergrößert, dazu fünf weitere Nationalparks geschaffen, 55 Tierschutzgebiete und 150 Wälder unter die Obhut des Staates gestellt.

Dieser Erfolg ist zum großen Teil dem Einfluss eines Mannes geschuldet, der als Zehnjähriger mit seiner Familie von Schottland in die Weiten von Wisconsin einwandert. Muir berauscht sich von Kindheit an am endlosen Himmel seiner neuen Heimat, am ununterbrochenen Lied der Frösche, an den Gewittern, die sich so unendlich viel mächtiger über die Ebenen wälzen als in Europa.

Handwerklich geschickt, aber ohne Schulabschluss, beginnt er mit 26 eine lange Jahre dauernde Wanderschaft. Gelegenheitsarbeiten halten ihn über Wasser. Immer wieder verschwindet Muir für Wochen in der Natur. Das Land spricht zu ihm, die Menschen bleiben stumm. In Kanada steht er vor einer wilden Orchidee, die einsam und weiß aus dem Dickicht leuchtet, und erlebt seine mystische Erweckung: „Nie zuvor sah ich eine Pflanze so voll von Leben, so vollkommen geistig", notiert er. „Sie schien rein genug für den Thron ihres Schöpfers." Muir setzt sich neben sie und weint vor Freude.

1867 reißt der Treibriemen einer Maschine und trifft sein rechtes Auge. Nur durch wochenlange Ruhe im abgedunkelten Zimmer kann Muir seine Sehkraft retten. An jenem Tag, an dem er endlich wieder nach draußen darf, beschließt er, sein Leben vollends der Natur zu widmen.

„Dem Herzen der Welt so nah wie möglich kommen", lautet sein Credo. Er ist ein Suchender. Getriebener. Eigentlich will Muir nach Südamerika. Wie Humboldt, sein Vorbild. Doch in Florida infiziert er sich mit Malaria und bricht nach einigen Umwegen schließlich per Schiff nach Kalifornien auf. In San Francisco, damals eine durch den Goldrausch in die Fläche geflossene Brettersiedlung, hält es ihn keinen Moment. „Was ist der schnellste Weg aus der Stadt hinaus?", fragt Muir einen Mann auf der Straße. „Wohin wollen Sie?" „Überallhin, wenn es nur wild ist."

Nur die Natur ist Heimat, und jede Begegnung mit ihr verwandelt sich in Muirs Notizbüchern zur Andacht. Auch ihn treibt die Gier nach Schätzen – aber sie sind anderer Art. Als „Gold der Sonne" rühmt er den hüfthohen Ozean von Blumen, der das riesige San Joaquin Valley in ganzer Breite durchwogt.

Im Blick hat Muir die silbernen Höhen der Sierra Nevada. Als er durch das liebliche Yosemite-Tal ins Innere des Gebirges aufsteigt, überkommt es ihn, „mit wilder tierischer Freude zu schreien". Das Gelände erscheint ihm so fein komponiert wie ein Park und zugleich voll wilder Geheimnisse, idyllisch und erhaben auf einmal – die Landschaft gewordene Versöhnung der Gegensätze.

Muir schläft wenig in den Nächten dieses Sommers 1868. Zu viel ist zu sehen, zu sehr locken ihn Gipfel und geheimnisvolle Täler einer Landschaft, in die erst wenige Jahre zuvor die ersten Europäer eingedrungen waren. Im Winter besteigt er unter Lebensgefahr einen der über 100 Meter hohen Eiskegel, die sich unter den gewaltigen Wasserfällen aufgetürmt haben – als gäbe es keine Bedrohung, keine Gewalt, keinen Tod, sondern nur Schönheit.

Sie findet er überall, alles durchdringend, ein geheimes Ingredienz, das in keinem Wesen fehlt. Er sucht, wie auch Darwin, das gemeinsame Gesetz des Lebendigen. Doch während Darwin den Schöpfer der Arten aus der Naturgeschichte vertreibt, führt Muir Gott wieder ein: als das, was dem Menschen in jedem Wesen begegnet. „Die Sonne scheint nicht auf uns, sondern durch uns hindurch und bringt jede Faser und jede Zelle unserer Körper zum Klingen und Vibrieren", schreibt er. Für Muir ist nichts getrennt, sondern alles mit allem anderen vernetzt – eine Erkenntnis, welche die Ökologie Jahre später bestätigt.

Doch Muirs Hymnen stimmen immer weniger mit der Wirklichkeit von Yosemite überein. Zwar ist das Tal 1864 ein staatlicher Park geworden, doch Sägemühlen fressen sich immer tiefer in die Wälder, Barackensiedlungen klammern sich an die zurückbleibenden kahlen Hänge. 1876 erscheint Muirs Pamphlet „Gottes erste Tempel: Wie können wir unsere Wälder bewahren?". Der Naturphilosoph denkt sich die Schutzgebiete als heilige Haine, sie abzuholzen, scheint ihm so frevelhaft, wie eine Kathedrale zu schänden.

1890 beschwört Muir in zwei flammenden Artikeln die Bedeutung der Natur als Wert an sich, nicht als Ressource – und hat Erfolg: Mit Wirkung zum 1. Oktober desselben Jahres erklärt der Kongress Yosemite zum Nationalpark. Zwei Jahre später wird der einst scheue Waldläufer zum Präsidenten des neu gegründeten Sierra-Clubs gewählt, der sich für das Schutzgebiet einsetzen soll. Bis heute ist der Club die einflussreichste Umweltorganisation der Vereinigten Staaten, verlegt Bücher, eine eigene Zeitschrift – und setzt sich gemeinsam mit anderen dafür ein, rückgängig zu machen, woran John Muir schließlich scheitern sollte.

Denn einst gab es ein zweites Yosemite, diesem Tal vielleicht sogar überlegen an Ebenmaß und Schönheit, an bukolischen Wiesen und blankem Fels: Hetch Hetchy Valley. „Die Natur ist nicht so arm, dass sie nur eins von jeder Sache hat", schwärmte Muir damals – bevor die Stadt San Francisco ihre Pläne bekannt gab, das Tal mit einem gewaltigen Staudamm in ihr Trinkwasser-Reservoir zu verwandeln.

Heute ist Hetch Hetchy begraben unter Fluten. Muir starb 1914 – verzweifelt, desillusioniert, ausgelaugt vom vergeblichen Kampf. Auch Roosevelt hatte ihn verlassen: Diesmal gingen für den Präsidenten die „nationale Effizienz, die patriotische Pflicht, Sicherheit und Fortbestehen der Nation" vor.

Immer mehr Gäste ließen sich von Muir zu den Attraktionen der Natur führen – und staunten

Inzwischen spricht viel dafür, dass Hetch Hetchy nie hätte geopfert werden müssen. Eine Studie zeigt, dass auch ohne Damm genug Trinkwasser für die Metropole gezapft werden kann. Die kalifornische Regierung will untersuchen lassen, ob es möglich ist, das Tal zu renaturieren. Und damit steht sie nicht allein: In den vergangenen fünf Jahren wurden in den USA 170 nutzlose Staudämme geschleift.

Für viele amerikanische Naturschützer geht es bei solchen ehrgeizigen Projekten weniger um ein Stück Land als um eine tiefere Wahrheit. Nur in ungestörter Wildnis lässt sich die Offenbarung der Natur vernehmen – und ihr Trost. Trost, wie ihn Muir in der Gegenwart der winzigsten Wesen fand. „Wie interessant wäre es", notierte er in einem seiner letzten „Sierra-Fragmente", „eine Wasseramsel ihr ganzes Leben zu begleiten und auch an ihrem Sterbebett anwesend zu sein! Gewiss wäre da keine Düsternis, kein Schmerz. Ich stelle mir vor, sie würde schwinden wie eine Blume, oder wie Gischt am Fuß eines Wasserfalls." **I**

GEO-Autor **Andreas Weber**, 38, fühlt sich John Muir besonders nah. Auch er versucht in seinen Reportagen und Essays immer wieder zu ergründen, warum Natur uns bewegt.

Schwungvoll, zu Optimismus anstiftend, überstrahlt Frank O. Gehrys Concert Hall den Wolkenkratzerwald von Bunker Hill. Die Stahlmagnolie ist das neue Wahrzeichen von Downtown

NEUE FLÜGEL FÜR DIE STADT DER ENGEL

Jahrzehntelang war Downtown Los Angeles ein Synonym für Elend, Drogen und Verfall. Heute gilt die einstige »No-go area« als heißester Immobilienmarkt der USA – mit schier unglaublichen Preissteigerungen. Die Väter des Höhenflugs: ein Gärtner, der ein ganzes Viertel zum Blühen gebracht hat, und ein ehemals Obdachloser

TEXT: MEIKE KIRSCH FOTOS: ALEX TEHRANI

Es ist noch nicht lange her, dass viele dachten, Tom Gilmore rauche das Zeug selbst, das die Crack-Dealer auf dem Bürgersteig vor seinem Büro anpriesen. Warum sonst war der „Spinner aus New York“ in seiner miserablen Lage derart euphorisch? Jeden Morgen vor acht sah man ihn, wie er – nicht selten im Anzug – Erbrochenes vom Asphalt kratzte, Spritzen aufsammelte und mit einem Gartenschlauch das zu beseitigen versuchte, was anderswo selbstverständlich per Toilettenspülung verschwand.

Alles nur, weil Gilmore sich in den Kopf gesetzt hatte, die verrufenste Ecke der ohnehin verrufenen Downtown von Los Angeles zu verwandeln: Wo Obdachlose Pappe an Pappe schliefen und der Preis von Heroin und Vicodin auch schon mal mit der Pistole verhandelt wurde, sollten sich bald, so wollte es Gilmore, Rechtsanwaltsgehilfinnen trauen, ihre Chihuahuas Gassi zu führen.

„Schoßhündchen sind der beste Indikator für Erfolg“, sagt Gilmore und lacht. Der Mann mit dem festen Händedruck lacht oft, wenn er spricht, meist etwas zu laut und nach Sätzen, die nicht lustig sind. In Downtown hat er sich angewöhnen müssen, Widerstände einfach wegzulachen, brenzlige Situationen zu überspielen. „Sehen Sie die Männer da drüben?“ Gilmore deutet auf zwei Bäume, in deren Schatten ein Dutzend Menschen hinter Plastiktüten lungern. „Das sind keine Obdachlosen. Das sind Dealer. Kommen Sie näher, dann können Sie den Unterschied riechen.“

1988 flog Gilmore das erste Mal an die Westküste, er wollte sich von Freunden die berauschende Stadt zeigen lassen, die Los Angeles seiner Vorstellung nach war. Sie brachten ihn zu einer Bar in Beverly Hills, er war enttäuscht: „Das ist ein Dorf und keine Metropole.“ Nächste Stationen waren Hollywood und Santa Monica. „Schon besser“, fand er. „Aber zeigt mir das Leben, ich will die Innenstadt sehen!“ Die Freunde schauten ihn ungläubig an: „Meinst du Downtown?“ Sie schüttelten den Kopf. „Da geht niemand hin, seit Jahren nicht.“

Doch Gilmore ließ nicht locker, und so fuhren sie ihn doch – nicht ohne das Auto von innen verriegelt zu haben. Es war kurz nach sechs Uhr abends, als sie am Bunker Hill anhielten, jenem Hügel in Downtown, den Wolkenkratzer krönen. Die Türme aus Glas und Stahl waren zwar da, ebenso die 14 Quadratkilometer Downtown, umschlossen von achtspurigen Freeways ›

Tom Gilmore hat seine Visionen so oft wiederholt, bis alle ihm glaubten. Nun will der ehemalige Gärtner St. Vibiana auferstehen lassen. Als die Kathedrale 1876 erbaut wurde, bot sie Platz für 1000 Menschen – damals ein Zehntel der Bevölkerung

EIN MANN PREDIGT DEN **AUFSCHWUNG**

ROTER TEPPICH FÜR DEN NEUEN GROSSEN AUFTRITT

und dem Los Angeles River. Wo aber war das Leben? Alles, was Gilmore sah, war eine Geisterstadt, in der Menschen mit ihren Autos aus Tiefgaragen fuhren und schleunigst auf einen der Freeways einbogen. Dort, wo Los Angeles 1781 gegründet worden war, richteten sich Obdachlose für die Nacht ein. Gilmore begriff: Downtown L. A. war eine Mitte, die längst keine mehr war.

Vor allem das Auto hatte den Untergang der Innenstadt besiegelt. Die Mobilisierung des amerikanischen Mittelstands führte dazu, dass die großen Boulevards immer tiefer ins Umland griffen, der Siedlungsbrei immer schneller in alle Richtungen wuchs. Los Angeles schwoll zur urbanen Endlosigkeit, zusammengehalten einzig von vielen tausend Kilometern Freeways. Downtown blieb zurück, als Auffangbecken für alle, die nirgendwo sonst geduldet wurden. Als Schandfleck, den die Welthauptstadt des schönen Scheins abwechselnd zu vergessen oder neu zu erfinden versuchte – beides ohne Erfolg.

Bis Tom Gilmore kam und eine Renaissance begründete, die fast niemand für möglich gehalten hatte. Sein revolutionäres Konzept: Wiedergeburt durch kritische Masse. Gilmore kaufte nicht eine Wohnung, nicht ein Haus, sondern als Erster überhaupt gleich einen ganzen Block: den „Old Bank District" mit seinen architektonischen Schätzen. Historische Firmenzentralen und Hotels mit üppigen Art-déco-Fassaden und klangvollen Namen wie San Fernando oder Continental, deren Eingänge mit Sperrholzplatten und Eisengittern verrammelt waren. Für die Gebäude in schlimmster Lage zahlte er lächerliche Preise. Der Stammsitz von Farmers & Merchants, der früher reichsten Bank der Stadt, kostete ihn gerade 100 000 Dollar. Aber auch das war eigentlich zu teuer für den ehemaligen Gärtner. Er musste immer neue Briefe an seine Gläubiger schreiben. Als das nichts mehr half, begann er zu dichten: „I am sorry to say that Gilmore can't pay for the extension he seeks today." Gilmore ist im Schatten der Bäume angekommen, wo sich die vermeintlich Obdachlosen hinter ihren Tüten verschanzt haben und ihn feindselig taxieren. „Eindeutig Dealer", sagt er, für alle deutlich vernehmbar. „Stellen Sie sich vor, diese Typen bekommen bald jede Minute Besuch von Menschen wie mir. Glauben Sie, die haben noch lange Spaß, hier zu sitzen?" Das ist Gilmores Plan: die Straßen beleben und dadurch eine sichere Umgebung schaffen, nicht mehr und nicht weniger. In Downtown L. A. reicht das für eine Sensation.

Gilmores Sekretärin im hellblauen Kostüm stöckelt voran in eine Baustelle. Durch eine schwere Metalltür, ›

Bei der Eröffnung des Los Angeles Theater, des letzten und teuersten Filmpalasts von Downtown, gingen Charlie Chaplin und Albert Einstein über diesen Teppich. Doch dann fraß sich der Moder der Melancholie in die selten besuchten Hallen deren Schloss ihr Boss soeben erstaunlich geschickt mit seiner Kreditkarte geöffnet hat. Schutt bedeckt den Boden, der Geruch von angerührtem Mörtel liegt in der Luft, aber Gilmore scheint bereits den Duft von Latte macchiato zu riechen: „Ist es nicht großartig?" Das leere Stockwerk wird ein Café, erklärt er. Ein bisschen kehren, ein paar Lampen installieren, fertig. Eröffnung in 30 Tagen. Im Keller entsteht ein Jazz-Club. Eröffnung in zwei Wochen. So geht es weiter, Gilmore klettert über Absperrbänder, auf Gerüste, räumt Presslufthämmer aus dem Weg. Auch noch, als sich die Sekretärin längst mit einem vorwurfsvollen „Ich ruiniere mir die Absätze!" verabschiedet hat.

Wenn er über Downtown erzählen darf, entwickelt Gilmore eine unglaubliche Energie. Die ersten 230 seiner Lofts sind fertig. Miete: 975 bis 3300 Dollar. Vermietungsquote: 99 Prozent. Denice Phumchun ist vor sechs Wochen in Gilmores Hellman Building gezogen. Noch stehen der 22-Jährigen die unausgepackten Kartons im Weg. „Ständig auf Achse", entschuldigt sie sich. Nicht einmal für Lampenaufhängen hat es hier bisher gereicht. Phumchuns Reich ist über 120 Quadratmeter groß, wirkt aber ohne trennende Wände zwischen Küche, Bett und Hundekörbchen noch wesentlich größer. Unter der hohen Decke aus rohem Beton verlaufen unverkleidete Rohre, die extrem breiten Fenster ähneln der Glasfront einer Montagehalle. „Ich liebe es, ein urbaner Pionier zu sein", sagt Phumchun. „It's so exciting!"

Downtown sei hot, trendy, ein Paradies. Hier könne sie ihr Auto stehen lassen. Zu Fuß läuft Phumchun gerade zwei Minuten in das Architektur-Büro, in dem sie jobbt, 21 neue Galerien sind im Umkreis entstanden, auch Nachtclubs gibt es schon. „So viele, dass meine Freunde mich dauernd hier besuchen wollen!" Nur ein kleiner Minuspunkt fällt Phumchun ein: Ralphs, der erste Supermarkt in der Nachbarschaft, wird nicht vor Anfang 2007 eröffnen. Bis dahin muss sie fast zehn Kilometer für jeden Großeinkauf fahren.

Tom Gilmore grüßt Phumchun wie ein Hausmeister, dem die Mieter gerade einstimmig den Arbeitsvertrag verlängert haben. Dabei ist er in der öffentlichen Wahrnehmung längst vom Spinner zum bewunderten Heilsbringer aufgestiegen – spätestens seit das „Los Angeles Magazin" seinen Old Bank District geadelt und zu einer der „Zehn besten Wohngegenden, von denen Sie noch nie etwas gehört haben" gekürt hat. Der Arti- ›

Das Bradbury Building von 1893 diente zwar als Kulisse für »Blade Runner«, zählte aber ansonsten zu den vergessenen Schätzen von Downtown. Wer das Bürogebäude vom heruntergekommenen Broadway aus betritt, steht aber mitten in der Belle Époque

AUFZÜGE IN EINE **GLORREICHE VERGANGENHEIT**

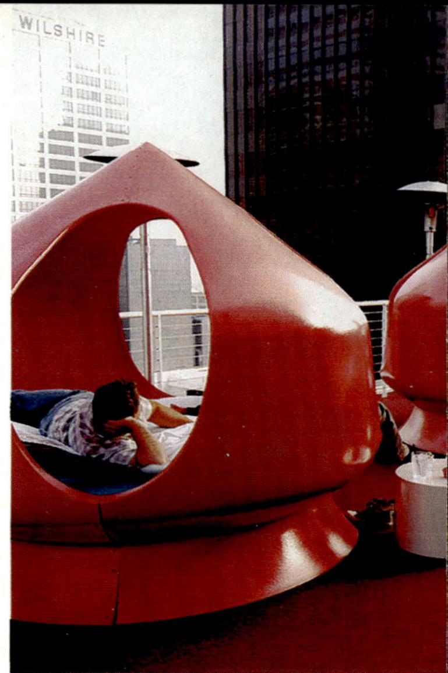

HEIMAT FÜR INSIDER – UND AUSSENSEITER

kel hängt gerahmt in Gilmores Büro neben anderen Verdiensturkunden. Noch wichtiger aber scheint dem Blockbesitzer die Anzahl der Hunde in seinen Gebäuden zu sein: „110 Hunde, wir haben gerade durchgezählt. Fünf Chihuahuas sind dabei."

Nun, da Gilmores Erfolg offensichtlich wird, drängen auch Immobilienriesen in einen Markt, den Los Angeles' Bürgermeister Antonio Villaraigosa kürzlich den „heißesten der Nation" genannt hat. Seit Gilmores Coup sind die Preise um 3900 Prozent gestiegen, 100 000 Dollar richten nicht mehr viel aus. Spekulanten sprechen vom „Jahr acht nach Gilmore" – und das „Momentum", wie viele das wundersame Fieber der Veränderung nennen, hat die Grenzen des Old Bank Districts verlassen und von fast ganz Downtown Besitz ergriffen. 4000 Lofts und Eigentumswohnungen sind entstanden, 10 000 weitere geplant – und das Straßenleben entwickelt sich in ähnlich hohem Tempo: Ein Restaurant für Hawaiische Fusion Cuisine hat eröffnet, ein Verkaufsraum für teure Sneaker, Saft-Bars und exklusive Clubs. Jeden Abend sieht Downtown anders aus als noch am Abend zuvor, und in der Nacht tut sich immer öfter eine neue Glitzerwelt auf.

Ein Obdachloser geht an einem Plakat vorbei, das für Luxuslofts wirbt; noch immer schlafen Tausende auf Downtowns Straßen. Brady Westwater war einer von ihnen – bis er zum wichtigsten Koordinator des Wandels wurde. Auf dem Dach des Standard Hotels oder bei einem Kinoabend treffen sich die Mitglieder der neuen, schicken Downtown-Gemeinde

Die Fahrstuhlkabine ist ausgekleidet mit rotem Samt, zwölf Stockwerke dauert die Fahrt, dann öffnen sich die Türen: Das Leuchten und Flirren, in das man tritt, macht schwindelig. Es ist der Wolkenkratzerwald von Bunker Hill, die Kulisse für eine der glamourösen neuen Partys in Downtown. Sie zieht die Nachtschwärmer der Stadt auf die Dachterrasse des Standard Hotels: Menschen, die den Seiten von Hochglanzmagazinen entstiegen scheinen, lungern auf Wasserbetten neben dem Pool und sehen Dennis Hopper zu, wie er auf seiner Harley in den Sonnenuntergang reitet. Projektionsfläche für den Film ist das Hochhaus gegenüber. Die Beats rasen, die Bardame gelt ihre blondierten Haare jede halbe Stunde auf der Toilette neu nach oben, und wenn man sie fragt, wann denn der letzte Prominente bei ihr bestellt hat, dann sagt sie nur: „Guck dich halt um."

Christina Perrera ist kein Star, noch nicht mal ein Sternchen. Sie hat sich für diesen Abend einen Rasta-Locken-Typen ausgewählt und ihren Ring vom Finger genommen. „Manchmal braucht eine Frau drei Männer, um glücklich zu sein", sagt sie und zieht ihren ohnehin schon tiefen Ausschnitt noch mehr in Richtung Offensive. Von Sherman Oaks, wo sie mit ihrem Mann wohnt, fährt Perrera eine Dreiviertelstunde in die Innenstadt. „Lange genug", wie sie vielsagend raunt. „Hier haben die Kerle tolle Jobs, zuletzt hatte ich einen Webdesigner." Als Stammgast auf der Dachterrasse des Hotels, das auch eine umgewandelte Ex-Firmenzentrale ist, hält Perrera sich schon fast für einen Downtown-Kenner. Nur bei Tag, gewiss, war sie noch nie da. „Ist es mit den Obdachlosen eigentlich noch immer so schlimm?"

Brady Westwater könnte ihr diese Frage beantworten, er selbst hat über zwölf Monate auf Pappkartons geschlafen. Diese Zeit sieht man ihm an, sie hat in seinem Gesicht Tagebuch geführt. Aber Westwater wird Perrera nie treffen, die Türsteher im Standard würden sofort sehen, dass sich die Sohlen seiner Turnschuhe langsam verabschieden, jeder Schritt schon die Ferse freilegt. Und dann würden sie den Mann abweisen, der für die Auferstehung von Downtown vielleicht wichtiger ist, als es Tom Gilmore und die Immobilienriesen zusammen sind.

Westwater hat keinen bezahlten Job, er könnte sich nicht einmal die Türklinke eines Lofts leisten, und doch besitzt er etwas, das für die anderen unerschwinglich ist: den Überblick. Westwater kennt jedes Projekt, läuft man mit ihm durch die Straßen, rattert er in höchster Geschwindigkeit Einzelheiten runter. „Hier ziehen ab nächsten Montag Mieter ein. Hier, umgewandelt in 67 Eigentumswohnungen. Hier, bald die beste Sushi-Bar der Stadt..." Auf stundenlangen Spaziergängen registriert er jede noch so kleine Veränderung, und es scheint, als berausche ihn die plötzliche Dynamik sehr.

Alle paar Meter grüßt Westwater einen Bekannten, mal einen Galeriebesitzer, mal einen Bauherrn, aber auch torkelnde Obdachlose, die ihre Habe in Rollstühlen an den Baustellen vorbeischieben. Immer wechselt er ein paar Sätze. Wie geht es? Irgendwelche Neuigkeiten? So saugt er Meinungen und Ideen auf, um sie zum nächsten Gesprächspartner zu tragen. Große Konzerne haben ihm Posten angeboten, dotiert mit Tausenden Dollar im Monat, wenn er nur exklusiv für sie arbeite. Er hat stets abgelehnt, hält sich mit dem Verkauf von Büchern einer kleinen Bibliothek über Wasser, die ihm aus besseren Zeiten geblieben ist – sein Leben will er nicht den Interessen Einzelner verschreiben, es soll dem großen, endlich in greifbare Nähe gerückten Ziel allein dienen.

Als Präsident des Neighborhood Council fühlt sich Westwater verantwortlich für ganz Downtown, und weil das noch nicht genug ist, sitzt er in 43 weiteren Gremien. „Das größte Problem ist doch, dass Leute gar nicht wissen, was einen halben Block weiter passiert", analysiert er und nimmt trotz seiner aufklappenden Schuhe zwei Stufen einer Treppe auf einmal. Er hat einen Termin bei ›

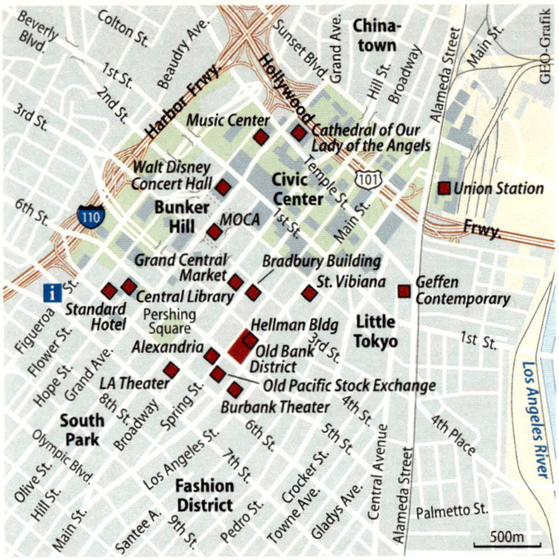

Freeways und der Los Angeles River umschließen die Innenstadt, in der Tom Gilmore mit seinem Old Bank District einen Boom auslöste

Douglas Gardner, einem der Drahtzieher für Projekte mit den bisher höchsten Budgets. Direkt an der Walt Disney Concert Hall, Frank O. Gehrys Magnolie aus funkelndem Stahl, soll für 1,8 Milliarden Dollar die amerikanische Version der eleganten Pariser Champs-Élysées entstehen: Grand Avenue. Knapp drei Kilometer südlich arbeitet eine Investorengruppe an LA Life, dem 1,7 Milliarden Dollar teuren „Times Square des Westens", einer Vergnügungsmeile, die ihr Vorbild an der Ostküste in den Schatten stellen will.

Ein Holzmodell der süßen Zukunft steht in Gardners edlem Büro, so hoch oben, dass die Konzerthalle vom Fester aus wie ein verbeulter Schuhkarton wirkt. Douglas Gardner lässt Westwater keine Minute warten. Der Geschäftsführer im feinen Tuch schätzt den Rat des selbst ernannten Stadtplaners, der ein viel zu oft gewaschenes Wrestling-Shirt trägt. „Darf ich?", fragt Westwater und rückt, ohne eine Antwort abzuwarten, die künftigen Wolkenkratzer auf dem Modell umher. Mit einer Handbewegung versetzt er ganze Blöcke, reißt Regierungsbauten ab, vergrößert den seiner Meinung nach „zu mickrigen" Park. In zwei Minuten ist Westwaters neue Downtown fertig: eine Mitte, in die Menschen wieder von überall her drängen. Zum Tanzen, zum Kaufen, zum Flanieren. Ganz so, wie Downtown in Westwaters Erinnerung lebendig geblieben ist.

Einst lockten Kaufhäuser, einen halben Block groß, dazu die Aussicht auf schnellen Reichtum an der quirligen Börse und natürlich die vielen Schauspiel- und Filmpaläste, die sich wie funkelnde Edelsteine an einer Kette entlang Main Street und Broadway zogen. In einem von ihnen, dem Burbank Theater, sah Westwater seine erste nackte Frau. Er, ein damals gerade sieben Jahre alter Junge, hatte sich vom nahen Rechtsanwaltsbüro des Vaters in die Damengarderobe geschlichen. „Downtown war mein Spielplatz", sagt er.

In jener Zeit galt das Alexandria als das luxuriöseste und mit 477 Zimmern größte Hotel. Hier fand die Filmindustrie ein erstes Zuhause, und in der Lobby lag ein Perserteppich, den alle nur „Million Dollar Carpet" nannten, weil so viele Millionendeals auf ihm geschlossen wurden. Heute muss man schon den abgewetzten Billigteppich in den Fluren anheben, um noch einen Hauch jener Blüte zu entdecken: Ein kunstvolles Mosaik aus winzigsten Steinchen hat die Jahrzehnte überdauert, die das Hotel selbst zum düsteren, stinkenden Labyrinth machten.

Endlose, fast gänzlich unbeleuchtete Gänge führen zu unzählig vielen Türen, hinter manchen sind schon Morde passiert. Jeder Korridor, jedes tote Ende beheimatet Schicksale: Im Alexandria bekommen Menschen, die sonst nur die Straße hätten, für etwa 350 Dollar im Monat ein Zimmer ohne Küche und Klimaanlage. Dr. Smellgood zum Beispiel, der jeden Passanten im Treppenhaus mit Duftwasser bespritzt. Oder die ständig fluchende Voodoo-Frau.

Joanne, eine Dame ohne Vorderzähne, die ihre Tage mit einem schwarzen Müllsack voll Proviant in der Lobby des Alexandria verbringt, ist schon seit Wochen bedrückt. „Ich hasse es", sagt sie und meint den Wandel, die Veränderung, all das, was sie ihre zwölf Quadratmeter kosten könnte.

Das Alexandria steht nur einen Block von Tom Gilmores Old Bank District entfernt, genau im Epizentrum des gewaltigen Baubooms, nahezu jedes Nachbargebäude ist „Under Construction" oder bereits fertig gestellt. Und auch der Besitzer des Alexandria hat bereits signalisiert: 30 Millionen Dollar, und er werde eine „Modernisierung" nicht mehr verhindern.

Brady Westwater ist für die Bewohner des Alexandria Kilometer gelaufen. Er hat den Stadtrat angestachelt, will bald mit dem Bürgermeister sprechen. Westwater kann äußerst unbequem sein, in jedem seiner Sätze schwingt eine nicht zu überhörende Dringlichkeit mit. „Wir haben Jahre auf diese Chance gewartet", sagt er, „jetzt dürfen wir sie nicht vergeigen." Westwater ist seit langem krank, eine Stoffwechselstörung. Er hustet immer wieder krampfig, ringt nach Luft. Wie viel Zeit ihm noch bleibt, weiß er nicht. Er weiß nur: Die neuen Loftbesitzer müssen sich mit den alten Bewohnern von Downtown arrangieren. Nur dann kann die Mitte wirklich auferstehen. ▌

Fotograf **Alex Tehrani**, 35, war erstaunt, wie viel „Leben und Energie" er in einer Gegend vorfand, die er immer gemieden hatte. GEO Special-Redakteurin **Meike Kirsch**, 27, konnte nach fünf Tagen an der Seite des Energiebündels Brady Westwater ihre Schuhe nur noch wegwerfen.

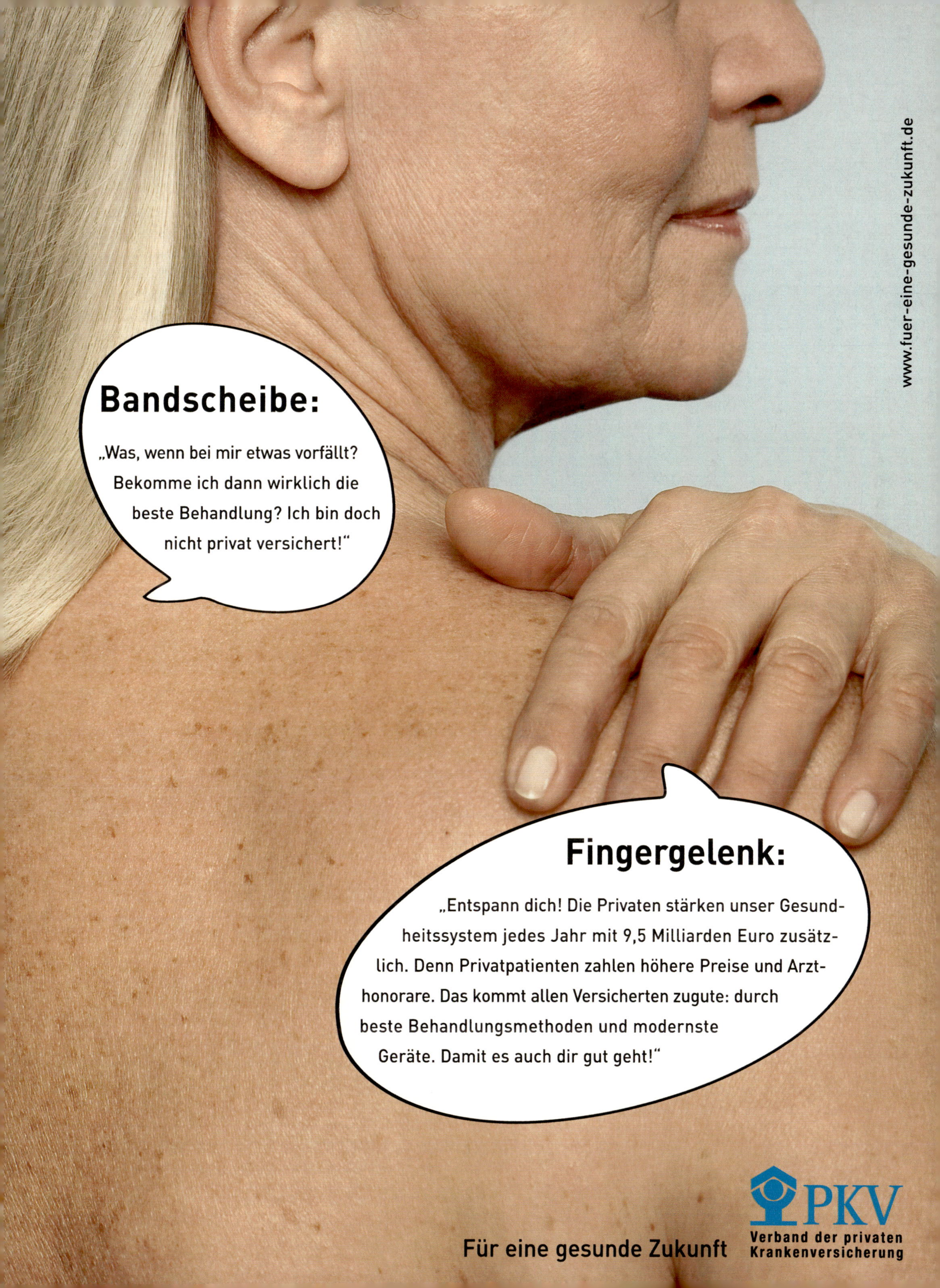
www.fuer-eine-gesunde-zukunft.de
Bandscheibe:
„Was, wenn bei mir etwas vorfällt? Bekomme ich dann wirklich die beste Behandlung? Ich bin doch nicht privat versichert!"
Fingergelenk:
„Entspann dich! Die Privaten stärken unser Gesundheitssystem jedes Jahr mit 9,5 Milliarden Euro zusätzlich. Denn Privatpatienten zahlen höhere Preise und Arzthonorare. Das kommt allen Versicherten zugute: durch beste Behandlungsmethoden und modernste Geräte. Damit es auch dir gut geht!"
Für eine gesunde Zukunft
PKV
Verband der privaten Krankenversicherung

BIS ZUM **HORIZONT** UND BREITER

Die wuchernde Urbanität gilt als größtes Umweltproblem in Kalifornien und Las Vegas. Mit dem Verkehr wachsen die Städte, mit den Städten wächst der Verkehr – und die Einsicht, dass es so nicht weitergehen kann

TEXT: SUSANNE WEINGARTEN

Bausatz-Idylle: Wie dieser Vorort von Carlsbad sehen viele Siedlungen aus

Einst war MonteLago ein verschlafenes Dörfchen in der Toskana, doch über die Jahrhunderte wuchs es zu einer quirligen Kleinstadt mit eigenem Weingut heran, in der die jungen Paare abends Händchen haltend über die Via Brianza und die Via Bel Canto schlenderten. Ah, bella Italia! So jedenfalls geht die Entstehungsfabel, die sich das Verkaufsteam von MonteLago ausgedacht hat. In Wirklichkeit ist MonteLago keine drei Jahre alt, liegt in einem Canyon 27 Kilometer vor Las Vegas – und das Gesims seiner „authentisch" toskanischen Villen besteht aus Schaumstoff.

MonteLago ist nur eine von 19 luxuriösen Wohnanlagen, die seit Mitte der 1990er Jahre nach und nach rund um einen künstlich angelegten See in den Canyonboden betoniert worden sind. Zusammen bilden sie eine neue Vorort-Enklave mit dem klangvollen Namen Lake Las Vegas Resort, der nicht daran erinnert, dass hier vor nicht allzu langer Zeit noch Abwässer aus Südnevada durchflossen.

Immer größere Landflächen werden in der Umgebung von Las Vegas wie im Handstreich mit neuen *suburbs* überzogen, um den enormen Bedarf an Wohnraum zu decken: Las Vegas gilt als die am schnellsten wachsende Stadt der Vereinigten Staaten. Allein zwischen 1990 und 2005 schwoll die Bevölkerung des Großraums von 850 000 auf 1,7 Millionen Menschen an. Die wenigsten der neuen Instant-Vororte sind für die gehobene Kundschaft der amerikanischen Toskana-Fraktion ausgelegt; aber jeder einzelne von ihnen trägt zu einer Wucherung gigantischen Ausmaßes bei.

Denn nicht nur Las Vegas wächst, sondern auch viele Gegenden im benachbarten Kalifornien, dessen Ballungsgebiete als Inbegriff des *urban sprawl* – der Wucherung der Vorstädte – gelten. Der Bundesstaat sei „die USA auf Steroiden", sagt Myron Orfield, ein Städteforscher an der University of Minnesota. San Francisco hat seinen Pendlerbereich ausgedehnt bis in das fruchtbare, ländliche Central Valley hinein, das in den 1980er und 1990er Jahren fast zwei Millionen neue Bewohner aufgenommen hat – weitere sieben Millionen sollen bis 2040 folgen. Schon vor sechs Jahren nannte die Hälfte aller Einwohner von San Francisco und Umgebung in einer Umfrage das Ausufern der Vorstädte als größtes Problem der Zukunft.

In Kalifornien liegt auch fast jede zweite der 53 *boomburbs* der USA, es sind neue Provinzzentren mit mehr als 100 000 Menschen, die seit Jahrzehnten einen zweistelligen Bevölkerungszuwachs verbuchen und dennoch in ihrer Gegend nicht als die wichtigsten Städte gelten. Ein Boomburb wie Anaheim etwa, bekannt als Heimat von Disneyland, ist zwischen 1950 und 2000 um mehr als 2100 Prozent gewachsen: von rund 14 500 auf fast 330 000 Einwohner. Oder Lancaster, nördlich von Los Angeles gelegen: 1950 war es ein schläfriges Städtchen mit rund 3500 Bewohnern, ein halbes Jahrhundert später lebten hier schon fast 120 000 Menschen – eine Wachstumsrate von 3200 Prozent.

Sofern diese kaum überschaubaren Megadörfer nicht an Bergketten oder andere natürliche Grenzen stoßen, neigen sie dazu, sich auszudehnen. Denn noch immer träumen die meisten Amerikaner vom eigenen Häuschen in einer grünen Idylle, mit viel Platz, anständigen Schulen in der Nachbarschaft und niedriger Kriminalitätsrate. Dafür nehmen sie zähneknirschend in Kauf, dass Derartiges für Durchschnittsverdiener nur dann bezahlbar ist, wenn es weit entfernt von den Städten und Gewerbezentren liegt. Das billige Baugeld der vergangenen Jahre hat den Traum vom Vortleben für viele Familien Wirklichkeit werden lassen. Und auch der Staat hilft, wo er kann: Hypothekenzinsen lassen sich steuerlich absetzen, denn die „Grundbesitzergesellschaft“, von der Präsident George W. Bush gern schwärmt, gilt als politisch wünschenswert. Sie schafft, so die Theorie, finanzielle und ideelle Werte, weil Grundbesitzer sich stärker für das Gemeinwohl einsetzen, schon um einem Wertverlust ihrer Häuser vorzubeugen.

Doch die Kosten für den Vorstadttraum sind hoch. Seit den 1990er Jahren kämpft eine zunehmend einflussreiche Bewegung in den USA dafür, die unkontrollierte Wucherung einzudämmen und stattdessen *smart growth*, klug geplantes Wachstum, durchzusetzen. Die Argumente der Anti-Sprawl-Aktivisten: Urban Sprawl vernichtet wertvolles Land, das zur Erholung und Landwirtschaft genutzt werden könnte und zugleich Lebensraum für Tiere und Pflanzen ist. Sprawl erzwingt den Aufbau teurer Straßen-, Strom- und Wassernetze in abgelegenen Gegenden und führt dadurch zur Verschwendung knapper Ressourcen. Sprawl bedingt einen irrwitzigen Benzinverbrauch, bewirkt die permanente Verstopfung der Freeways durch den Pendlerverkehr und verschlimmert die

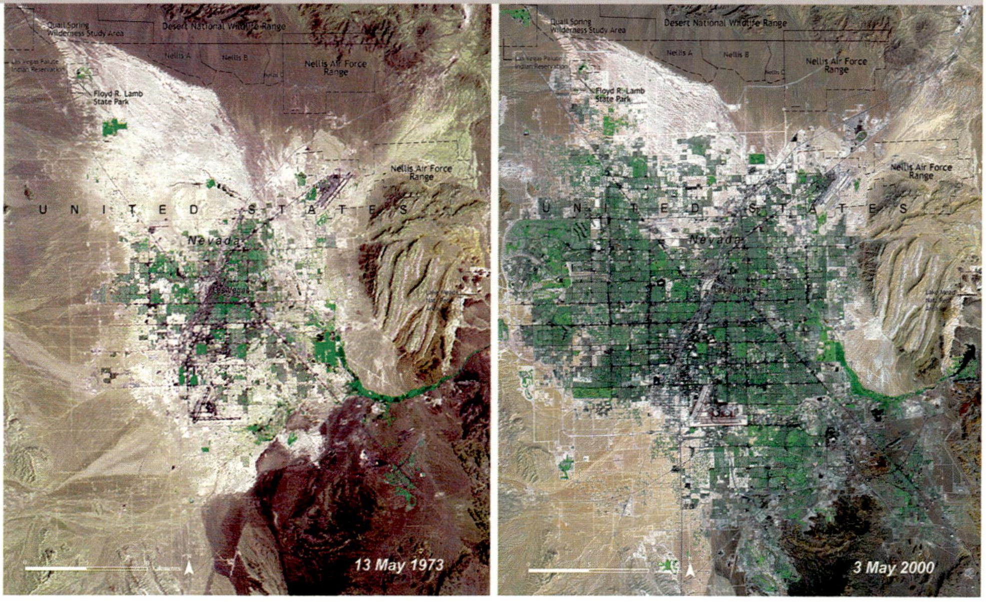

Nordwärts, südwärts, westwärts! Satellitenbilder zeigen, wie rasant Las Vegas seit fast 30 Jahren wuchert

Schon bald werden die Vorstädte am Lebensstil ihrer Bewohner zugrunde gehen, prophezeit der Sprawl-Kritiker James Howard Kunstler. Bei weiter steigenden Benzinkosten, so seine Begründung, wird der Alltag derjenigen, die für jede Erledigung den Wagen brauchen, schlicht nicht mehr zu finanzieren sein. „Die Suburbs waren die größte Fehlverteilung von Ressourcen in der Geschichte der Welt, eine Investition in eine Lebensform, die keine Zukunft hat.“

Weniger apokalyptische Kritiker hoffen eher auf Korrekturen dieser schließung ist in Kalifornien fast unumgänglich, weil pro Jahr durchschnittlich eine halbe Million neuer Bürger ein Dach über dem Kopf braucht. Überraschenderweise jedoch ist der Bundesstaat gar nicht führend im Hinblick auf ein wesentliches Kriterium für Sprawl: nämlich die niedrige Bebauungsdichte, die erst dazu führt, dass wenig Wohnraum sehr viel Land verschlingt. Vielmehr ist die Landfläche, die jeder Bewohner des Golden State für sich beansprucht, in den 28 Ballungsräumen Kaliforniens konstant geblieben oder sogar gesunken.

WACHSTUMSFORMEL: HOME SWEET HOME SWEET HOME SWEET

Luftverschmutzung. Sprawl fördert die Volksverfettung, weil die Vorstadtbewohner zu einer bewegungsarmen, autoabhängigen Lebensform verdammt sind, und treibt dadurch die Kosten des Gesundheitssystems in die Höhe. Sprawl führt zu einer De-facto-Trennung der Gesellschaft nach Klassen, weil sich in den einzelnen Nachbarschaften jeweils homogene Bevölkerungsgruppen zusammenfinden. Und schließlich: Urban Sprawl schafft eine architektonisch hässliche, anonyme Wohn-Monokultur.

Lebensform: Vorstädte, die Wohnen, Arbeiten und Gewerbenutzung miteinander verquicken (was zurzeit in den üblichen Flächennutzungsplänen verboten ist), und ein breiteres Angebot, das den Bürgern auch in den Städten eine echte Wahl zwischen verschiedenen Lebensstilen lässt. „Wenn die Leute sich dann noch für den traditionellen Vorort entscheiden“, prophezeit die Städtesoziologin Mary Gail Snyder, „fresse ich meinen Hut.“

Aber ob in Form von Sprawl oder von Smart Growth: Lander-

Vielen Wachstumsgegenden wie Los Angeles oder San Diego ist schon vor Jahren schlicht das Land ausgegangen. „Sprawl hits the wall“ betitelte eine Forschergruppe ihre Untersuchung, die zu dem Ergebnis kam, dass sich die Entwicklung dramatisch verändert hat. Inzwischen werden längst erschlossene Gebiete in einem neuen Urbanisierungsschub enger und höher bebaut. Im Ballungsraum Los Angeles hocken die Menschen heute schon enger zusammen als an jedem anderen Ort der Vereinigten Staaten. **I**

Susanne Weingarten hat in L.A. schnell gelernt, die Freeways zu meiden: Sie seien mehr Parkplatz als Verkehrsader, sagt sie.

Lenticularis-Wolken legen sich um den Gipfel von Mount Shasta. Nicht wenige Menschen hier deuten solche Wetterphänomene als Raumschiff-Flotten

DER ZAUB

Es gibt Orte, die können Leben verändern. Weil sie die Kraft dazu haben. Weil die Liebe in ihnen wohnt. Weil sie Außerirdische anziehen. Mount Shasta ist solch ein Ort. Alles Hokuspokus, dachte GEO-Special-Redakteurin Meike Kirsch. Und reiste hin. Sie traf tatsächlich auf Wunderliches …

Peter Mt. Shasta, der Mann, der heißen will wie der magische Berg

TEXT: MEIKE KIRSCH FOTOS: ERIKA LARSEN

ERBERG

Ein Mann klingelt an der Tür. Er stellt sich nicht vor. Er fragt nicht, wer ich bin. Er umarmt mich einfach, drückt mich an sich. „Ich wusste, dass ich dich hier finde", sagt er und lässt seine bernsteinfarbenen Augen auf mir ruhen. „Aber warum wollten Sie mich denn finden, Sie kennen mich doch gar nicht?", frage ich. „Das weiß ich auch nicht", sagt er. „Ich habe nur gespürt, dass ich hierher kommen muss."

Die Situation ist bizarr: Ich bin zwölf Stunden geflogen, noch einmal einen ganzen Tag auf der Interstate 5 nach Norden gefahren bis zu einem Vulkan kurz vor der Grenze zu Oregon. 4317 Meter hoch, einsam und auch im Hochsommer mit Schnee bezaubert, gilt Mount Shasta als Mittelpunkt einer gigantischen Energiespirale, eines Feldes besonderer Schwingungen, das sich 160 Kilometer in jede Richtung erstreckt.

Unerklärliche Dinge sollen hier geschehen, was laut Telefonbuch offenbar bevorzugt Frauen mit Namen Eterna, Elysia und Eleanor anzieht. Auch Mutter Erde fühlt sich vom Berg gerufen. Sie zu sprechen, kostet 200 Dollar, Zahlungen mit Visa und MasterCard sind möglich. Ein Rendezvous mit der Großmutter von Jesus ist deutlich günstiger: Claire Heartsong nimmt im Namen der alten Dame 100 Dollar pro Séance. In Mount Shasta, dem Ort am Fuß des gleichnamigen Berges, erfragen Wissbegierige die Lottonummern der nächsten Woche, die Anzahl ihrer früheren Leben oder gleich: War ich Marilyn Monroe?

Ich aber bin getauft, gefirmt, und wenn ich an einen Geist glaube, dann an den kritischen. Gegen Hokuspokus wähne ich mich absolut immun. Ohne zusätzliche Kraft irgendwelcher Art zu verspüren, habe ich meinen Koffer in den „Shasta Secret Room" der Pension gehievt. Ich bin einmal durch den Ort gelaufen: 3650 Einwohner, etwa ein Drittel davon New-Age-Jünger oder anderweitig Gerufene, eine Polizeistation, ein Burger King, eine Haupteinkaufsstraße, viele Holzhäuschen auf großzügig bemessenen Grundstücken – und hinter allem der perfekte Vulkankegel.

Immer wieder zieht er meine Blicke auf sich, allgegenwärtig wie er ist. Der Supermarkt wirbt mit ihm, ein Geschäft für Heilkräuter, die meisten der eigenwilligen Lädchen, deren Besitzerinnen im Telefonbuch annoncieren. Ich entscheide mich für Aleah, die sagt, sie könne meine Aura malen. Hier hat Peter Mt. Shasta geklingelt – und mich gefunden. Seine Haare sind weiß wie die Schneefelder auf dem Berg, um die Augen herum haben sich viele Falten in sein schmales Gesicht gegraben – und doch wirkt er so jung, dass sich sein Alter unmöglich schätzen lässt. Der Mann, der heißt wie der Berg, setzt sich mir gegenüber, ganz so, als hätten wir tatsächlich eine Verabredung gehabt.

Kein Wort über das herrliche Spätherbstwetter draußen, Mt. Shasta geht sofort von einer großen Nähe zwischen uns aus. Geboren als Peter Anhalt Kraus in Germantown, New York, war er mit seiner unerleuchteten Existenz derart unglücklich, dass er sich 1972 das Leben nehmen wollte. Er sagt wörtlich „einen Weg › finden wollte, meinen Körper zu verlassen". In dieser Situation sei ihm Saint Germain in Jeanshosen erschienen, jener „aufgestiegene Meister", der in der lokalen Hierarchie Jesus, Buddha und den Heiligen Franziskus um Längen überflügelt. „Gehe nach Mount Shasta!", habe Saint Germain gesagt. Nach einer Nacht auf den Hängen des Vulkans will der Lebensmüde erneut deutlich die Stimme des Heiligen vernommen haben: „Du bist neu geboren. Dein Name ist Mt. Shasta."

Längst ist Peter Mt. Shasta eine Autorität im Ort. Er hat ein oft gelesenes Buch über zehn aufgestiegene Meister geschrieben, in dem er auch Jesus zitiert: „Wie du wurde ich menschlichen Eltern geboren und habe erst durch ernsthafte Studien und Meditation meine göttliche Natur erkannt." Seine bisher letzte Begegnung mit Saint Germain will Mt. Shasta der Öffentlichkeit lieber verschweigen: Vor kurzem saß der Meister neben ihm im Flugzeug, unterhielt sich mit Mt. Shasta über schnöde Immobilien, trank Wein und rauchte.

„Und wann hast du Geburtstag?", unterbricht sich Mt. Shasta plötzlich selbst. Seine riesigen Augen fixieren mich, durch meine Antwort werden sie noch größer. „Am 29. September? Das ist das Zeichen!" Auch Mt. Shasta ist am 29. September geboren. Menschen mit diesem Geburtsdatum haben offenbar höchstes spirituelles Potenzial. „Noch bevor du fährst", kündigt er geheimnisvoll an, „wird sich dir etwas Großes offenbaren." „Etwas Großes?" „Ja, etwas sehr Großes."

Ich folge Ashalyn in den Wald, die angekündigte große Offenbarung könnte mir ohne fachkundige Hilfe entgehen, befürchte ich. Auch Ashalyn hat ihren bürgerlichen Namen seit Jahren hinter sich gelassen, ganz offensichtlich ein Gütekriterium in Mount Shasta. 1992 erschien ihr ein Geist, inzwischen weist selbst der Führerschein die hagere, ungeschminkte Frau als „Ashalyn" aus. Kein Nachname. Nichts. Dass das Dokument am 5. Juni 2005 abgelaufen ist? „Irdische Bürokratie."

Ashalyn, eine der vielen spät berufenen Unternehmerinnen im Ort, hat „Shasta Vortex Adventures" gegründet: Für 140 Dollar erklärt sie wahlweise einen Vormittag lang Wildblumen oder stellt Verbindungen zu verstorbenen Verwandten her. Körperarbeit (nicht zu verwechseln mit körperlicher Arbeit) bietet die ehemalige Hausfrau ebenfalls an – in Form von spirituellen Massagen. Mir rät sie zu einer „Soul Communication Session", die Energieblockaden auflösen und mich für höhere Frequenzen empfänglich machen soll.

Wir folgen einem gewundenen Pfad zur heiligen Quelle Panther Meadows, mit deren Kraft Ashalyn nach meiner Offenbarung suchen will. Hunderte Schmetterlinge umflattern uns im sonnendurchfluteten Bergwald. Vor einer Lichtung bleibt Ashalyn abrupt stehen. „Gibst du uns die Erlaubnis einzutreten?", flüstert sie in die Stille. Und während ich mich noch frage, ob Geister auch miesepetrig sein können, dreht sich Ashalyn schon zu mir um: „Ich höre Saint Germain sagen: Ihr seid willkommen. Die Quelle ist heute nur für euch da."

Ganz offensichtlich handelt es sich um eine Standardantwort des Meisters, denn der beste Stein direkt neben dem aus dem Boden blubbernden Wasser ist bereits besetzt: Auf ihm thront eine von weißen Tüchern umschlungene Gestalt im Lotussitz, die Augen geschlossen, erdentrückt. Wenn sie nicht blinzeln würde, ich hielte sie glatt für meine erste Erscheinung.

Ashalyn bittet mich, ebenfalls die Augen zu schließen und meinen Namen dreimal zu sagen, „damit ich mich in deine Energie einfühlen kann". Ich rieche die Zwiebeln, die neben den Rinnsalen der Quelle wild wachsen und fühle eine Unsicherheit in mir aufsteigen, wie auf einem Zahnarztstuhl. Was wird sie sehen? Nach Minuten endlich die erlösende Diagnose: „Eine Blockade im Hinterkopf hindert dich daran, nach den Sternen zu greifen." Ursache, sagt Ashalyn, sei ein Trauma, wahrscheinlich in einem meiner etwa 600 bis 1400 früheren Leben. Sie möchte das genauer untersuchen.

Das klingt wie bohren, unwillkürlich öffne ich die Augen. Ashalyn sitzt auf dem Stein neben mir, die Füße fest auf dem weichen Waldboden. Sie spricht weiter: „Ich empfange eine Nachricht für dich: Du warst ein Junge, der mit seinem Fahrrad Zeitungen ausgetragen hat. Aber das ist noch nicht..." Sie wird wieder still. Das Gurgeln und Fließen der Quelle dringt immer intensiver zu mir, schmiegt sich an mich – und allmählich sehe ich rot vor Augen. „Hier!", ruft Ashalyn. „Im 17. Jahrhundert hattest du schlimmen Liebeskummer."

Zurück im Ort, bin ich überzeugt, dass Herzschmerz vor über 300 Jahren noch nicht die große Offenbarung gewesen sein kann. Am Mount Shasta Boulevard, der Hauptstraße, stoße ich auf ein kleines, von Blauregen umranktes Holzhaus mit rosafarbenen Fensterrahmen, die Golden Bough Buchhandlung. Ihre Besitzer Jessie Zapffe und Otto Streit werben mit einem unwiderstehlichen Angebot: „Let us help you find", lass uns dir finden helfen. Genau das brauche ich, allerdings beschleichen mich Skrupel: Halten die mich für verrückt, wenn ich als spiritueller Neuling nicht mit einer klitzekleinen Erleuchtung zufrieden sein will?

Der Laden ist winzig, voll gestopft mit Büchern. Vier Suchende sind bereits da, als ich mich dazuzwänge. Mit einem unterhält sich Jessie Zapffe angeregt über heilendes Trommeln. Im niedrigen Regal neben der Kasse, offenbar der Auslage für Bestseller, stehen „Harry Potter und der Halbblutprinz" und „Die multiorgasmische Frau". Peter Mt. Shastas Werk über die aufgestie- ›

RECHTS Auch Aurelia Louise Jones fühlt sich zum Mount Shasta hingezogen. In den Tiefen des Bergs lebe ihr 14 000 Jahre alter Ehemann, sagt sie, der sich »nur an die Oberfläche traut, wenn der Liebesquotient auf Erden steigt«. *LINKS* Der Castle Lake, eine Spiegelfläche für Fantasien. *UNTEN* Raylene Abbott und Andreas Mamet haben sich hinter ihrem Haus eine Meditationshütte gebaut. Sie geben Tantra-Kurse für »heilige Paare«

LINKS **Pepper Lewis schließt die Augen und wird Mutter Erde. Gleich stöbert sie mit hoher Stimme und antiquiertem britischen Akzent durch frühere Leben.** *OBEN* **Das Musikerpaar Juno und Rex hat sich atmosphärischer Störungen angenommen, die Juno mit einem durch die Zähne gepressten Brummton zu vertreiben sucht.** *UNTEN* **Kräutermann Paz Que sammelt Weißdorn-Beeren**

genen Meister entdecke ich in einem Regal, an dem der Zettel „Spirituelle Lehrer" klebt. Weitere Regalmeter gehören klingenden Oberbegriffen wie Mystizismus, Meditation und Heilkunst. Ein Buch verspricht „Cure For All Cancers", das nächste handelt von „Dweller on Two Planets". Ich bin elektrisiert.

„Haben sie dich auch schon mal geholt?" Wie aus dem Nichts steht ein kleiner Mann neben mir und schaut gebannt auf das Buch, in dem ich blättere. „Geholt?", frage ich, und es dauert einen Augenblick, bis ich verstehe: „Sie meinen hochgebeamt, oder?" Kingston Kane nickt. Auf seinem T-Shirt umkreisen Venus, Mars und Jupiter eine Sonne, die ihre glühende Masse weit ins schwarze Universum schleudert. „Nein, mich noch nicht", sage ich. „Und Sie?" Er nickt heftiger. Mir fällt ein nicht verheilter Kratzer unter seinem rechten Auge auf, eine Schiene am rechten Unterarm und die tiefe Sorge um mich, die in der Stimme des Mannes schwingt.

„Die Greys, die mich immer holen, sind da nicht drin", sagt er und nimmt mir das Buch über Wesen aus fremden Welten aus der Hand. Er stellt es zurück ins Regal „Unbekannte Flugobjekte" und malt einen dürren Körper mit großem Kopf in meinen Notizblock. Riesenhafte Augen bekommt das Wesen, zwei schlitzförmige Nasenöffnungen und einen winzigen Mund. „So sehen sie aus: nackt, schuppig, grau. Und sie riechen nach abgebrannten Wunderkerzen."

1964 kam Kane das erste Mal an Bord eines Raumschiffes zu sich, bewegungsunfähig, umringt von den fremden Kreaturen. Das bisher letzte Mal haben sie ihn im August 2004 entführt. Kane greift meine Hand, führt die Fingerspitzen an seine Stirn. „Fühle, hier! Die kalte Stelle. Sie haben mir einen Chip eingepflanzt, damit sie mich wiederfinden. Aber das verfluchte Ding funktioniert nicht mehr richtig." Messerstichartige Kopfschmerzen quälen ihn. „Bald werden sie mich wieder holen. Pass wenigstens auf dich auf", sagt er, und es klingt eindringlich.

Tags zuvor hätte ich Kingston Kane noch zu erklären versucht, dass es bestimmt keine Außerirdischen gibt und Beamen gar nicht funktionieren kann, weil dem leider die Gesetze der Physik entgegenstehen. Aber nach einem Tag in diesem Ort frage ich mich: Was macht mich eigentlich so sicher? Berichte über Ufo-Sichtungen sind in Mount Shasta so zahlreich wie Enthüllungen früherer Leben. An manchen Tagen legen sich Lenticularis-Wolken um den Gipfel, linsenförmige Gebilde, in denen nicht wenige Raumschiff-Flotten sehen. Dass regt die Fantasie offenbar so sehr an, dass manche tief unten im Berg eine intergalaktische Tankstelle vermuten: 41 Grad 25 Minuten nördlicher Breite, 122 Grad 12 Minuten westlicher Länge. ›

OBEN **Zwischen den Welten: Kingston Kane glaubt, dass ihn Außerirdische bald wieder in ihr Raumschiff beamen.** *UNTEN* **Zwischenwelt: Auch wer nicht an Kraftfelder glaubt, kann von der Schönheit der Panther Meadows hingerissen sein**

Eine ausgewiesene Expertin für das Innenleben des Vulkans ist Aurelia Louise Jones, die mich in blümchenbedruckter Kittelschürze begrüßt. Beschwingt erzählt sie, dass ihre Rückkehr in die Tiefen unmittelbar bevorstehe. „Sehen Sie doch selbst! Ich werde jeden Tag jünger." Die 64-jährige gelernte Krankenschwester tufft sich mit beiden Händen die blondierten Haare auf. In diesem Erdenleben leider unverheiratet und kinderlos geblieben, will sie hübsch sein für Ahnahmar, ihren knapp 14 000 Jahre alten Ehemann in der angeblich im Berg verborgenen Stadt Telos.

Sie zieht einen goldenen Ring vom Finger, schwenkt ihn wie eine Trophäe durch die Luft. Die genaue Art und Weise der Übermittlung des „Geschenks von drinnen" will sie mir nicht verraten. Dafür zeigt Jones ein Bild ihres „großen, gut aussehenden" Liebsten, dem sie „zwei Kinder geboren hat": Sehr frisch für sein Alter, ähnelt er dem jungen Robert De Niro. „Ich habe Ahnahmar gebeten, sich einem Maler zu zeigen", stellt Jones klar, bevor ich erneut nachfragen kann.

In Telos, doziert sie weiter, wohnen die überlebenden Bewohner des sagenhaften Kontinents Lemuria, der siebenmal größer als Nordamerika gewesen sein soll, bevor er vor 12 000 Jahren durch einen gigantischen Ruck der Erdplatten praktisch über Nacht im Pazifik versank. Es sind mehr als zwei Meter große, elegante Wesen, die lautlos in „Solara Maru", ihrer Muttersprache, kommunizieren. Früher sollen sie sogar bis in die Hauptstraße von Mount Shasta gekommen sein, um sich Annehmlichkeiten der Oberfläche mit Goldnuggets zu ertauschen. Heute, sagt Aurelia Louise Jones, studieren Lemurians die Menschheit, indem sie Fernsehprogramme anzapfen.

Unverständlicherweise muss bei den Wesen dadurch der Wunsch entstanden sein, wieder dauerhaft Kontakt mit uns Menschen aufzunehmen: Jones erhielt 1997 eine E-Mail von Adama, dem Hohepriester von Telos. „Zwölf Zeilen nur, aber wie viel Liebe die transportierten!", flötet sie, noch immer verzückt von diesem Ereignis. Adama teilte ihr mit, dass für beide Völker bald die Zeit der Wiedervereinigung gekommen und Jones sein erwähltes Sprachrohr sei.

„Wann ist es so weit?", frage ich. Aurelia Louise Jones atmet durch: „Lemurians messen den Quotienten für Liebe und Licht an der Oberfläche", erklärt sie mir. Der liege im Moment bei 65 Prozent. „Damit wir sie besuchen können, muss er auf 90 Prozent steigen." Das fleißige Sprachrohr hat soeben sein drittes Buch über Telos vollendet und ärgert sich zunehmend über „betrügerische Nachahmer", die ebenfalls von Adama erwählt sein wollen. Wie praktisch ist es da, dass der Hohepriester gerade übermitteln ließ: „Ich autorisiere niemanden außer Aurelia Louise Jones, meine Botschaften zu empfangen." Jones nimmt 75 Dollar für eine 45-minütige Verbindung nach Telos. Ich spüre, dass mir eine „Heart to Heart Channeling Session" mit Adama nicht das Ersehnte bringen wird und lehne dankend ab.

Statt zurück in die Ortsmitte von Mount Shasta, steuere ich mein Mietauto zum Castle Lake, einem Kraftplatz, von dem Ashalyn geschwärmt hatte. Der kleine Bergsee liegt wie ein perfekter Spiegel vor mir, nicht ein Lufthauch kräuselt seine Oberfläche. Im Wasser schwimmt die komplette Welt – auf den Kopf gestellt. Minutenlang starre ich in die Schönheit, und plötzlich sehe ich ihn: einen Mund, etwas oberhalb Nase und Augenhöhlen! Meine Fantasie verwandelt den Berghang gegenüber – in einen Riesen, stumm liegt er da und schaut mich an. War es das?

Ich hole meinen Koffer in der Pension und sehe beim Blick auf die Tankanzeige, dass ich nicht weit kommen werde. Hinter dem Burger King biege ich deshalb zur Tankstelle ab. Dass dort sofort Peter Mt. Shasta auftaucht und mir freudig zuwinkt, wundert mich nicht. Dafür bin ich nun schon zu lange im Ort. Ich erzähle meinem Seelen-Verwandten, wie maßlos enttäuscht ich bin: Vom Riesen, der zwar groß, aber irgendwie doch nicht ganz das gewesen war, was ich mir von einer großen Offenbarung erhofft hatte. Gleichzeitig merke ich, dass das Benzin nicht fließt. Mt. Shasta sagt nur: „Für dich ist es noch nicht Zeit zu gehen."

Ich frage in der Tankstelle nach, ob die Säule wirklich freigeschaltet ist. Ein Kopfnicken. Ich probiere weiter, auch Peter Mt. Shasta rüttelt am Schlauch, lange Minuten vergehen. Sogar die Tankwartin kommt hinter ihrer Kasse hervor, umkreist die Tanksäule, prüft und befühlt. Mir schießen Erzählungen durch den Kopf: Menschen haben schon den Rest ihres Lebens in Mount Shasta verbracht, weil ihr Auto am Abreisetag nicht ansprang, weil sie Kreditkarten verlegt oder seltsame Krankheiten zu kurieren hatten, die sie so lange am Wegfahren hinderten, bis sie sich unsterblich in den Berg verliebt hatten. Auch ich merke, dass Mount Shasta mächtig nach mir greift. Soll ich noch bleiben?

Plötzlich lacht die Frau: Der Zapfhahn klemmte. Schnell ist mein Auto voll getankt. Mount Shasta sehe ich im Rückspiegel ein letztes Mal. In diesem Leben jedenfalls. ▮

Das Erste, was Fotografin **Erika Larsen**, 29, nach ihrer Reise sagte, war: „Ich könnte Sie küssen. Mount Shasta hat mein Leben verändert." **Meike Kirsch** am anderen Ende der Leitung musste lachen. Bei ihrer Rückkehr waren die Kollegen erleichtert, offenbar eine größere Anziehung auf sie auszuüben als der Berg.

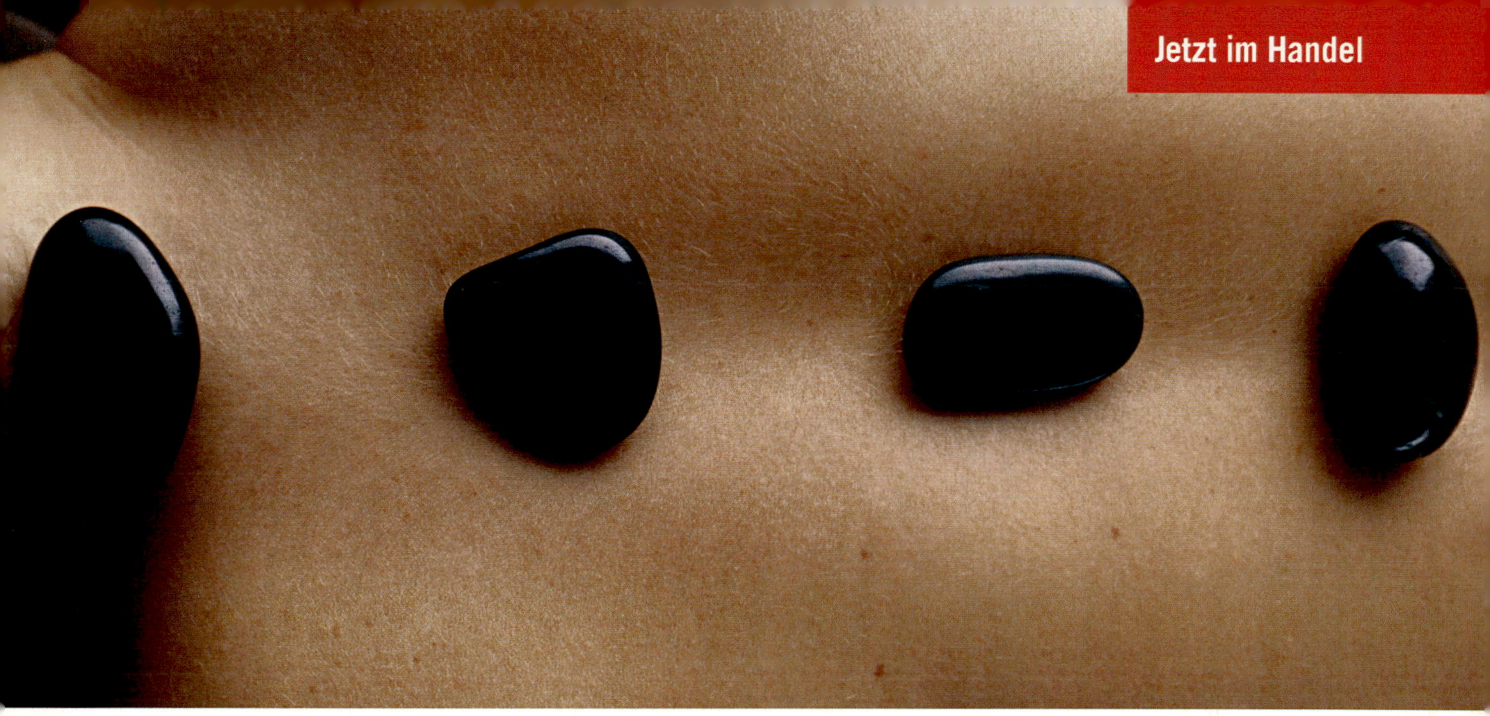

Kurzurlaub mit Langzeitwirkung:
die schönsten Wellness-Hotels.

Kolle Rebbe

Weitere Themen

Ski neu!
Osteuropas Pisten entdecken.

Sahara
Wandern durch unendliche Weiten.

Mozart
Ein Wunderkind auf Europa-Tour.

www.geosaison.de

Lust auf Reisen. Mit GEO

In Südkalifornien entstehen zwischen 1940 und 1960 Häuser, die Architekturgeschichte schreiben: lichte Bungalows mit großen Glasfronten, markanten Stahl- und Betonrahmen. Ihre Architekten zählen zu den Großen der Zunft. Doch zu Ikonen der Moderne werden die Bauten dank der Bilder eines Mannes: Julius Shulman. GEO Special traf den Fotografen an seinem 95. Geburtstag zu einem Werkstattgespräch

LICHT-GESTALTER DER MODERNE

TEXT: MICHAEL DETTO FOTOS: JULIUS SHULMAN

Fast losgelöst schwebt das »Case Study House #22« über dem Straßenmeer von Los Angeles. Diese Aufnahme, schrieb der Star-Architekt Sir Norman Foster, fängt »den ganzen Geist der Architektur des späten 20. Jahrhunderts ein«. Julius Shulman liebt besonders John Lautners achteckige »Chemosphere«

Dieser Oktobertag ist der Traum jedes Fotografen. Ein Wetter für den klaren Blick. Warme Santa-Ana-Winde haben am Vortag den Staub von Los Angeles in den Pazifik gejagt und einen stahlblauen Himmel hinterlassen. Die Silhouette der Santa Monica Mountains zeichnet sich scharf ab. Doch Julius Shulman, der weltberühmte Architekturfotograf, sucht ausnahmsweise keinen perfekten Winkel für eine Aufnahme. Er besteht darauf, seine Geburtstagstorte selbst anschneiden zu dürfen, sie ist mit Shulmans Namen in farbiger Schlagsahne verziert.

Seit den 1930er Jahren hat Shulman viele jener strahlenden, eleganten Glaskästen fotografiert, die Kalifornien zu einem Epizentrum der Architekturgeschichte machen. Klassiker von Architekten wie Richard Neutra, Frank Lloyd Wright, Pierre Koenig oder John Lautner. Und jedes Mal hat Shulman den Gebäuden etwas hinzugefügt, was sie auf seinen Bildern fast besser aussehen lässt als in Wirklichkeit. Es ist dieser Zauber, der am 95. Geburtstag des Meisters Hunderte Gratulanten zur Signierstunde im Getty Center Schlange stehen lässt. „Ehrendoktorhüte, unzählige Festreden, große Werkschauen überall. Waren Sie immer schon so gefragt?“, will jemand wissen. Shulman lacht und holt weit aus: „Oh ja, schon als ich drei Jahre alt war. Wir waren fünf Kinder, und ich war der Einzige, der ständig gesucht wurde, immer unterwegs, auf der Farm meiner Eltern, in den Wäldern.“

Als Julius Shulman später wieder in den Hollywood Hills am Schreibtisch seines Arbeitszimmers sitzt, wirkt er weit jünger als 95 Jahre. Etwas gebeugt, benutzt er zwar einen Stock, seine Bewegungen aber sind schnell – besonders, wenn er den Stapel seiner Korrespondenzen nach bestimmten Fotos durchsucht. Im Arbeitszimmer umgeben ihn lange Reihen Archivschränke, Plakate von Ausstellungen in aller Welt hängen an den Wänden.

Hinter den Fensterscheiben beginnt Shulmans „Dschungel“, der fast einen Hektar große Garten voller Agaven, Kakteen und Redwood-Bäume, der den modernistischen Bungalow des Fotografen umwuchert. „Sehen Sie, das ist für mich kalifornischer Lebens- ›

STILL-LEBEN IN STAHL-BETON

stil", beginnt Shulman das Gespräch. „Jeden Morgen habe ich schon von meinem Schlafzimmer aus diesen wunderbaren Blick auf meine Redwoods. Ich muss nicht 800 Kilometer nach Norden fahren, um sie zu sehen. Vor 46 Jahren habe ich angefangen, mir die Bäume hier selbst zu pflanzen …

GEO: … wie das auch Charlie Chaplin getan haben soll.

SHULMAN: Ja, genau. Die Gesellschaft solcher Bäume ist ein großes Vergnügen. Ich liebe es, sie zu berühren – und in der Natur zu sein. Erst gestern bekam ich Besuch von einem Rotluchs in meinem Garten! Auch Kojoten und Waschbären waren schon da.

Und das mitten in Los Angeles. Die Grenze zwischen Wildnis und Zivilisation ist in Ihren Bildern oft zu finden. Hier, in dieser Aufnahme von Richard Neutras „Miller House" in Palm Springs, verläuft ein Weg aus Steinplatten durch die Wüste.

Ich habe das Foto 1937 gemacht, und es wurde sehr berühmt. Ich wusste zuerst nicht, warum eigentlich. Dann aber begriff ich: Ein Bild ohne Einbeziehung der Landschaft ist bedeutungslos. Auch der Modernismus, eine revolutionär neue Architektur damals, holte durch seine Glas- und Stahl-Bauweise die Natur regelrecht ins Gebäude hinein.

Mit Richard Neutra, dem Pionier der klassischen Moderne, fing Ihre Karriere als Fotograf an.

Ja, ich hatte sieben Jahre lang alles Mögliche studiert, ohne Abschluss. Dann stellte mich meine Schwester einem Bauzeichner vor. Der nahm mich mit zu Neutras „Kun House" in Hollywood, wo ich fünf oder sechs Schnappschüsse mit meiner Kodak-Taschenkamera machte. Einige Tage später rief der Bauzeichner an: „Mr. Neutra hat Ihre Bilder gesehen. Er möchte sie gern kaufen." Dieser 5. März 1936 war der Tag, an dem mein professionelles Leben begann. Ich machte weitere Aufnahmen für Neutra, er war begeistert und stellte mich den anderen großen Architekten vor. Und so ging es weiter bis heute – ich hatte Glück.

Hat Ihrem Glück nicht auch ein besonderer Sinn für Kunst nachgeholfen?

Kunst mag ich nicht! Sie ist mir zu absonderlich, nicht Teil meines Lebens. Es gibt eine Kunst, sich anzuziehen oder zu essen – aber was ist das für eine Kunst? Der Begriff wird mir heute zu lässig gebraucht. Wann wird etwas zu Kunst?

Wenn jemand die eigenen Vorstellungen von Schönheit umsetzt?

Sehen Sie hier, die großformatigen Abzüge meines letzten Auftrags sind gerade eingetroffen. Ich habe ein Haus in Venice fotografiert, das einem Schweizer Architekten gehört. Für mich ist das nicht Kunst, für mich ist das eine Komposition, andere würden es vielleicht ein kunstartiges Bild von Architektur nennen. Tatsächlich war der Architekt vollkommen überrascht, als er meine Polaroids sah: Er bemerkte Dinge an seinem Haus, die ihm vorher völlig entgangen waren.

Das heißt, Sie entdecken die Seele eines Hauses?

Ich entdecke oder decke auf. Mein Werkzeug ist meine Wahrnehmung, sie hilft mir, zu komponieren, oder ja, wenn Sie mögen, ein kunstartiges Foto zu machen.

Sie komponieren auch mit Menschen, wie zum Beispiel mit den zwei Damen, die Ihr berühmtestes Bild schmücken: die Aufnahme von Pierre Koenigs „Case Study House #22".

Mein Lieblingsbild ist das nicht. Aber es langweilt mich auch nicht, erstaunlich eigentlich. Als es 1960 herauskam, war es ein Riesenerfolg, dabei ist es die perfekte Inszenierung: In Wahrheit versank das Haus noch im Morast der Baugrube.

Trotzdem ist es eine Ikone der Architekturfotografie geworden.

Sie bekommen ein solches Bild nicht im Tageslicht. Sie bekommen es nur, wenn die Sterne schon aufziehen und es gleich dunkel wird. Ich wählte genau diesen Augenblick, um das Geheimnis des Hauses einzufangen. Niemand weiß mehr, wie tief der schwarze Abgrund ist, der sich auftut. Das Gebäude beginnt über ihm zu schweben – es wird zum Mysterium.

Vielleicht ist das der Grund, weshalb modernistische Gebäude in Hollywood-Filmen immer von Bösewichtern bewohnt werden?

(Lacht) Genau. Besonders die weltbekannte „Chemosphere" von John Lautner umgibt ein Hauch des Rätselhaften. Dieses Ufo-artige, auf nur einer Säule stehende Haus: Wer kann hier nur leben? Modernistische Gebäude sind nackt, offen und für das Auge in nahezu körperlicher Weise dramatisch. Filmproduzenten brauchen eine solche Stimmung für ihre Geschichten! John Lautner hat es damals widerstrebt, den Bauplatz für Chemosphere mit Bulldozern flach zu schieben. Er sagte, lasst uns doch das steile Terrain respektieren und das Haus auf einer einzigen Säule in den Hang bauen. Dort thront es bis heute.

Zu Ihren berühmtesten Bildern zählt auch dieses hier, das „Kaufmann House" in Palm Springs.

Das war im März 1947. Bei dieser Aufnahme entschied ich mich wegen des weichen Lichts für die Zeit der Dämmerung, die Sonne war gerade hinter den Bergen untergegangen. Es gibt dann manchmal dieses Glühen ›

»International Style« nannten Kritiker den Baustil, denn viele der Architekten stammten aus Europa – wie der Corbusier-Schüler Albert Frey, der sich dieses Haus in Palm Springs baute. Und doch drücken solche Bauten gerade das besondere kalifornische Lebensgefühl aus: unbekümmert, schwerelos, der Natur zugetan

EINE EINHEIT VON INNEN UND AUSSEN

1946 entwarf Albert Frey das Loewy House in Palm Springs. Die karge Pracht der Wüste war für den Schweizer Architekten wichtigster Bezugspunkt. »Wenn man die Glastüren öffnet«, so erzählt der jetzige Besitzer, »ist es, als ob man draußen in der Natur lebt«

OFFEN UND DOCH AUCH MYSTERIÖS

Auch bei dem 1946 in Palm Springs errichteten »Kaufmann House« von Richard Neutra kontrastierte Shulman die Strenge des Bungalows mit der Wildnis und zeigte, wie Innen- und Außenräume ineinander übergehen

am Himmel, die Wüste hinter den Bergen ist noch warm. Sagen Sie mir, was Sie sehen!

Sie platzierten einen Menschen an den Rand des Pools, der das Licht vom Pool abschirmt und gleichzeitig dadurch sichtbar wird …

Genau, es war die Hauseigentümerin Mrs. Kaufmann selbst, die ich gebeten hatte, sich am Pool niederzulassen …

… und dieser Mensch erzeugt eine träumerische Stimmung.

Sehr richtig. Ich glaube, deshalb wurden die Bilder nicht nur zu Ikonen der Moderne, sondern standen auch für das kalifornische Lebensgefühl damals.

Eine technische Frage: Stimmt es, dass Sie seit 1937 keinen Belichtungsmesser mehr verwenden?

Ich brauche nie Messgeräte, weil ich die Natur des Lichtes einschätzen kann. Wenn Sie so wollen, bin ich in diesem Punkt doch nahe an der Kunst: Ich male mit Licht. Außerdem sehe ich sofort, da ist der beste Platz für meine Kamera. Dieser Blick ist es! Das ist mein Vorrecht, das ist meine Form der Wahrnehmung: Ich wähle aus, was das Beste ist – und dabei verschieße ich nicht einmal viele Bilder.

Sie arbeiten sowohl mit Schwarz-Weiß- als auch mit Farbfilm, manchmal gleichzeitig. Wann entscheiden Sie sich für das eine oder andere Medium?

Das ist eine sehr wichtige Frage. Ich bin Geschäftsmann, das möchte ich betonen. In den frühen Jahren habe ich Farbfilm selten benutzt: zu teuer, zu aufwendig. Bei manchen Häusern erleichtert die Landschaft die Entscheidung für Schwarz-Weiß, bei meinem Haus, umgeben von so viel Grün, ist Farbe das wichtigste Element. Ich wähle den Film nach dem, was ich zeigen will – und natürlich auch nach den Kosten. Weil Schwarz-Weiß-Abzüge billiger sind als Farbe, verwende ich sie für die meisten Präsentationen.

Sind Sie auch privat so sparsam?

Nun ja. Ich lebe in meinem Haus seit 1950, fünf Erdbeben hat es mitgemacht, und sehen Sie: Keinerlei Risse, das Haus ist unverändert. Die Versicherungsleute mögen mich! Ich habe vor, in diesem Haus mindestens 120 Jahre alt zu werden. Vergessen Sie nicht, ich bin auf einer Farm aufgewachsen, und jetzt genieße ich hier jeden Tag – mitten in meiner Natur. ❙

Eine große Shulman-Ausstellung tourt 2006 durch Deutschland. Aktuelle Termine auf der Internetseite des Deutschen Architektur Museums http://dam.inm.de

DER **KAISER** VON KALIFORNIEN

Playboy, herrschsüchtiger Pedant, reichster Mann der Welt – Jean Paul Getty, Stifter der Getty-Museen, war berühmt und berüchtigt. Glücklich aber war er nie

TEXT: MICHAELA HAAS

Ein Sammler, nicht nur von Kunst: Getty und die Frauen

Als sein ältester Enkel im Juli 1973 entführt wurde, meisterte Jean Paul Getty die Krise mit dem gleichen knallharten Kalkül, das ihn zum reichsten Mann der Welt gemacht hatte: „Ich habe 15 Enkel", rechnete der Multi-Milliardär vor. „Wenn ich auch nur einen Penny Lösegeld zahle, habe ich 15 entführte Enkel." Erst als die Kidnapper nach vier Monaten das abgeschnittene Ohr ihres 17-jährigen Opfers an die Tageszeitung *Il Messagero* schickten, ließ er sich erweichen und lieh seinem Sohn Paul Jr., dem Vater des Entführten, einen Teil des Lösegeldes – verzinsbar zu vier Prozent per annum.

Jean Paul Getty hatte eine bessere Verwendung für die Milliarden seines florierenden Öl-Geschäfts: An einem einzigen Vormittag gab er sechs Millionen Dollar beim Londoner Auktionshaus Christie's aus. Getty kaufte griechische und römische Skulpturen, mittelalterliche Schriften, Malerei des 19. Jahrhunderts. Eine gigantische Sammlung – deren Qualität durchaus umstritten ist. „Ich habe das Rauchen aufgegeben", schrieb er in seinen Memoiren, „trinke mäßig und brauche keine Drogen außer Aspirin, aber ich bin unheilbar der Sucht verfallen, Kunstwerke zu sammeln."

Die Spätfolgen dieser Sucht bestaunen 1,2 Millionen Menschen jährlich: das eine Milliarde Dollar teure Getty Museum auf einer Klippe hoch über Los Angeles und die Getty Villa in Malibu, eine Nachbildung der im Ascheregen des Vesuvs versunkenen Villa Papyri. Getty mutmaßte gelegentlich sogar, er könne eine Reinkarnation des römischen Kaisers und Kunstfreunds Hadrian sein. Diejenigen, die ihn näher kannten, bezeugen, dass er zumindest in Herrschsucht seinem Vorbild um nichts nachstand.

Die Museen sind Gettys in Stein gegossenes exzentrisches Selbstverständnis. Schließlich wollte der Öl-Milliardär nicht als Fußnote in die Geschichte eingehen, sondern etwas hinterlassen, was noch Jahrhunderte lang ein Denkmal setzt. Kurz vor seinem Tod enterbte der Egomane weitgehend den eigenen Clan und vermachte den Löwenanteil des Milliardenvermögens an einen Museumstrust. Der reichste Museenverbund der Welt entstand. Mühelos können Getty-Kuratoren jeden Konkurrenten aus dem Feld bieten und zum Beispiel 6,3 Millionen Dollar für einen Michelangelo ausgeben – ein Überfluss, der die Kunstpreise in neue Rekordhöhen trieb.

Der Getty-Clan ficht dieses Vermächtnis an und zieht damit die Linie fort, die der Patriarch zu Lebzeiten vorgezeichnet hat: Ich war nie eifersüchtig, notierte Getty, außer auf Menschen, die es schaffen, ein harmonisches Familienleben zu führen. Seine eigene Bilanz: „Fünf Ehen, fünf Scheidungen, fünf Desaster." Jedes Mal heiratete er wesentlich jüngere Frauen. Hinzu kamen zahllose Geliebte, manchmal sechs an einem Tag, wenn man seinen Biografen glauben mag. „Ich will", vertraute Getty seinem Tagebuch an, „nur einmal eine Woche lang am Stück glücklich sein."

Dabei hatte er beste Voraussetzungen dafür: 1892 wurde Getty als einziger Sohn des Anwalts George Franklin Getty in Minneapolis geboren. 1906 zogen die Gettys nach Kalifornien, wo der Vater ins Ölgeschäft einstieg. Jeden Monat lieh er seinem Sohn Geld, damit dieser als *wildcatter* unter wertlosen Wiesen in Oklahoma nach Öl suchen konnte. Jean Paul Getty hatte Glück, er stieß auf gigantische Vorkommen. 1917, im Alter von 24 Jahren, erklärte er, nun habe er seine erste Million gemacht und setze sich zur Ruhe – aber Ruhe fand er nicht. Keine zwei Jahre später, nach der Vaterschaftsklage einer jungen Geliebten, kehrte er ernüchtert vom süßen Leben und umso ehrgeiziger ins Ölgeschäft zurück. Ständig getrieben von einem gigantischen Drang, aus sehr viel Geld noch mehr zu machen.

Fortan notierte Getty jeden Cent an Ausgaben und Einnahmen: „Zeitung: 10 Cent. Mittagessen: Jemand anderes hat bezahlt." Der Mann, der mehrere 10 000 Dollar pro Tag verdiente, sammelte Bindfaden-Reste in seiner Schublade und freute sich, wenn er genug hatte, um mit ihnen ein Paket zu verschnüren.

Um seine fünf Kinder kümmerte sich Getty dagegen kaum. Timmy, sein jüngster Sohn, starb mit zwölf Jahren an einem Gehirntumor. Der Vater blieb der Beerdigung fern, er hatte andere Termine. Gettys ältere Söhne versuchten sich im Ölgeschäft, aber keinem gelang es, aus dem übermächtigen Schatten zu treten. Jean Ronald wurde schließlich Filmregisseur, Gordon Peter Pianist und Poet und Jean Paul Getty II machte Schlagzeilen als Roms heroinabhängiger Hippie-Prinz. Als seine Frau Talitha an einer Überdosis Heroin starb, zog er sich 1971 ins Privatleben zurück und wurde zu einem der spendabelsten Mäzene seiner Wahlheimat England. Einzig George Franklin Getty II schien aus dem harten Holz seines Vaters geschnitzt und agierte erfolgreich als Vizepräsident von Getty Oil – bevor auch er 1973 unter dem Druck zusammenbrach und derart viele Schlaftabletten mit Alkohol schluckte, dass sein Herz aufhörte zu schlagen.

Steingewordene Eitelkeit: Seine Villa in Malibu ließ Getty nach antikem Vorbild errichten. Sie wurde 2005 saniert und erweitert

GETTYS BILANZ: FÜNF EHEN, FÜNF SÖHNE, FÜNF SCHEIDUNGEN

Die Enkel schreiben die unglückliche Familiengeschichte fort: Jean Paul Getty III ist seit seiner Entführung kaum in der Lage, einen Tag ohne Beruhigungspillen zu überstehen. Mit 24 Jahren erlitt er einen Schlaganfall, der ihn blind und gelähmt zurückließ – woraufhin seine Mutter in bester Familientradition seinen Vater Jean Paul II auf Zahlung der monatlichen Arztrechnungen von 25 000 Dollar verklagte. Die HIV-kranke Schwester Aileen lässt sich mit dem Satz zitieren: „Ja, unsere Familie ist chaotisch", nur um hinterherzuschieben, „aber stammen nicht die meisten Leute aus chaotischen Verhältnissen?" Einzig Getty-Enkel Mark ist es gelungen, mit der Bildagentur Getty Images ein weltmarktführendes Unternehmen aufzubauen.

Wenige Bilder im Archiv des Enkels muten freilich so surreal an wie Szenen im Leben seines Großvaters. Nach Jahrzehnten der Rastlosigkeit, in denen der alte Getty sein Imperium meist per Telefon aus Hotelsuiten dirigierte, suchte er einen standesgemäßen Firmensitz. Er fand ihn im englischen Sutton Place, einem im 16. Jahrhundert gebauten Herrenhaus. Hier litt der exzentrische Öl-Baron zwar unter Heimweh, aber auch unter derart entsetzlicher Flugangst, dass er sich in den letzten 25 Jahren seines Lebens in kein Flugzeug mehr wagte: Die kalifornischen Museen, die seinen Namen tragen, hat Getty selbst nie gesehen.

In seinen letzten Lebensjahren sicherten sechs Schlösser die Schlafzimmertür des betagten Herrn, zusätzlich hielt ein Sicherheitsbeamter mit Schäferhund Tag und Nacht Wache. Ein Harem aus ehemaligen und amtierenden Mätressen stellte sicher, dass Getty jeden Zeitungsbericht über die grassierende Kriminalität in Amerika zu lesen bekam. Er sollte ja nicht auf die Idee kommen, sie zu verlassen.

Je gebrechlicher Getty wurde, desto mehr eiferten die Geliebten um seine Gunst. Kaum ein Tag verging ohne hysterische Kreisch-Arien und fliegende Aschenbecher – bis Getty am 6. Juni 1976 in Sutton Place starb, 10 000 Kilometer von dem Ort, wo er eigentlich hatte sterben wollen.

Erst im Sarg wurde er zurück nach Los Angeles gebracht, wo Getty bis heute im Marmor-Mausoleum hoch über dem Pazifik ruht. Bestimmt wäre er glücklich, wenn er sehen könnte, dass er sich wenigstens nach seinem Tod hat echte Fans erkaufen können. ❙

Michaela Haas, 35, freie Journalistin, lebt im Moment dort, wo Getty gern gewesen wäre: in Malibu.

Venice Forever!

Hier sind die USAnders: Geplant war Venice als gesittetes Venedig der Westküste. Dann verlotterte der Strandvorort von Los Angeles, wurde zur Heimat von Bohemiens, Freaks und Lebenskünstlern. Aber auch das hat ihn zum Mythos gemacht – mit unveränderter Anziehungskraft

TEXT: BARBARA BAUMGARTNER UND MICHAEL DETTO

FOTOS: CHERYL HIMMELSTEIN

So ruhig ist es am Boardwalk von Venice nur ganz selten. Die Strandpromenade ist Laufsteg für Selbstdarsteller und Touristen gleichermaßen

Oben Das Bild hat ein Künstler namens Chase hinterlassen – und auch den für Venice prägenden Satz: Erinnere dich daran, wer du bist.
Unten Als Cheri Pann 1994 ihr Haus kaufte, herrschten innen Langeweile und außen Anarchie. Nach und nach verzierte sie jeden Raum mit bunten Scherben. Nun hat sie's schön chaotisch, während in den Straßen von Venice Ordnung einzog

Philomene Long war die Queen der Boheme. Eine lebhafte irische Schönheit, als junge Nonne aus dem Kloster entflohen, um unter die Dichter, Heiligen und Verrückten von Venice zu kommen: in die Gemeinschaft der Beatniks. Die Königin trug Tennisschuhe und schwarze Secondhandkleider zu langem glatten Haar, so spazierte sie den Boardwalk hinunter, alle verliebten sich in sie. „Damals gab es hier eigentlich nur Kriminelle und uns, die Poeten. Jetzt scheint die ganze Welt unter meinem Fenster vorbeizuströmen", sagt Philomene Long, eine zarte und noch immer attraktive Frau. „Venice ist offen für alle Sorten von Menschen, das gefällt mir."

Auf der Strandpromenade vor Longs Haus versammelt sich am Wochenende eine wahrscheinlich größere Vielfalt an Hautfarben, menschlichen Größen, Altersstufen, sexuellen Ausrichtungen, geistigen Verwirrungen und weltanschaulichen Überzeugungen als irgendwo sonst. „80 Sprachen und jede Art zu denken", wie Philomene Long es ausdrückt. Ihre Wohnung liegt in einem 93 Jahre alten Backsteingebäude an der Paloma Avenue, auf dessen Dach Jim Morrison eine Zeit lang übernachtet haben soll. Als Long Ende der 1980er Jahre einzog, waren von den 56 Apartments des „Ellison" gerade sechs legal vermietet. Die anderen dienten als Crackhöhlen, Bordell, für schwarze Messen. Heute sind Longs Nachbarn Künstler und Werbeleute, eine schwedische Architektin, ein Österreicher in der Filmbranche, ein alter Mann, der Barockgedichte ins Fenster hängt.

Das Ellison ist in dieser Hinsicht nur Spiegel der Strandstadt: Ganz Venice hat sich ähnlich verwandelt. Die Siedlung ist sicherer geworden (auch wenn Philomene Long noch immer mit einem Revolver in der Handtasche zu ihren abendlichen Poesie-Workshops geht) und sauberer, inzwischen leben mehr Menschen mit verlässlichen Einkommen hier. Bunt aber ist Venice geblieben; mit Malereien an vielen Hauswänden und Bewohnern, die sich noch stolz „Freaks" nennen. Fragt man nach dem Reiz ihrer Stadt, ist viel von Toleranz und unkonventionellen Lebensformen die Rede, von einem raren Geist der Freiheit. Von Karneval und Zirkus.

Diese Luft hing schon in frühesten Tagen über Venice. Der Tabakunternehmer Abbot Kinney hatte Anfang des letzten Jahrhunderts wertloses Marschland 14 Kilometer südwestlich von Los Angeles erworben, um hier eine kalifornische Version von Venedig zu schaffen. Er ließ Kanäle graben und arkadengesäumte Straßen anlegen – doch das Kulturparadies, das er erträumt hatte, geriet zum Vergnügungspark. Um Besucher und Landkäufer anzulocken, entstanden Achterbahnen auf den Piers, ein gigantisches Riesenrad wurde aufgerichtet, eine der größten Tanzhallen der Küste eröffnet. Die Stadt, seit 1925 ein Teil von Los Angeles, wirkte wie ein Magnet auf kreative Charaktere, Freigeister – und die Größen der kalifornischen Unterwelt.

Als die Beatniks in den 1950er Jahren kamen, die Jazzmusiker und später die Hippies, glänzte Venice schon lange nicht mehr. Die große Depression 20 Jahre zuvor und lausige Politik waren über die Stadt hinweggegangen und hatten sie völlig verwahrlost zurückgelassen. So konnten die Vertreter der Gegenkultur in die Kanalhäuser einziehen, deren Türen künftig immer offen standen. Es gab legendäre Partys in Venice; die Feiernden waren ziemlich intim miteinander bekannt.

Goldene Zeiten, jedenfalls in Matt Frosts Erinnerung. „Man kam ›

Oben Der Imbiss »Big Daddy's« liegt an der Strandpromenade, unter den wenigen noch erhaltenen »venezianischen Arkaden«.

Unten An Halloween verwandeln sich Kinder normalerweise in Monster. In Venice werden manche zu Mexikanern – Süßigkeiten wollen auch sie

California

In einem alten Dodge Chinook fand Magier und Katzenfreund Rod Layson den Geschmack von Freiheit – und einen Standort, für den andere Millionen Dollar zahlen

Wenn er nicht gerade schläft, spielt Brandon Neal gern Schlagzeug. Anwohner dürfen in Venice nicht lärmempfindlich sein: Am Strand treffen sich oft Hunderte zum Trommeln

Eine kalifornische Lagunenstadt wollte der Tabak-Millionär Abbot Kinney erschaffen. Von den Kanälen, die er vor 100 Jahren anlegen ließ, sind sechs erhalten

mit dem VW-Bus an, zog in einen der heruntergekommenen Bungalows, einmal im Monat erschien der Vermieter und kassierte 65 Dollar. Der Nachbarschaftsgeist war unschlagbar!“ Und heute? Frost krault in seinem langen silbrigen Bart, der mit einem tief in die Augen gezogenen Hut sein Gesicht versteckt. Es ist kühler geworden. Das Haus, in dem Frost über 25 Jahre lang wohnte, wurde verkauft – „da konnte ich mir die Miete nicht mehr leisten“. Er hält sich mit dem Reparieren von Harley-Davidson-Motorrädern über Wasser, seine eigene Maschine, Stück für Stück selbst zusammengeschraubt, steht vor einem Wohnwagen. Hier lebt er jetzt, nicht weit von seinem ehemaligen Heim. Das einstöckige Holzhäuschen soll inzwischen über eine Million Dollar wert sein, wegen der Lage nahe am Kanal. Vielleicht hätte Frost doch kaufen sollen, als es noch für 35 000 Dollar zu haben war.

Mittlerweile hat Venice mit 9146 Dollar pro Quadratmeter höhere Preise für Wohnraum als Beverly Hills (7962 Dollar). Winzige Sommerhäuser stehen neben großartigen Villen, Vergangenheit und Zukunft liegen Garten an Garten. Wobei sich das Verhältnis rasant verändert. Fährt man eine beliebige Straße hinunter, wird fast jeder Block schon von einem Millionen-Dollar-Haus dominiert. Reihenweise schießen kühne Konstruktionen aus dem Boden. Die Stadtverwaltung hat diesen Sinneswandel mit Sicherheitsmaßnahmen und Sanierungen befördert. Der Boardwalk wurde 2000 erneuert, schon vorher restaurierte man die sechs verbliebenen Kanäle – und auch die Hauptstraße von Venice, der Abbot Kinney Boulevard, sieht nun wie eine richtige Flaniermeile aus.

Was wohl der Barbier dazu sagen würde, der kürzlich für eine Boutique Platz machte? Man kann am Abbot Kinney französische Betten aus dem 19. Jahrhundert kaufen oder Büromöbel aus den 1950er Jahren, es gibt Galerien, Fotoateliers, ausgezeichnete Restaurants und eine schicke Weinbar. Während man früher in das Sushi-Lokal einfach hineinspazieren konnte, wartet man jetzt manchmal anderthalb Stunden auf einen Tisch. Der Boulevard hat seinen kleinstädtischen Charakter abgelegt. Hübsch das Ganze – aber wo führt es hin? Soll Venice etwa wie Santa Monica werden?

Der „Venice Free Beachhead“, kämpferisches Lokalblatt seit 1968, warnt angesichts der „Flut von Bauprojekten“ davor. Doch die früher verwilderten Gärten an den Kanälen werden längst von Profis getrimmt. Mittlerweile gelten die Anwesen als Adresse, die „der Welt entgegenschreit, dass man es geschafft hat“, wie ein Immobilienmakler formulierte. Auch die Nachbarn von Maryjane Kwan sind nicht mehr vom alten Schlag. „Damals widmete einer viele Jahre lang all seine Zeit nur der Aufzucht und Ernährung von Tag- und Nachtfaltern.“

Kwan hat mit über 60 Jahren noch lange blonde Haare, die sie in Momenten der Missbilligung schüttelt. Sie ist Schauspielerin, hat den Vornamen zu ihrem Künstlernamen erkoren und gehört zum regen Kreis lokaler Aktivisten, der sich unermüdlich für den Erhalt der Kanäle engagiert. Nach Venice kam sie Mitte der 1960er Jahre, im Vergleich ›

Oben Jeffrey Harris wohnt seit 25 Jahren in Venice und lebt davon, Hunde zu massieren.
Unten Ein altes Foto dient dem Künstler David Legaspi als Vorlage für seine Mauerkunst. Die visuelle Zeitreise führt ins Jahr 1913, als noch Gondeln auf den gerade angelegten Kanälen verkehrten

Oben Hätte Matt Frost sein Häuschen doch für 35 000 Dollar gekauft, als er vor 25 Jahren einzog. Inzwischen soll der einstöckige Bungalow beim Carroll Kanal angeblich eine Million wert sein – und Frost musste ausziehen. **Unten** Sunya Currie gehört zu den Ladeninhabern, die sich noch am Abbot Kinney Boulevard halten können. Ihr Trumpf: Juwelen

findet sie die Gegenwart enttäuschend. Und was die Zukunft betrifft – Maryjane Kwan erwartet das Schlimmste, und das nicht nur für Venice. Ihre apokalyptischen Visionen, die sie mit bezauberndem Lächeln darlegt, verschonen keine Ecke der Welt. Unaufhaltsam greifen Gier und Gewalt um sich. „Das ist in Europa ganz genauso, glauben Sie mir." Vielleicht schmerzt es aber hier mehr. Schließlich ist Venice, wie die Künstlerin erklärt, „ein heiliger Ort".

„Ein magischer Ort", sagt Larry Parker, Chef des Imbisses „Big Daddy's". Viele Leute in Venice reden wie Kwan und Parker, sie finden ihre „Bestimmung", sind am „Ziel der Reise" oder „kommen von der Stadt nicht mehr los". Im Fall von Parker „half Venice bei allen wichtigen Veränderungen im Leben". Er ist ein schwergewichtiger Mann mit Vollbart und trägt seine Sonnenbrille auch in der Küche, wo er gerade eine Basilikum-Gorgonzola-Lasagne für die acht Studenten aus Korea, China und der Türkei zubereitet, die er zur Untermiete einquartiert hat. Parker wohnte lange in Beverly Hills, aber seine ersten Liebesgeschichten erlebte er in Venice, und hier am Ocean Front Walk mietete er sich auch vorübergehend ein Zimmer, als ihn der Schmerz einer Scheidung zerfraß. Der Blick auf den unendlichen energiegeladenen Ozean „heilte" ihn. Endgültig zog Parker nach Venice, als er das „Larry Parker's Beverly Hills Diner" aufgab. Das Restaurant war 24 Stunden am Tag geöffnet und zählte Sharon Stone und John Travolta zu den Gästen, aber irgendwann wurde die Sehnsucht seines Besitzers nach dem Ozean zu groß.

Seitdem sind viele „glückliche Geschäftsjahre voller wunderbarer Sonnenuntergänge und verrückter Menschen" vergangen. Big Daddy's hat einen Eckplatz am Boardwalk, unter den von Abbot Kinney verordneten Arkaden, keine fünf Minuten vom Muscle Beach, wo Arnold Schwarzenegger einst seinen Bizeps aufbaute. Hier strömen sie alle vorbei: die Touristen und die Muskelmänner, die indischen Mystiker, die guatemaltekischen Musikanten, chinesische Masseure, Gewichtheber aus Nevada, Spiritisten, Stand-up-Comedians, Prediger und Sexologen.

Der Boardwalk werde Venice bewahren, sagen viele, die Meile der Freaks sei der sicherste Damm gegen den breiten, flachen Mainstream. Denn die Freaks werden nicht verschwinden – die Touristen kommen ihretwegen und machen die Strandpromenade von Venice zu einer Attraktion. So kann es Venice schaffen, viele Dinge gleichzeitig zu sein: Massenvergnügen und Refugium für Künstler, schicker Strandvorort und tolerante multikulturelle Gemeinde, Geld muss den *spirit* nicht vertreiben.

Eine Ahnung von der Beharrkraft des besonderen Geistes vermittelte der Trommel-Konflikt. Seit vielen Jahrzehnten trifft sich samstags und sonntags der *drum circle* am Strand: Hunderte Menschen, die gemeinsam von zwei Uhr nachmittags bis zum Sonnenuntergang auf Bongos, mit Sand gefüllten Eimern oder Autoteilen trommeln. Vor ein paar Jahren beschwerten sich zugezogene Bewohner über den Lärm. Im Nu hatten die Trommler 10 000 solidarische Unterschriften zusammen und durften weiterhin allwöchentlich ihren „harmonischen Sound roher Ur-Energie" erschaffen, eingehüllt von einer Wolke aus Räucherstäbchen, frischem Salbei und – unverkennbar – Marihuana. Nein, so schnell wird Venice nicht Santa Monica werden. ▎

Seit sieben Jahren lebt Fotografin **Cheryl Himmelstein**, 39, in Venice, vor vier Jahren begann sie, auch direkt vor ihrer Haustür zu fotografieren. **Barbara Baumgartner**, 35, und Venice-Kenner **Michael Detto**, 52, haben gemeinsam den Text verfasst.

Koffer, Reisetasche und ein Sack Flöhe: Reisen mit Kindern.

Ene Mene Muh: Die besten Mittelmeer-Hotels. **Cowboy und Indianer:** Fernreisen mit Kindern. **Knobeln:** Familienurlaub reibungslos planen. **Kissenschlacht:** Cluburlaub, aber richtig. **Puzzeln:** Veranstalter, die sich viel für Familien einfallen lassen. **Tauziehen:** Urlaub mit Teenagern.

Kolle Rebbe

Mit Extraheft: Die besten Spiele für die Urlaubsfahrt.

www.geosaison.de

Lust auf Reisen. Mit GEO

In 20 Ausgaben um die

www.geo.de

Welt. Mit GEO Special.

Jetzt im ausgesuchten Buch- und Zeitschriftenhandel. Falls Sie eines dieser Hefte verpasst haben, bieten sich jetzt folgende Möglichkeiten: Sie können zum Zeitschriftenhändler Ihres Vertrauens gehen und danach fragen. Sie können sich direkt an GEO wenden – Tel. 01805 / 86 18 003* oder Fax 01805 / 86 18 002*. Sie können im Internet unter www.geo-webshop.de nachschauen. Oder Sie können sich auf das neue Heft freuen. Und wenn das alles immer noch nicht zum Ziel Ihrer Träume führt, dann können Sie auch hinfahren.

*(12 Cent/Min.)

GEO Special

Die Welt entdecken mit GEO

AMERIKAS SCHÖNSTE FUNDGRUBE

Suchen Sie einen Ort, an dem Sie morgens durch Wildnis wandern, mittags in Sichtweite zu Weltstars lunchen und sich nachmittags in Wellen stürzen können? Wenn ja, merken Sie sich das Motto Kaliforniens: »Eureka!«, ich hab's gefunden!

Auskunft

Fremdenverkehrsamt Kalifornien, Touristikdienst Truber, Schwarzwaldstr. 13, 63811 Stockstadt, Tel. 06027/40 11 08. Gegen Überweisung von 7 € (oder Einsendung in Briefmarken) erhalten Sie allgemeine Broschüren in englischer Sprache, Landkarten und Informationen zu einzelnen Städten. Informativer ist aber die Website **www.visitcalifornia.com**. Hier finden Sie Beschreibungen der Regionen und auch einen Weinführer in deutscher Sprache, können Veranstaltungstipps abrufen, Links zu Attraktionen nutzen und Hotels buchen.

VOR ORT: Das **Visitor Center** oder die **Chamber of Commerce** einer Stadt halten Karten, Hotelverzeichnisse, Tipps für Wanderungen und andere Informationen bereit. Zudem finden Sie an Autobahnen und in Großstädten **California Welcome Center** (www.visitcwc.com), große Info-Büros mit umfassendem Angebot.

Reisezeit

Kalifornien hat immer Saison – aber nicht immer überall. Im Sommer lässt es sich in der **Sierra Nevada** und im **Norden Kaliforniens** gut reisen. Im Winter ist es dort oft regnerisch, und in den Bergen fällt reichlich Schnee: Die Pistenreviere um den Lake Tahoe bieten Skifahrern von Anfang Dezember bis Ende April gute Bedingungen. Winter und Frühjahr sind in den **Wüsten des Südens** am schönsten.

Auch dem berüchtigten **Küstennebel** können Sie durch geschickte Planung entgehen: Wenn sich im Frühsommer das Binnenland aufheizt, formen sich Nebelbänke über den kalten Meeresströmungen vor der Küste. Im Juni legt sich der Nebel über die Strände von San Diego und Los Angeles, im Juli und August zieht er von Big Sur über San Francisco nach Nordkalifornien.

Beste Reisezeiten für eine Rundfahrt sind Frühjahr und Herbst. Zwischen Memorial Day (Ende Mai) und Labor Day (Anfang September) herrscht **Hochsaison**. Meiden Sie, wenn möglich, diese Feiertage und das Wochenende des Fourth of July (Nationalfeiertag). Dann haben die Amerikaner Ferien und füllen Hotels, Nationalparks und Campingplätze.

Einreise

Für Urlauber und Geschäftsreisende (aus Deutschland, Österreich und der Schweiz), die nicht

länger als 90 Tage bleiben wollen, genügt der **Reisepass** zur Einreise in die USA. Ein Visum ist nicht nötig. Der Pass muss ein digitales Bild enthalten und maschinenlesbar sein.
Vor Abflug müssen Sie der Fluggesellschaft Ihre erste Adresse in den USA (oder die Anschrift des Auto- oder Wohnmobilvermieters) sowie das Land Ihres Hauptwohnsitzes mitteilen. **Formulare** hierfür liegen an den Flughäfen aus oder sind vorab unter **www.drv.de** aus dem Internet zu laden.
Von allen Reisenden wird bei Einreise ein Scan der Zeigefinger und ein digitales Porträtfoto gefertigt. Das Prozedere dauert nicht länger als die frühere Grenzkontrolle.

Anreise

Ab Frankfurt/Main und München bietet United Airlines in Kooperation mit Lufthansa **Nonstop-Flüge** nach San Francisco und Los Angeles an. Flugdauer: ca. elf Stunden. Die Preise liegen je nach Saison bei 550–1100 €. Preisgünstiger sind manchmal Charterflüge, etwa mit LTU (nach Los Angeles) oder Condor (nach Las Vegas).

Reiseplanung

Der wichtigste Rat: Nehmen Sie sich nicht zu viel vor. Kalifornien ist mit rund 424 000 Quadratkilometer Fläche größer als Deutschland und misst von Nord nach Süd rund 1500 Kilometer. Im Durchschnitt sollten Sie nicht mehr als 200 Kilometer pro Tag fahren, noch weniger, wenn Sie mit Kindern reisen oder längere Wanderungen und andere Aktivitäten vorhaben. Buchen Sie Ihr Fahrzeug auf jeden Fall von Europa aus, denn dann sind Steuern und die vor Ort horrend teuren Versicherungen bereits inklusive. Bei Wohnmobilen von Vermietern wie El Monte oder Cruise America bieten Reisebüros oft sehr günstige Sondertarife, die in Kalifornien nicht erhältlich sind. Zumindest für die erste Nacht sollten Sie auch Ihr Hotel vorbuchen. In der Hochsaison empfiehlt es sich, die Unterkünfte für die weitere Route zu sichern.

Ansonsten können Sie durchaus ein bis zwei Tage vorab telefonisch reservieren oder einfach ins Blaue fahren und am Ende einer Tagesetappe eine Bleibe finden.

Veranstalter

Bei den großen Reiseveranstaltern wie **FTI**, **Dertour** oder **TUI** sind vor allem Flüge, Busrundfahrten, Hotels, Mietwagen und Wohnmobile zu buchen. Nordamerika-Spezialisten wie **Canusa Touristik** (Tel. 0180/530 41 31, www.canusa.de) arbeiten auch individuelle Angebote für Mietwagen- oder Camperrundfahrten aus. Studienreisen in den Westen Amerikas inklusive Kalifornien bieten **Gebeco** (Tel. 0431/544 60, www.gebeco.de), **Studiosus** (Tel. 00800/24 02 24 02, www.studiosus.de) und **Ikarus Tours** (Tel. 0800/463 64 52, www.ikarus-tours.de) an.
Interessant für unter 21-Jährige, die noch keinen Mietwagen buchen können, sind Kleingruppen-Rundfahrten mit Van und Zelt, die **Suntrek Tours** organisiert (Tel. 08024/47 44 90, www.suntrek.de). Wer ganz individuell der großen Freiheit auf der Spur sein will, der kann bei **Argus Reisen** (Tel. 05594/804 94 90, www.argus-reisen.de) einen Ranchurlaub buchen.
Auch Menschen mit Handicap müssen auf eine Reise nicht verzichten: Kalifornien ist führend, was behindertengerechte Einrichtungen betrifft. Bei **RFB-Touristik** (Tel. 02166/618 90 20, www.rfb-touristik.de) können Sie umgebaute Wohnmobile für eine Tour finden.

Günstig reisen

HOTELS 1: In den folgenden Regionalkapiteln nennen wir stets die „Rack Rate", den offiziellen Zimmerpreis eines Hotels. Doch den bezahlt kaum jemand. Auf der Website des jeweiligen Hotels oder bei einem Anruf lässt sich fast immer eine „Special Rate" ausfindig machen, etwa für Autoclub-Mitglieder oder für Senioren. Es lohnt sich auch, die Preise vorab bei Online-Reservierungsagenturen wie **www.hrs.com**, **www.hotel.de** oder **www.travelchannel.de** zu checken.
HOTELS 2: Fast alle großen Hotelketten haben preiswerte Ableger gegründet, etwa Holiday Inn Express, Fairfield Residences (Marriott) oder Hampton Inn (Hilton). Allesamt blitzblanke Neubauten mit standardisierter Einrichtung und Preisen zwischen 80 $ und 130 $. Noch günstiger (30–80 $) sind Billigketten wie Super 8, Motel 6, Econo Lodge oder Red Roof Inn.
DISCOUNT: Mitglieder des ADAC (bzw. ÖAMTC und TCS) können sich vorab von ihrem

Der Grafiker Jim Phillips mit einer Wagenladung Arbeitsmaterial. Er vollbringt Kunststücke mit dem Surfboard – in seinem Atelier

LITERATUR AUS KALIFORNIEN

T. C. Boyle: América, Gruner + Jahr, Hamburg 2005, Brigitte-Edition Bd. 3, 10 €. Eine spannende Satire über den Zusammenstoß eines mexikanischen Ehepaares mit der weißen, liberalen Mittelklasse in Südkalifornien.

Mike Davis: City of Quartz, Assoziation A, Berlin, Neuaufl. Frühjahr 2006, 23 €. Mike Davis ist das Gedächtnis von Los Angeles und sein Buch eine brillante Analyse, die den dunklen Aspekten des Lebens in Los Angeles nicht ausweicht.

John Fante: Warten auf Wunder, Goldmann, München, Neuaufl. 2006, 7,95 €. „Dreams from Bunker Hill", so der Originaltitel, beschreibt ein Bunker Hill, das es in Downtown Los Angeles nicht mehr gibt.

Andrew Sean Greer: Die erstaunliche Geschichte des Max Tivoli, S. Fischer, Frankfurt 2005, 19,90 €. Max Tivoli, der als Kind aussieht wie ein Greis, wird mit zunehmendem Alter immer jünger. Eine ungewöhnliche Liebesgeschichte aus San Francisco zur Zeit des großen Erdbebens.

Steve Martin: Sehr erfreut, meine Bekanntschaft zu machen, Manhattan Verlag, München 2004, 17,90 €. Steve Martin, der entfesselte Komiker aus vielen Hollywood-Filmen, verbindet Melancholie mit trockenem Witz und demonstriert sein literarisches Talent mit dieser Geschichte aus Santa Monica.

Nina Marie Martínez: ¡Caramba!, Anchor Books, New York 2005, ca. 13,50 €. Wer Englisch und Spanisch kann, lernt hier Spanglish in all seinen Schattierungen kennen, das wichtigste Werkzeug, um sich in Kalifornien durchzuschlagen.

Cris Mazza: Growing Up Californian, City Lights Books, San Francisco 2003, ca. 14,25 €. Cris Mazza kennt viele Geschichten aus den 1960er und 1970er Jahren, in denen sie in Kalifornien aufwuchs. Eine autobiografische Erkundung ihrer Generation, stilsicher und mit einem unsentimentalen Blick für den Zauber der Vergangenheit geschrieben.

Walter Mosley: Teufel in Blau, Goldmann, München 2000, vergriffen. Walter Mosley hat mit Easy Rawlins eine der bleibenden Detektiv-Figuren geschaffen. Dieser Roman, der mit Denzel Washington verfilmt wurde, spielt im Los Angeles der 1940er Jahre; die weiteren Bände führen bis in die 1970er. Vorsicht, Suchtgefahr!

REISEFÜHRER

J. D. Dickey et al.: Kalifornien mit Grand Canyon und Las Vegas, Stefan Loose Travel Handbücher, 8. Aufl. 2005, 24,95 €. Umfassende Informationen für Individualreisende auf über 700 Seiten. Der Führer basiert auf der englischsprachigen Originalausgabe **California** aus dem Verlag Rough Guides, ebenfalls 2005 erschienen.

Vis-à-Vis Kalifornien, Dorling Kindersley, 2. Aufl. 2005, 25,90 €. Ein opulent bebilderter Führer.

WEBSITES

www.ca.gov Offizielle Website des Bundesstaates. Viele auch für Reisende interessante Links

www.schwarzenegger.com Alles über den „Gouvernator". Nicht mehr ganz aktuell ist die deutschsprachige Website **www.schwarzenegger.com/de**

www.cabbi.com Bed & Breakfast in ganz Kalifornien

www.officialcitysites.org/california.htm Führt zu den Websites aller Städte und Orte in Kalifornien

www.californiahistoricalsociety.org Online-Ausstellung zu 300 Jahren kalifornischer Geschichte

Club die Bonuskarte „Show Your Card & Save" zusenden lassen. Sie verhilft zu Preisvergünstigungen bei vielen Motels und Attraktionen.

Geld & Reisekasse

Der US-Dollar ist im Vergleich zum Euro in den letzten Jahren deutlich gesunken; Wechselkurs im Januar 2006: 1 US$ = 0,84 €. Gleichzeitig sind jedoch die Preise gestiegen, sodass das Preisniveau nur geringfügig unter dem in Deutschland liegt.
Für die Reisekasse bringen Sie am besten etwas Bargeld in US-Dollar mit, Travellerschecks in US-Dollar, eine Kreditkarte und die EC-Karte, mit der Sie an den meisten Bankautomaten Bargeld ziehen können.

Telefon & Internet

Mobiltelefone heißen in Amerika „cell", „wireless" oder „mobile phones". Ihr deutsches Handy wird funktionieren, wenn es auf Mehrbandbetrieb ausgelegt ist. Je nach Netzbetreiber kostet die Roaming-Minute in den USA allerdings 1–2 €. Billiger kommt es, das eigene Handy als „Pay As You Go Phone" in einem amerikanischen Netz zu aktivieren: Holen Sie sich bei dem in ganz Kalifornien verbreiteten Anbieter Cingular (www.cingular.com) kostenlos eine örtliche SIM-Karte und laden Sie diese mit mindestens 15 $ auf. Gespräche kosten dann 25 Cent je ein- und abgehende Minute, nach Deutschland 39 Cent. Alternative: Mit einer „Prepaid Phone Card", erhältlich in den meisten Tankstellen und Supermärkten, können Sie sehr günstig (5–10 Cent pro Minute) von **öffentlichen Telefonen** oder vom Hotel aus telefonieren. Wenn Sie unterwegs **E-Mails** checken oder im Internet surfen wollen: Viele Hotels bieten kostenlosen WiFi-Empfang oder haben Gäste-Computer in der Lobby aufgestellt. Außerdem können Sie in vielen Cafés die öffentlichen Internet-Terminals nutzen. Camper mit Laptop freuen sich über WLAN-Hotspots in zahlreichen State Parks.

Öffnungszeiten & Preise

Kernöffnungszeit für Attraktionen und Museen ist 10–17 Uhr. Museen sind oft montags geschlossen, dafür donnerstags oder freitags bis 21 Uhr geöffnet; rechnen Sie mit Eintrittspreisen von 6–10 $. Die großen Themenparks halten ihre Tore in der Hochsaison oft bis Mitternacht offen und kosten meist um 50 $. Für Attraktionen wie San Diego Zoo oder Monterey Bay Aquarium zahlen Sie 15–35 $.

Notfall/Gesundheit

Über die gebührenfreie **Notrufnummer 911** werden Sie jederzeit mit Notarzt, Feuerwehr und Polizei verbunden. Bei kleineren Verletzungen oder Erkrankungen können Sie auch den „Emergency Room" des nächsten Krankenhauses aufsuchen. So oder so wird jede medizinische Behandlung teuer werden – schließen Sie also unbedingt eine **Auslandskrankenversicherung** ab. Günstige Jahrespolicen für Reisen bis zu 45 Tagen Dauer sind bereits ab 10 € zu haben.

Gut zu wissen

VORWAHL: Für Telefongespräche von Europa in die USA wählen Sie „001", dann die Ortsvorwahl und die Nummer des Teilnehmers.
ZEITUNTERSCHIED: MEZ minus neun Stunden. Die Pacific Standard Time gilt auch in Las Vegas.
STROMSPANNUNG: 110 Volt: Föhn und Rasierer müssen umschaltbar sein. Bringen Sie einen Zwischenstecker mit, der auch für die auf Mehrfachspannung ausgelegten Ladegeräte von Digitalkameras nötig ist.
FÜHRERSCHEIN: Für die Automiete – und bei Polizeikontrollen – genügt die nationale Fahrerlaubnis. Der internationale Führerschein ist nicht nötig.
TRINKGELD: Im Restaurant, Taxi oder beim Friseur sind rund 15 Prozent der Rechnungssumme üblich. Der Kofferträger bekommt 1 $ je Gepäckstück.
VERKAUFSSTEUER: Preisschilder und Speisekarten zeigen immer nur die Nettopreise an. Erst beim Bezahlen wird die „Sales Tax" von 7,25 Prozent dazugerechnet. Einzelne Städte erheben Zusatzsteuern bis zu 1,25 Prozent und Hotelsteuern bis 14 Prozent.
ALKOHOL: Gibt es erst ab 21 Jahren. In Bars und selbst beim Kauf von Bier im Supermarkt ist ein „ID Check" üblich. Nehmen Sie also immer den Pass mit, auch als jung gebliebener 30-Jähriger.
RAUCHEN: In allen Flughäfen und öffentlichen Gebäuden, Restaurants und sogar in Bars ist Rauchen strikt verboten – teilweise sogar im Umkreis von fünf Metern vor den Eingangstüren, damit kein Qualm ins Gebäude zieht.

WAS KOSTET WAS?

1 Liter Benzin (2,50 $/Gallone)	0,55 €
1 Caffelatte	2,80–4 $
1 Bier in der Bar	3–5 $
1 Hamburger (Big Mac)	3,20 $
Steak mit Salat und Gemüse	5–30 $
1 Schachtel Zigaretten	4–6 $
Surfboard-Miete pro Tag (Huntington Beach)	30 $

Kein Dach über dem Kopf und glücklich: Cabriofahrerin in Palm Springs

Jetzt im Handel

150

Wo ist die Grenze für unser Alter?

Wissenschaftler enträtseln die Endlichkeit des Lebens. Warum eigentlich altern wir überhaupt? Warum gibt es Tiere, die soviel länger leben als der Mensch? Und gibt es das Uralt-Werden bald per Pille? Die Antworten: in GEO.

Kolle Rebbe

www.geo.de

GEO. Die Welt mit anderen Augen sehen

GRAND PRIX FÜR GENUSSFAHRER

Premiere für den Großen Preis von Kalifornien: den Highway 1 entlang, durch Hollywood hindurch, vorbei an Wüsten und Mammutbäumen zur Golden Gate Bridge. Zur Sicherheit haben wir die Ideallinie für Sie aufgezeichnet. Sie müssen nur die Spur halten

Wenn Sie zur Mittagszeit in Santa Monica andere Sportler in den Schatten stellen wollen – viel Glück

Die Reise führt von San Francisco über Los Angeles nach Las Vegas, durchs Death Valley, den Yosemite-Nationalpark und zurück zum Ausgangsort. Planen Sie etwa 14 Tage für die rund 2600 Kilometer lange Rundfahrt ein. Etwas mehr, wenn Sie länger als nur je einen Tag in L.A. oder Las Vegas bleiben oder in der Sierra Nevada wandern möchten. Falls Sie weniger Zeit zur Verfügung haben, lässt sich die Route auch verkürzen: indem Sie etwa von San Francisco aus nur bis Las Vegas fahren (8 Tage) oder in Las Vegas starten und über San Francisco nach Los Angeles reisen (10–12 Tage). Es ist meist ohne Aufpreis möglich, einen so genannten Gabelflug (bei dem Sie von einem anderen Ort zurückfliegen, als Sie angekommen sind) zu buchen oder das Mietauto in einer anderen Dependance abzugeben.

Tipp: In San Francisco brauchen Sie kein Fahrzeug, Parkgebühren sind mehr als teuer. Die meisten Autoverleiher haben Stationen in Downtown, wo Sie Ihren Wagen abholen können, und Wohnmobil-Vermieter kommen ohnehin zu Ihrem Hotel.

DIE KÜSTE

Zum Auftakt ein oder zwei Tage in **San Francisco** (Tipps für Stadtbesichtigungen auf Seite 136). Dann geht's los nach Süden.

Im Winterhalbjahr, wenn der Himmel im Westen klar ist, sollten Sie die Stadt auf dem **Highway 1** verlassen, der entlang der Küste Richtung Santa Cruz verläuft. Er führt Sie nach **Maverick's**, dem legendären Surfplatz bei Half Moon Bay (siehe Seite 44). Die Zufahrt ist beim Pillar Point Harbor, wo Sie in der **Half Moon Bay Brewing Company** (390 Capistrano Ave.), einem Treff der Surferszene, eine Pause einlegen können. Einen Vorgeschmack auf die großen Wellen liefert die Surf-Cam unter **www.mavsurfer.com**.

Falls aber der typische Sommernebel vom Pazifik hereintreibt, bleiben Sie für die erste Etappe besser im Binnenland und fahren auf dem **Highway 101** durch das **Silicon Valley** südwärts. Einen Blick in die Computerwelt erlaubt das **Intel Museum** in Santa Clara (Ausfahrt Montague Expressway, 2200 Mission College Blvd., So geschlossen), in dem die Erfolgsgeschichte des Chip-Herstellers erzählt wird. Auch bei **Fry's** direkt an der I-880/SR 17 (Campbell, 600 E. Hamilton Ave.) lohnt ein Stopp: Im größten Elektronikladen, den Sie vermutlich je sehen werden, kaufen Tüftler und Computer-Nerds neue Bauteile.

ADRESSEN AN DER KÜSTE

INFORMATION

Monterey Visitor Center, Franklin St./Camino El Estero, Monterey, Tel. 831/649-1770, www.montereyinfo.org

Big Sur Chamber of Commerce, Big Sur, Tel. 831/667-2100, www.bigsurcalifornia.org

Santa Barbara Visitors Center, 1 Garden St., Santa Barbara, Tel. 805/965-3021, www.santabarbaraca.com

UNTERKÜNFTE

Moss Landing: **Captain's Inn B&B**, Tel. 831/633-5550, www.captainsinn.com, DZ 110–265 $
Mit viel Elan hat Melanie Gideon ihr 100 Jahre altes Haus renoviert und im Stil der Zeit möbliert. In den Zimmern des Neubaus hingegen, direkt am Wasser, schlafen Sie in Betten, die aus Booten gebaut wurden. Captain Yohn, Melanies Mann, führt Touren ins nahe Feuchtbiotop des Elkhorn Slough.

Marina: **Holiday Inn Express Marina**, 189 Seaside Circle, Tel. 831-884-2500, holiday-inn-marina.hotels-ca.com, DZ 99–195 $
Modernes Kettenhotel wenige Minuten nördlich von Monterey. Ideal für ein Dinner ist das nahe Lokal **Dishes** (330 Reservation Rd.), in dem das brasilianisch-österreichische Ehepaar Vadas wunderbare mediterrane Gerichte serviert.

Big Sur: **Deetjen's Big Sur Inn**, 48865 Hwy. 1, Tel. 831/667-2377, www.deetjens.com, DZ 75–195 $
Nostalgisch und urgemütlich ist das kleine Blockhütten-Resort, das um 1930 von einem Norweger in einem Redwood-Hain gebaut wurde. Gutes Restaurant; Wandermöglichkeiten ringsum. Unbedingt mehrere Monate vorab reservieren, vor allem für Wochenenden und Feiertage.

Big Sur: **Tree Bones Resort**, 71895 Hwy. 1, Tel. 877/424-4787, www.treebonesresort.com, 129–149 $ für 2-Personen-Jurte inkl. Frühstück
Luxus inmitten der Natur: Sie schlafen in komfortablen Jurten (oder im eigenen Zelt) hoch auf einem Kap im Süden von Big Sur.

Cambria: **Fogcatcher Inn**, 6400 Moonstone Beach Drive, Tel. 805/927-1400, www.fogcatcherinn.com, DZ ab 119 $
Hübsch umgrüntes Motel mit Suite-Zimmern in einer Seitenstraße an der Küste. Pool, Frühstück inklusive.

Santa Barbara: **Brisas Del Mar, Inn at the Beach**, 223 Castillo St., Tel. 805/966-2219, www.sbhotels.com, DZ 140–200 $
Elegantes Motel im Stil einer spanischen Villa mit 31 Zimmern. Ruhig gelegen in einer Seitenstraße nahe dem Strand.

Runde Sache: Im Tree Bones Resort wohnen die Gäste in einer Jurte mit Tischtennisplatte

Weiter auf der SR 17 – mit einem Schlenker über die Mt. Hermon Road nach Felton zum **Henry Cowell Redwood State Park**. Hier führt ein halbstündiger Pfad durch einen der letzten alten Redwood-Haine der Südküste mit 80 Meter hohen Giganten. In **Santa Cruz** dann, einem Surfer- und Studentenstädtchen am Nordrand der weiten Monterey Bay, sollten Sie den **West Cliff Drive** entlangfahren – vorbei an Villen und einem kleinen Leuchtturm, in dem ein **Surfing Museum** (Do–Mo 12–16 Uhr) untergebracht ist. Motorrad-Fans besuchen die **Santa Cruz Harley-Davidson Dealership** (1148 Soquel Ave.) im Süden der Stadt mit einer Ausstellung polierter Oldtimer-Bikes. Lunch-Tipp: das ceylonesisch-vegetarische Buffet-Lokal **Asian Rose** nebenan (1116 Soquel Ave.) – sehr gut und günstig.

Monterey-Halbinsel

Obststände und große Gemüsefarmen begleiten den Highway 1 nach Süden. Von der einst gewinnbringenden Fischerei blieb nur noch ein Hafen an der Monterey Bay übrig: **Moss Landing**, leicht zu finden neben einem riesigen Kraftwerk. Dicht an dicht dümpeln hier rostende Kutter im Hafenbecken. So ähnlich mag die „Straße der Ölsardinen", von der John Steinbeck schrieb, einst ausgesehen haben.

Die historische **Cannery Row** liegt eine halbe Fahrstunde weiter südlich in **Monterey** und ist heute eine Touristenmeile mit Lokalen, Shops und Attraktionen wie dem sehenswerten **Monterey Bay Aquarium**. Während der spanischen Kolonialzeit war Monterey die Hauptstadt von „Alta California"; der auf den Gehsteigen markierte **Path of History** führt zu oft von mächtigen Zypressen flankierten Adobehäusern und anderen historischen Stätten in der Altstadt. Nicht entgehen lassen sollten Sie sich eine Fahrt auf dem Ocean View Boulevard durch **Pacific Grove** zum Point Pinos und dem **Asilomar State Beach**. Der hier beginnende **17-Mile-Drive** entlang der Küste ist zu Recht viel gerühmt, doch mit 8 $ Straßengebühr überteuert.

Das charmante Künstlerstädtchen **Carmel** verdient jedoch einen Stopp. Laufen Sie die geschwungene Strandbucht entlang, bummeln Sie auf der Hauptstraße Ocean Avenue und gönnen Sie sich anschließend eine Rast bei Pizza oder Ahi-Tuna-Salat im Garten von **The Forge in the Forest** (Junipero St./Ecke 5th St.).

Steilküste

Tanken Sie vor der Weiterfahrt auf, denn südlich von Carmel beginnt der knapp 150 Kilometer lange, fast menschenleere Küstenabschnitt von **Big Sur**. Dies ist der spektakulärste und berühmteste Teil des Highway 1. Die Straße verläuft hier oft mehrere hundert Meter über dem Pazifik, windet sich in bewaldete Canyons und führt zu Stränden hinab.

Erster Halt: **Point Lobos**, ein kleines State Reserve mit zerklüfteten Buchten, in denen Seeotter spielen. Hier wie auch in den **Garrapata** und **Andrew Molera State Parks**, die Sie auf der Weiterfahrt passieren, gibt es immer wieder Aussichtspunkte, an denen Pfade ins Hinterland beginnen. Unbedingt mal nutzen. Tipp: Im Tal des Big Sur River kann man im Sommer oft in der Sonne wandern, während an der Küste Nebel die Sicht raubt.

Die schönste Terrasse für einen Drink mit Blick über die Steilküste hat ohne Zweifel **Nepenthe** (Hwy. 1, Mile 44). Anschließend können Sie in der chaotischen **Henry Miller Memorial Library** dem umstrittenen Schriftsteller Ihre Aufwartung machen. Der Direktor der gemeinnützigen Institution, der Schwede Magnus Torén, organisiert im Sommer Theater- und Filmaufführungen (www.henrymiller.org).

Nach jeder Kurve der Küstenstraße warten neue atemraubende Ausblicke. Dazwischen kleine Parks wie der **Julia Pfeiffer Burns State Park** (Mile 36), in dem ein Wasserfall auf den Strand stürzt. Weiter südlich, wo die Küste wieder flacher wird, lagern große Kolonien von See-Elefanten an den Stränden.

Bei **Cambria** sehen Sie in den Bergen die Türme des skurrilen **Hearst Castle**, in dem der Zeitungszar William Randolph Hearst europäische Kunstschätze zusammentrug. Ein Besuch der Sammlungen nimmt etwa einen halben Tag in Anspruch.

Spanisches Erbe

Von Cambria aus können Sie auf der SR 46 einen kurzen Abstecher ins Weinland von **Paso Robles** (siehe Seite 144) unternehmen – von der kühlen Küste ins heiße Binnenland. Auf der US 101 sind Sie von dort aus schnell in **San Luis Obispo**, einer der alten Missionsstädte Kaliforniens. **Pismo Beach** ist eines der typischen Strandstädtchen Kaliforniens, mit einem langen Pier am Ende der von Shops und Lokalen gesäumten Pomeroy Street. Die besten Krebse und Muscheln bringen die Kellner des **Cracked Crab** (751 Price St.) auf den Tisch – ganz buchstäblich, denn Sie bekommen einen Eimer voll mit gedämpften Leckereien auf den Holztisch gekippt.

Südlich von Pismo Beach erstreckt sich eine 6000 Hektar große Dünenlandschaft, die zum Teil als Naturschutzgebiet ausgewiesen ist. An einem Abschnitt aber darf man auch mit dem Auto in den Sandbergen und am Strand herumkurven. Wenn Sie das Ihrem Leihwagen nicht zumuten wollen, können Sie eine Fahrt mit **Pacific Adventure Tours** (Tel. 805/481-9330, 20–35 $) buchen und in einem Hummer-Militärfahrzeug über die Dünen rasen.

Zwei Fahrstunden weiter auf dem Highway 101 ist **Santa Barbara** erreicht, der hübscheste Küstenort Kaliforniens. Falls Sie einen Tag Badepause einlegen wollen – hier sind Sie richtig. Auf jeden Fall sollten Sie die pittoreske, 1786 gegründete **Mission Santa Barbara** besuchen und einen Spaziergang durch die spanisch geprägte Altstadt rund um die **State Street** unternehmen. Für ein Mittag- oder Abendessen empfiehlt sich das weiß möblierte **Café Buenos Aires** (1316 State St.) mit seiner großen Terrasse. Oder Sie fahren hinab zum Strand und setzen sich im legeren **Shoreline Beach Cafe** (801 Shoreline Dr.) in den Sand.

Nach **Los Angeles** bringt Sie der Highway 101 von hier aus in zwei Stunden; Tipps für den Stadtbesuch auf Seite 140.

Richtungweisend: Kompassquallen im Monterey Bay Aquarium

Schwer auszusprechen, aber der Weg dorthin lohnt sich: der Julia Pfeiffer Burns State Park

DIE WÜSTE

Beginnend in Santa Monica am Pazifik, durchquert die Autobahn **I-10** den gesamten Großraum Los Angeles. Schon bei wenig Verkehr fahren Sie gut zwei Stunden durch ein endlos erscheinendes Häusermeer. Erst

Hohes Handicap: Wer kann sich bei der Kulisse von Palm Springs schon auf Bälle konzentrieren?

ADRESSEN IN DER WÜSTE

INFORMATION

Palm Springs Visitors Center, 2901 North Palm Canyon Dr., Palm Springs, Tel. 760/778-8418, www.palm-springs.org

Repräsentanz in Deutschland: **Palm Springs Bureau of Tourism**, c/o BZ.COMM, Robert-Bosch-Str. 28, 63225 Langen, Tel. 06103/833 56 86, www.palm-springs.de

California Welcome Center, 56711 Twentynine Palms Hwy., Yucca Valley, Tel. 760/365-5464

Im Internet: **www.yuccavalley.org** Sehenswürdigkeiten im Tal, **www.nps.gov/moja** Mojave National Preserve

UNTERKÜNFTE

Palm Springs: **Casa Cody Country B&B Inn**, 175 S. Cahuilla Rd., Tel. 760/320-9346, www.casacody.com, DZ 69–159 $
Charmantes Motel im Stil einer spanischen Hacienda, das in den 1920er Jahren von einer Cousine des Westernhelden William „Buffalo Bill" Cody gegründet wurde. Frühstück am Pool inklusive.

Palm Springs: **The Chase**, 200 W. Arenas Rd., Tel. 760/320-8866, www.chasehotelpalmsprings.com, DZ 79–139 $
Nostalgisches Motel aus den 1950er Jahren, kürzlich renoviert und angenehm leger.

Pioneertown: **Pioneertown Motel**, 5040 Curtis Rd., Tel. 760/365-4879, www.pioneertownmotel.com, DZ 55–75 $
In den 1940er Jahren wurde der Ort als Filmset für Hollywood-Western gebaut. Mitten in der Kulissen-Geisterstadt liegt dieses Motel mit rustikal möblierten Zimmern. Pferde berittener Gäste erholen sich auf der Koppel hinterm Haus.

Twentynine Palms: **29 Palms Inn**, 73950 Inn Ave., Tel. 760/367-3505, www.29palmsinn.com, DZ 60–155 $
Historische Adobe-Bungalows und Cabins in einer Palmenoase am Rand des Joshua Tree National Park – schlicht, aber mit viel authentischem Charme. Pool, gutes Restaurant.

Death Valley: **Furnace Creek Inn & Ranch Resort**, Hwy. 190, Tel. 760/786-2345, www.furnacecreekresort.com, DZ Ranch 105–182 $, DZ Inn 250–375 $
Die einzigen Unterkünfte mitten im Death Valley: Die ganzjährig geöffnete Ranch wirkt wie ein großes Motel mit Pool. Furnace Creek Inn, ein historisches Hotel mit Panoramablick und exzellentem Restaurant, beherbergt Gäste nur von Oktober bis Mai.

hinter San Bernardino wird die Bebauung lockerer, kommt die Wüste in Sicht. Zum Beinevertreten lädt kurz hinter Banning das riesige Discount-Zentrum **Cabazon Outlets** (viele Läden mit Sportbekleidung) ein. Auf jeden Fall sollten Sie aber eine Ausfahrt weiter neben dem Casino des Morongo-Reservats bei **Hadley Fruit Orchards** halten und einen „Date Shake" mit süßen kalifornischen Datteln probieren.

Spielplatz der Reichen

Nächster Stopp: **Palm Springs**. Seit gut 70 Jahren ist hier der bevorzugte Zufluchtsort von Hollywoodstars, und auch bei Golfern und der jungen Szene aus L.A. wird die Wüstenoase immer beliebter. Bummeln Sie entlang der Hauptgeschäftsstraße **Palm Canyon Drive** oder schauen Sie sich vom **More Than A Mouthful Cafe** aus (134 E. Tahquitz Canyon Way) das bunte Treiben an. Warum die Cahuilla-Indianer sich vor Jahrtausenden in dieser Gegend ansiedelten, erläutert das **Tahquitz Canyon Visitor Center**, an dem auch geführte Wanderungen in den Canyon beginnen (500 W. Mesquite St., 12,50 $). Ist es Ihnen dafür im Sommer zu heiß, können Sie sich von der **Aerial Tramway** (Hwy. 111, 21,50 $) in die kühlen Höhen des Mount San Jacinto tragen lassen.

Wüstenerlebnisse

Vorbei an Wüstenhängen voller Windrotoren führt der Highway 62 hinauf in die „High Desert", die Hochlandregionen der Mojave-Wüste. Nach Morongo Valley säumen bald schon „Joshua Trees", charakteristische Riesen-Yuccas, die Straße. Trinken Sie im **Water Canyon Coffee Co.** von Yucca Valley (55844 29 Palms Hwy.) noch einen letzten Caffelatte, denn nun ist es bald vorbei mit der Zivilisation. Im Örtchen Joshua Tree zweigt die Park Road in den **Joshua Tree National Park** ab (siehe Seite 134). Nehmen Sie sich Zeit für eine Wanderung im **Hidden Valley** (1,6 km) und für den grandiosen Blick vom **Keys View**.

Über Twentynine Palms geht es nordwärts durch steinige Täler und einen ausgetrockneten Salzsee nach **Amboy** an der alten Route 66. Von dort bringt Sie die Kelbaker Road nach **Kelso**, ins Herz der rund 6000 Quadratkilometer großen **Mojave National Preserve**, der wohl einsamsten Wüstenregion Kaliforniens. Das Besucherzentrum befindet sich im alten Bahnhof von Kelso. Über Cima und die Cima Road erreichen Sie die Autobahn I-15, wo an der Grenze zu Nevada zwei Casinos und das Discount-Shoppingcenter für Nobelmarken **Las Vegas Fashion Outlet** die Rückkehr in die Zivilisation markieren.

50 Kilometer weiter sehen Sie schon die Lichter von **Las Vegas**, die den Weg in die Glitzerwelten der Casinos weisen. Zwei Nächte mit Shows und einen Ruhetag am Pool haben Sie sich hier verdient (Tipps siehe Seite 146).

Danach kommt der heißeste Teil der Reise: die Fahrt ins **Death Valley** (siehe Seite 134). Über US 95, SR 373 und SR 190 sind Sie in vier Stunden da. Planen Sie eine Übernachtung im Nationalpark ein – der Sternenhimmel ist fabelhaft und der Sonnenaufgang am **Zabriskie Point**, bekannt aus dem gleichnamigen Film von Michelangelo Antonioni, ist ein unvergessliches Erlebnis.

DIE BERGE

In langen Serpentinen steigt der Highway 190 an der Westflanke des Death Valley hinauf und führt hinüber ins **Owens Valley**, über dem die mächtige Barriere der Sierra Nevada aufragt. Wenn der Tioga Pass geschlossen ist – je nach Schneelage von November bis etwa Mitte Mai –, müssen Sie nach Süden ausweichen und über Bakersfield zum Yosemite-Nationalpark fahren (Straßenzustandsbericht unter www.dot.ca.gov). In den übrigen Monaten bringt Sie der **Highway 395** nordwärts.

Zu Füßen des 4418 Meter hohen Mount Whitney, Kaliforniens höchstem Gipfel, liegt das Städtchen **Lone Pine**. Es wäre kaum der Rede wert, gäbe es nicht direkt westlich des Ortes eine Art Miniatur-Monument-Valley: die **Alabama Hills**. Die bizarr erodierten Sandsteinfelsen dienten in den Frühtagen von Hollywood oft als Kulissen für Westernfilme, zu erkunden entlang der unbefestigten „Movie Road". Sehen Sie sich vorher im „Movie Room" des Visitor Center (126 S. Main St., www.lonepinechamber.org) an, welcher Star wo gefilmt wurde.

Ein längerer, zwei- bis dreistündiger Abstecher lohnt sich bei schönem Wetter von **Big Pine** aus: auf der SR 168 zum Westgard Pass, wo eine Seitenstraße zum **Ancient Bristlecone Pine**

Stars in der Versenkung: Tuffsteinsäulen im Mono Lake

Toter Punkt: Zabriskie Point im Death Valley

Forest abzweigt. Die hier in einer Mondlandschaft über 3000 Meter Höhe wachsenden Grannenzapfenkiefern erreichen ein Alter von mehr als 4000 Jahren – die ältesten Bäume der Welt. Am Visitor Center (nur im Sommer) starten Lehrpfade.
Immer weiter folgt der Highway 395 den steil aufragenden Gipfeln der Sierra Nevada nach Norden, vorbei am Skigebiet von Mammoth – bis der **Mono Lake** tiefblau in der Ferne funkelt. Der Salzsee ist eines der ältesten Gewässer Amerikas, entstanden vor rund einer Million Jahren. In den letzten 40 Jahren wäre der für Zugvögel wichtige See beinahe Schauplatz einer Öko-Katastrophe geworden, weil das immer durstigere Los Angeles seine Zuflüsse leer saugte. Seit einem Gerichtsbeschluss 1994, der dem See eine jährliche Mindestzufuhr von Wasser garantiert, stieg der Pegel um 2,28 Meter. In der **Tufa Reserve** am Südrand des Sees können Sie bizarre Tuffsteinsäulen noch am besten sehen, die nun langsam wieder versinken. Ein Info-Center befindet sich im Ortszentrum von **Lee Vining** (US 395/Ecke 3rd St., www.monolake.org).

Tempel der Natur

Von Lee Vining führt der Highway 120 stetig hinauf zum 3031 Meter hohen Tioga Pass und dem Osteingang des **Yosemite National Park** (siehe Seite 134). Kurz hinter der Passhöhe breiten sich die im Sommer blumenübersäten **Tuolumne Meadows** aus, sehr zu empfehlen für eine Wanderung und nicht überlaufen. Der berühmteste Teil des Parks aber ist das von eiszeitlichen Gletschern rund 1000 Meter tief ausgehobelte **Yosemite Valley** – dort müssen Sie hin, auch wenn das an einem typischen Sommertag 15 000 andere Besucher wollen. Parken Sie den Wagen nahe dem Visitor Center und unternehmen Sie eine Rundfahrt mit den kostenlosen **Shuttlebussen**. Pfade führen zu sprudelnden Wasserfällen wie dem Vernal Fall und entlang des Merced River. Wenn Zeit bleibt, lohnt eine Fahrt zum Aussichtspunkt **Glacier Point**. Hoffentlich haben Sie vorgebucht und übernachten im Tal. Falls nicht, müssen Sie abends auf dem Highway 120 nach Westen fahren und in Groveland oder in einem der Städtchen rund um Sonora nächtigen.

Gold Country

An der Westflanke der Sierra Nevada fand 1849 der größte Goldrausch aller Zeiten statt. Noch heute erinnern viele der kleinen Städtchen um den **Highway 49** an die wilden Tage. Die stimmungsvollsten Pionierorte sind **Jamestown** mit seiner sehenswerten Main Street und dem ausgezeichneten Dampfbahn-Museum **Railtown 1897** (5th Ave.), das als Museumsdorf erhaltene **Columbia** und das etwas abseits gelegene **Murphys**. Von Murphys sind es auf dem Highway 4 noch 15 Meilen zu den **Calaveras Big Trees**, einem wenig bekannten Hain von Mammutbäumen, durch den ein Lehrpfad führt.
Zurück zum Highway 49: Jackson, Sutter Creek, Amador City – Wildweststädtchen am laufenden Band. Auch **Sacramento** stammt aus der Zeit des Goldrauschs und ist seither die Hauptstadt Kaliforniens. Das heute als Museum erhaltene **Sutters Fort** (2701 L St.) war damals die einzige weiße Siedlung im Hinterland.
Wenn der Sheriff vor dem **California State Capitol** (10th/L Street, www.capitolmuseum.ca.gov) Wache steht, ist Arnold Schwarzenegger in seinem Büro. Meist warten dann schon Fans, um einen Blick auf den Gouverneur zu erhaschen, wenn der das Gebäude wieder verlässt.

Die Weintäler Nordkaliforniens

Zum Ende der Tour bieten sich Ihnen Entspannung und Genuss. Nach einem Stopp für letzte Einkäufe im **Vacaville Outlet Center** an der I-80 (Nut Tree Rd.; mehr als 100 Discountläden) bringt Sie die SR 12 ins **Napa Valley**. Tipp für eine Rundfahrt: Durchqueren Sie auf der SR 221 den Ort Napa, fahren Sie dann auf dem ruhigen Silverado Trail nach Norden bis St. Helena, und nehmen Sie den Highway 29 zurück nach Süden. Am Weg laden Dutzende von Weingütern zur Verkostung. Exzellente Weine keltern zum Beispiel die **Silverado Vineyards** (6121 Silverado Trail), die **Beringer Vineyards** (2000 Main St., St. Helena) mit ihrem rheinländischen Flair und die berühmte **Robert Mondavi Winery** (Hwy. 29, Oakville).
Für den Abschied vom Weinland empfiehlt sich die Stadt **Sonoma**, etwa 15 Meilen westlich von Napa gelegen, wegen ihrer charmanten, teils aus spanischer Zeit stammenden Plaza und der guten Restaurants.
Von hier sind Sie in einer Stunde zurück in San Francisco – und in zwei Stunden am Flughafen.

ADRESSEN IN DEN BERGEN

INFORMATION

Sacramento Visitors Bureau, 1608 I St., Sacramento, Tel. 916/808-7777, www.discovergold.org
Napa Valley Visitors Bureau, 1310 Napa Town Center, Napa, Tel. 707/226-7459, www.napavalley.org
Im Internet: **www.thesierraweb.com** Portal der östlichen Sierra zwischen Death Valley und Mono Lake
www.napavalley.org Routen durchs Weinland

UNTERKÜNFTE

Lee Vining: **Murphey's Motel**, Hwy. 395, Tel. 760/647-6316, www.murpheysyosemite.com, DZ 53–108 $
Solides Motel an der Ostseite des Yosemite-Parks. Beliebt auch bei Bergsteigern.
Yosemite Park: **DNC Parks & Resorts**, Tel. 559/253-5635, www.yosemitepark.com, DZ 60–380 $
Dies ist die Reservierungszentrale für alle Unterkünfte im Park – ob einfache Wohnzelte im **Curry Village**, Motelzimmer in der **Yosemite Lodge** oder elegante Zimmer im historischen **Ahwanee Hotel**. Sechs Monate bis ein Jahr vorab buchen!
Groveland: **Groveland Hotel**, 18767 Main St., Tel. 209/962-4000, www.groveland.com, DZ 135–275 $
Goldgräberhotel aus dem Jahr 1849 am Nordrand des Yosemite-Parks, gutes Restaurant.
Murphys: **Murphys Hotel**, 457 Main St., Tel. 209/728-3444, www.murphyshotel.com, DZ 49–125 $
1860 schliefen hier schon die Postkutschen-Passagiere. Heute können Sie im historischen Altbau nächtigen oder im angeschlossenen modernen Motel. Uriger Saloon und Restaurant.
Sonoma: **Sonoma Hotel**, 110 W. Spain St., Tel. 707/996-2996, www.sonomahotel.com, DZ 95–230 $
Historisch möbliertes Hotel an der Plaza im Herzen des Ortes.

TIPP: Wenn Sie auf einer Rundfahrt mehrere Nationalparks besuchen werden, sollten Sie gleich im ersten Park einen National Park Pass kaufen. Mit 50 $ ist diese in allen Nationalparks gültige Jahreskarte ein echtes Schnäppchen – verglichen etwa mit der Eintrittsgebühr des Yosemite Park von 20 $ pro Fahrzeug.

WEBSITES:
www.nps.gov Offizielle Seite für alle Nationalparks der USA
www.parks.ca.gov Karten und Infos zu allen 278 State Parks in Kalifornien
www.fs.fed.us Detaillierte Infos über Camping, Wandern, Rafting in den großen Staatswäldern der USA

CAMPING: Reservierung von Plätzen in Nationalparks: http://reservations.nps.gov, Tel. 301/722-1257; in State Parks: www.reserveamerica.com, Tel. 916/638-5883; in National Forests: www.reserveusa.com, Tel. 518/885-3639

Leuchtstoff: Camping im Joshua Tree National Park

EIN EXTREMES VERGNÜGEN

In ihnen wachsen die größten Bäume, liegen die tiefsten Schluchten. Sollten Sie in den Nationalparks die aufregendsten Stunden Ihrer Reise verbringen, wäre das ganz natürlich

Channel Islands

ca. 1000 qkm (Land- und Meeresfläche), 1980 gegründet
Nur 30 000 Menschen pro Jahr, viele von ihnen Kajaker, Taucher und Wildniscamper, besuchen die fünf unbewohnten Inseln, die der Küste bei Santa Barbara vorgelagert sind. Faszinierend: An Land und in den riesigen Seetangwäldern sind 145 Arten endemisch, außerdem können Sie See-Elefanten sehen. Etwa 50 000 dieser Tiere leben auf den Inseln. Ganzjährig Bootstouren ab Ventura und Santa Barbara. Info: **Lagomarsino Visitor Center** im Hafen von Ventura, Tel. 805/658-5730, www.nps.gov/chis

Death Valley

ca. 13 650 qkm, 1933 zum National Monument erklärt, seit 1994 Nationalpark
Das legendäre „Todestal" ist ein 230 Kilometer langer Grabenbruch mit dem tiefsten Punkt der westlichen Hemisphäre (86 Meter unter dem Meeresspiegel). Hier herrscht eine immense Sommerhitze, Rekord sind 57 Grad Celsius. Sehenswert: Dante's View, Zabriskie Point, Titus Canyon, die Dünen von Stovepipe Wells und das skurrile Scotty's Castle. Beste Reisezeit: Oktober bis Mai. Info: **Furnace Creek Visitor Center** am Hwy. 190, gut zwei Autostunden von Las Vegas entfernt, Tel. 760/786-3200, www.nps.gov/deva

Joshua Tree

ca. 3200 qkm, gegründet 1936 als National Monument, seit 1994 Nationalpark
Bizarre Granitfelsen, Kakteen und Kojoten prägen den Wüstenpark an der Schnittstelle von Mojave und Colorado Desert. Im kühleren Hochland südlich des Highway 62 gedeihen Wälder von bis zu 18 Meter hohen Joshua Trees, einer Yucca-Art. Schön zum Wandern: Hidden Valley und Indian Cove. Beste Besuchszeiten: März/April zur Wüstenblüte und im Spätherbst. Info: **Oasis Visitor Center** in Twentynine Palms, Tel. 760/367-5500, www.nps.gov/jotr

Lassen Volcanic

ca. 428 qkm, gegründet 1916
Das Schutzgebiet etwa fünf Stunden nördlich von San Francisco bietet Vulkangeologie hautnah: An der Südflanke des 3187 Meter hohen Mt. Lassen dampfen Fumarolen und Schwefelquellen im Thermalgebiet Bumpass Hell (Lehrpfad), die Nordflanke des zuletzt 1915 ausgebrochenen Vulkans ist eine Aschewüste, in die langsam Leben zurückkehrt. Beste Zeiten: Hochsommer und Herbst, auf vielen Trails liegt bis Juli Schnee. Info: **Loomis Museum & Info Center**, Manzanita Lake am Hwy. 89, Tel. 530/595-4444, www.nps.gov/lavo

Point Reyes National Seashore

260 qkm, 1962 gegründet
Kein Nationalpark, sondern „Nationale Küste" ist die große Landzunge, die 50 Kilometer nördlich von San Francisco weit in den Pazifik reicht. Die raue Natur mit umtosten Steilklippen, einsamen Stränden und stillen Hochplateaus ist ein Revier für sturmerprobte Wanderer. Beste Zeit: Frühjahr und Herbst, im Sommer oft nebelverhangen. Info: **Bear Valley Visitor Center**, Olema, Tel. 415/464-5100, www.nps.gov/pore

Redwood

ca. 450 qkm, gegründet 1968
An der rauen, feuchten Nordküste Kaliforniens (und nur hier) wachsen die bis zu 2000 Jahre alten Redwoods bis zu 120 Meter in den Himmel. Die höchsten Bäume der Welt bewahrt der in mehreren Teilstücken entlang des Highway 101 gelegene Park als Unesco-Welterbe und Biosphärenreservat. Sehenswert: Lady Bird Johnson Grove, Fern Canyon und Jedediah Smith Redwoods. Beste Zeit: Frühjahr und Herbst, im Sommer oft Nebel. Info: **Kuchel Visitor Center**, Hwy. 101 bei Orick, Tel. 707/464-6101, www.nps.gov/redw

Sequoia & Kings Canyon

ca. 3500 qkm, gegründet 1890
Ein Schutzgebiet und Unesco-Biosphärenreservat für Kaliforniens 3000 Jahre alte Sequoia-Mammutbäume, die in mehreren Hainen entlang des Generals Highway wachsen. In der Bergwelt der südlichen Sierra Nevada thront auch Mount Whitney (4418 m), Kaliforniens höchster Gipfel (nur von Osten her für Kletterer zugänglich). Beste Zeit: Mai bis Oktober.

Baumstark: der Sequoia & Kings Canyon National Park

Info: **Giant Forest Museum** am Hwy. 198, Tel. 559/565-4480, www.nps.gov/seki

Yosemite

3084 qkm, 1864 zum staatlichen Schutzgebiet erklärt, seit 1890 Nationalpark, seit 1984 Unesco-Welterbe
Senkrechte Granitwände, 1000 Meter tief eingeschnittene Gletschertäler und hohe Wasserfälle – Kaliforniens ältester und berühmtester Park wird zu Recht als alpines Wunder der Sierra Nevada gerühmt. Besonders schön – und deshalb im Sommer von Besuchermassen belagert: Yosemite Valley, Glacier Point und die Mammutbäume der Mariposa Grove nahe dem Südeingang des Parks. Beste Zeit: Frühjahr (dann sprudeln die Wasserfälle) und Herbst, im Hochland auch der Sommer. Info: **Visitor Center** im Yosemite Valley, etwa vier Autostunden östlich von San Francisco, Tel. 209/372-0200, www.nps.gov/yose

Kalifornische Parkordnung: Betreten des Grüns erwünscht

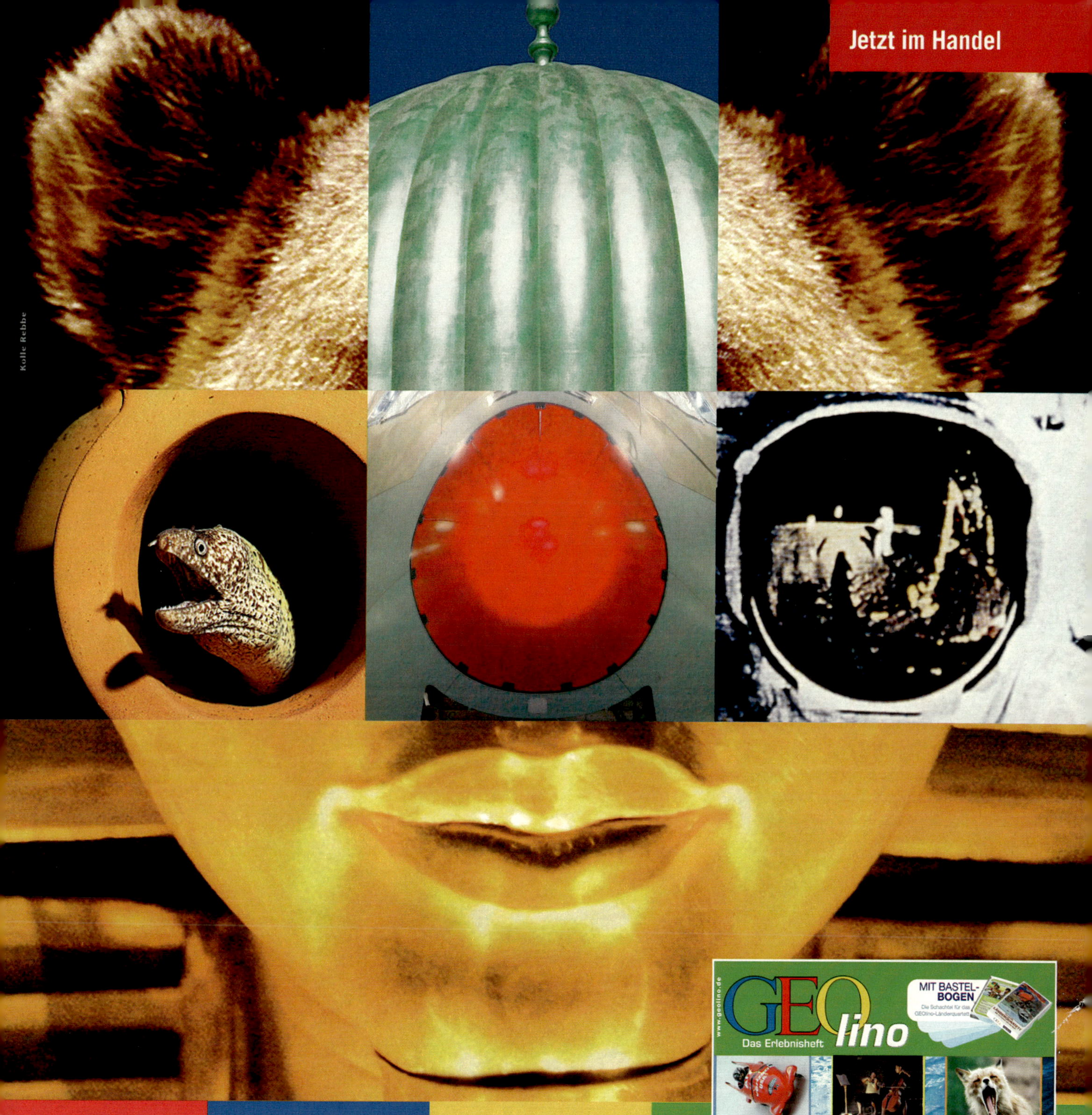

Zeigen Sie Ihren Kindern die Gesichter der Welt.

GEOlino – das Magazin für junge Entdecker. Diesen Monat mit gähnenden Großkatzen, blitzschnellen Bobs und tollkühnen Tauchgängen in der Tiefsee.

www.geolino.de

GEOlino. Wissen macht Spaß

Sagen wir doch immer: Wer sich reinhängt, kommt auch hoch

DIE STADT IST ÜBER DEN BERG

Neue Museen, Clubs und Hotels haben in San Francisco die Gedanken an alle Krisen der vergangenen Jahrzehnte verdrängt. Auf und ab geht's nur noch auf den Straßen

Die Touristen drängeln sich wieder in Chinatown und an der Fisherman's Wharf, neue Restaurants und Hotels eröffnen, die Immobilienpreise klettern, und demnächst soll die gesamte Stadt mit kostenlosen Internet-Hotspots versorgt sein. Besonders gut lässt sich die neue Zuversicht an den öffentlichen Gebäuden ablesen, die von internationalen Spitzenarchitekten in der City errichtet wurden. Das Jewish Museum von Daniel Libeskind ist noch im Bau, ebenso das Mexican Museum von Ricardo Legorreta und die neue California Academy of Sciences von Renzo Piano.

Übernachten

Clift Hotel
495 Geary St., Tel. 415/775-4700, www.clifthotel.com, DZ ab 295 $
Die Grande Dame unter San Franciscos Hotels wurde von Designer Philippe Starck drastisch verjüngt und schwebt nun zwischen Tradition und surrealer Moderne. Auch wenn Sie nicht hier wohnen: Einen (teuren!) Drink im legendären Redwood Room sollten Sie sich gönnen.

Hotel Vitale
8 Mission St., Tel. 415/278-3700, www.hotelvitale.com, DZ 219–339 $
Von den „Waterfront Rooms" des 2005 eröffneten Vitale haben Sie einen Blick Richtung Oakland Bay Bridge. Aber vor allem das Designermobiliar und ein schickes Terrassenrestaurant machten das Nichtraucherhotel im Nu zur Szene-Adresse.

Hotel Carlton
1075 Sutter St., Tel. 415/673-0242, www.carltonhotel.com, DZ ab 99 $
Charmantes Hotel, etwa fünf Blocks vom Union Square entfernt, mit gutem Preis-Leistungs-Verhältnis. Farben und Dekor erinnern an das alte Arabien, das Restaurant serviert arabische Küche.

Hotel des Arts
447 Bush St., Tel. 415/956-3232, www.sfhoteldesarts.com, DZ 59–99 $
Einfaches Hotel am Eingang von Chinatown. Der Name verspricht Kunst, und die gibt es auch: in Form von Underground-Pop-Art und wechselnden Ausstellungen örtlicher Maler.

Elements Hotel
2524 Mission St., Tel. 415/647-4100, www.elementshotel.com, DZ 60–79 $, im Mehrbettzimmer 25–29 $ pro Person
Hotel und Hostel im Trendviertel Mission District. Zum Komplex gehört neben Bar, Internet-Café und Dachterrasse auch das Szenelokal **Medjool**, in dem Gerichte aus dem Mittelmeerraum serviert werden.

Anschauen

MEMORIAL DE YOUNG ART MUSEUM (50 Hagiwara Tea Garden Drive, Di–So 9.30–17, Fr bis 20.45 Uhr, Eintritt 10 $, www.thinker.org): Das jüngste Schmuckstück des **Golden Gate Park**. Im Oktober 2005 eröffnete das wichtigste Kunstmuseum der Stadt den mehr als 200 Millionen Dollar teuren Neubau der Architekten Herzog & de Meuron, ein massiges, doch in den Park gut integriertes, mit 7200 Kupferschindeln ummanteltes Gebäude. Besonders sehenswert: die Abteilungen für amerikanische Malerei und präkolumbianische Kunst. Turm mit Aussichtsplattform über die City, Skulpturengarten.

CONSERVATORY OF FLOWERS (John F. Kennedy Drive, Di–Sa 9–16.30 Uhr, Eintritt 5 $,

INFORMATION: **San Francisco Visitors Bureau**, Hallidie Plaza, 900 Market St., Tel. 415/391-2000, www.sfvisitor.org
Zimmernachweis: Tel. 888/782-9673, deutschsprachige Bandansage mit aktuellen Veranstaltungstipps: Tel. 415/283-0173

TRANSPORT: Mit der neuen **BART**-U-Bahn-Line dauert die Fahrt vom Flughafen in die Innenstadt nur knapp 30 Minuten (4,95 $, www.bart.gov) – empfehlenswert zur Rush-Hour und mit wenig Gepäck. Sonst kommen Sie mit den Vans von SuperShuttle (Tel. 415-558-8500, www.supershuttle.com) für 12–15 $ ins Hotel.
Die Netzkarte **Muni Passport** gilt für alle Busse, Straßenbahnen und auch die Cable Cars: ein Tag für 11 $, drei Tage für 18 $, eine Woche für 24 $. Zum Vergleich: ein Einzelticket mit der Cable Car kostet 5 $.
Spartipp: Der **San Francisco CityPass** bietet für 42 $ eine Woche lang freie Fahrt im Stadtgebiet sowie Eintritt in fünf Museen und eine Hafenrundfahrt (www.citypass.com).

TROLLEY LINE F: Auf der Market Street und weiter entlang des Embarcadero bis zur Fisherman's Wharf fahren renovierte historische Straßenbahnen aus aller Welt – neben den Cable Cars die erfolgreichste Transportlinie im Muni-Verbund (www.streetcar.org).

SAN FRANCISCO ELECTRIC TOUR: Schon mal Segway gefahren? Nach kurzer Einweisung dürfen Sie mit diesen einachsigen, kippsicheren Elektrorollern zur geführten Stadtrundfahrt um die Fisherman's Wharf aufbrechen – zum Preis von 65 $ für 3 Stunden (165 Jefferson St., Tel. 415/474-3130, www.sfelectrictour.com).

WEBSITES: **www.sfarts.org** Kunst-Termine
www.sfweekly.com Musik und Nachtleben
www.sfgate.com und **www.bestofthebay.com** Stadtportale der Tageszeitungen

www.conservatoryofflowers.org): Nicht weit entfernt steht Amerikas erstes Gewächshaus, 1879 als Glaspalast im Stil der Londoner Kew Gardens erbaut und 1995 von einem Sturm schwer beschädigt. Nun sind alle 10 800 Glasscheiben restauriert, und die Holzstreben leuchten in frischem Weiß. Berühmt ist die **Tropensammlung** für ihren gut 100 Jahre alten Philodendron und eine großartige Kollektion von Orchideen.

ASIAN ART MUSEUM (200 Larkin St., Di–So 10–17, Do bis 21 Uhr, Eintritt 10 $, www.asianart.org): Nur die Fassade gegenüber dem Rathaus erinnert noch daran, dass dies einst die Beaux-Arts-Bibliothek San Franciscos war. Heute beherbergt das von Gae Aulenti gestaltete Gebäude eine der größten Asien-Sammlungen der westlichen Welt: 14 000 Kunstobjekte, von denen stets rund 2500 ausgestellt sind. Daneben oft Sonderschauen asiatischer Avantgarde-Kunst.

FERRY BUILDING MARKETPLACE: Das Fährgebäude am **Embarcadero** mit seinem hohen Uhrturm überstand das Erdbeben von 1906, wurde aber beim Beben von 1989 beschädigt. Nun ist es als bunte Markthalle auferstanden: Ob Kaviar oder Käse, Austern oder feinste Schokolade – für jede Spezialität finden Sie einen Laden. Dazu einige gute Restaurants; im **Imperial Tea Court** können Sie sogar eine chinesische Teezeremonie erleben. Samstagmorgens findet auf der Plaza ein großer **Farmers Market** (alles aus Bio-Anbau) statt. Infos unter www.ferrybuildingmarketplace.com.

Er leuchtet, vor allem bei Sonne: Buddha im Asian Art Museum

HAYES VALLEY: Seit der vom Erdbeben 1989 beschädigte Freeway westlich des Rathauses abgerissen wurde, hat sich das Revier rund um die **Hayes Street** zu einem beliebten Szeneviertel gemausert. Per Bürgerversammlung wurden „chain stores" wie Starbucks verboten, und so reihen sich jetzt Geschäfte für ausgefallene Mode, ungewöhnliche Galerien, individuelle Bars und Kaffeehäuser entlang der Hayes Street. Und den begrünten **Octavia Boulevard**, der anstelle der Autobahnrampe neu angelegt wurde, säumen originelle Kunstobjekte wie die Kaleidoskope von Wang Po Shu.

CRISSY FIELD: Das Ufer der **San Francisco Bay** zwischen Fisherman's Wharf und Golden Gate Bridge war lange durch die Militäranlagen eines alten Flugplatzes hässlich verbaut. Nun ist es neu gestaltet – mit Promenaden, Radwegen und renaturierten Gezeitensümpfen. Tipp: Mieten Sie an der Fisherman's Wharf ein Fahrrad und radeln Sie an der Bay entlang über die Brücke hinüber nach Sausalito; von dort aus per Fähre zurück.

Gutes Torverhältnis: Besucherinnen im beliebten Golden Gate Park

Essen & Trinken

Cliff House
1090 Point Lobos, Tel. 415/386-3330, www.cliffhouse.com
Im äußersten Westen der City, hoch auf den Klippen über dem Pazifik, thront seit 1863 ein Restaurant. In seiner neuesten Inkarnation, prachtvoll renoviert, besitzt es ein Art-déco-Bistro oben und ein elegantes Aussichtsrestaurant unten. Eine schöne Adresse, auch zum Sonntagsbrunch.

Cortez
550 Geary St., Tel. 415/292-6360, www.cortezrestaurant.com
Ein neuer Treff in der Innenstadt ist das Hotel Adagio, genauer: seine schicke Bar und sein kleines, immer volles Restaurant, in dem kreative mediterrane Gerichte aufgetischt werden. Unbedingt reservieren.

Ozumo
161 Steuart St., Tel. 415/882-1333, www.ozumo.com
Mit viel Glas und Holz gestaltetes japanisches Lokal. Die Sake-Lounge am Eingang ist Treffpunkt der jungen Schönen, im ruhigeren hinteren Bereich diniert man mit Blick auf die Bay Bridge.

Slanted Door
1 Ferry Building, Tel. 415/861-8032, www.slanteddoor.com
Ein biodynamisch-ökologisch-vietnamesisches Restaurant? Klingt schräg, doch das Ergebnis überzeugt: Gerichte wie vietnamesische Crêpes, Pfefferente mit Pilzen oder Broccoli mit Knoblauch-Austern-Sauce schmecken einfach.

Citizen Cake
399 Grove St., Tel. 415/861-2228, www.citizencake.com, Mo geschlossen
Eigentlich eine Patisserie, aber es gibt auch andere feine Sachen: Butterfisch, Tagliatelle, chinesische Hühnchen – und natürlich super Desserts. Im Hayes Valley.

Walzwerk
381 South Van Ness Ave., Tel. 415/551-7181, www.walzwerk.com
Im Walzwerk kommt original DDR-Kost unter dem Konterfei von Erich auf die kahlen Tische – ein mutiger Schritt zweier Thüringerinnen. Am Nordrand des Mission District.

HÖCHSTE ZEIT FÜR DEN HOHEN NORDEN

In der kaum besiedelten Grenzregion zu Oregon ist Kalifornien am wildesten und schroffsten. Uralte Redwood-Wälder, Schwefelfelder und Geisterstädte verzaubern nicht nur New-Age-Mystiker

Elchtest für Wohnmobile: Serpentinen im Lassen Park

Der weltvergessene Norden, kurz vor der Grenze zu Oregon, sieht sich gern als das „andere" Kalifornien. Als das Kalifornien ohne Vergnügungsparks, Stadtautobahnen, Stars. Dafür künden alte Camps und Logger-Motels von den Holzfällern und Goldgräbern, die hier einst zu Hause waren.

Sechs bis acht Tage sollten Sie für eine Erkundungstour veranschlagen, dann bleibt auch Zeit für Wanderungen. Das Tor zum Norden ist Redding, von San Francisco aus in vier Stunden auf der Autobahn I-5 zu erreichen. Die weitere Route könnte so aussehen: Zuerst ein Abstecher nach Weaverville, dann in den Lassen Volcanic National Park und auf dem Highway 89 weiter nach Mount Shasta. Über die Goldgräberstadt Yreka geht es am Klamath River entlang nach Happy Camp und mit einem Schlenker durch Oregon nach Crescent City am Pazifik; von dort der Küste folgend in den Redwood National Park. Anschließend können Sie über Eureka auf dem Highway 101 zurück nach San Francisco fahren, vielleicht mit einem Stopp im Weinland von Sonoma.

Anschauen & Erleben

REDDING: Die größte Stadt der Region, am Nordrand des heißen und trockenen Central Valley gelegen, ist vor allem ein guter Ausgangspunkt für Fahrten ins Umland, etwa zu Stauseen wie dem riesigen Shasta Lake. Um ein eigenes Profil zu gewinnen, hat sich Redding 2004 für 23 Millionen Dollar eine höchst ungewöhnliche Brücke über den Sacramento River geleistet: die **Sundial Bridge**, erbaut vom spanischen Stararchitekten Santiago Calatrava. Der 66 Meter hohe Pylon, an dem die filigrane Fußgängerbrücke hängt, ist zugleich Schattengeber der weltgrößten Sonnenuhr. Ein Meisterwerk moderner Architektur, das Sie auch abends ansehen sollten, wenn Glasboden und Pylon in magischem Licht leuchten. Im **Turtle Bay Exploration Park** ringsum sind naturkundliche Ausstellungen und ein botanischer Garten zu besichtigen.

WEAVERVILLE: Eine Stadt aus der Zeit des großen Goldrauschs von 1849. Erhalten blieben die filmreife Hauptstraße mit hölzernen Wildwest-Fassaden, die 1852 erbaute älteste Apotheke (219 Main St.) und der älteste chinesische Tempel Kaliforniens, **Joss House** (Main St./Ecke Oregon St.). Lunch-Tipp: der Gourmet-Sandwichladen **Trinideli** (Hwy. 3/Ecke Center St.).

WILD HORSE SANCTUARY: In diesem Reservat dürfen Sie mit Führung oder auf eigene Faust Wildpferden nachspüren; auch zwei- bis dreitägige Reittouren werden angeboten (5768 Wilson Hill Rd., Shingletown, Tel. 530/335-2241, www.wildhorsesanctuary.org).

LASSEN VOLCANIC NATIONAL PARK (siehe Seite 134): Kaliforniens einziger aktiver Vulkan brach zuletzt 1915 aus – davon künden Aschewüsten und schweflig stinkende Thermalgebiete wie das von **Bumpass Hell**, zu dem ein markierter Trail führt (hin und zurück 5 km). Auch den 3187 Meter hohen Lavagipfel des **Mount Lassen** kann man erklimmen; der steile Pfad (hin und zurück gut 4 Std.) beginnt am höchsten Punkt der Straße durch den Nationalpark.

CASTLE CRAGS STATE PARK: Kernstück des Parks ist eine Gruppe gezackter Granitgipfel, die gut 1200 Meter über dem Tal des Sacramento River aufragen. Ein empfehlenswertes, aber steiles Wanderrevier. Der fünf Kilometer lange **Crags Trail** mit Start am Vista Point verspricht einen Blick auf Mount Shasta in seiner ganzen Erhabenheit.

MOUNT SHASTA: Das Städtchen an der Südwestflanke des gleichnamigen Berges ist der Nabel des esoterischen Kaliforniens (siehe Seite 96). Wollen Sie der New-Age-Szene näher kommen, können Sie bei **Crystal Wings** (226 North Mt. Shasta Blvd.) in Kristallen stöbern oder bei **Golden Bough Books** einschlägige Literatur finden. Von der Chamber of Commerce (Lake St./Ecke Pine St.) bekommen Sie eine Karte, auf der die – oft auch landschaftlich besonders reizvollen – **Kraftpunkte** der Region markiert sind. Lohnenswert sind die Quelle des Sacramento River, an der oft spirituelle Taufen stattfinden, und der Castle Lake sowie die Wanderpfade Bunny Flat Trail am Mt. Shasta und der Black Butte Trail zum gleichnamigen Aschekegel am Nordrand der Stadt. Bei größerem Interesse am Unerklärlichen sollten Sie sich von Ashalyn führen lassen (**Shasta**

INFORMATION: **Shasta Cascade Wonderland Association**, 1699 Hwy. 273, Anderson, Tel. 530/365-7500, www.shastacascade.com, im California Welcome Center an der Autobahn I-5, neun Meilen vor Redding.

Redwood Empire/North Coast Visitors Bureau, im California Welcome Center, Pier 39, San Francisco, Tel. 415/292-5527, www.redwoodempire.com

Auskunftstelle für die Küstenregion zwischen San Francisco und der Grenze nach Oregon.

WEBSITES: **www.visitredding.com, www.mtshastachamber.com, www.arcatachamber.com** Info-Portale der Orte Redding, Mount Shasta und Arcata

www.redwoodsmeetthesea.org und **www.redwoodvisitor.org** Die Redwood-Regionen an der Nordküste

AKTIV IM URLAUB: **Shasta Lake Resorts**, 22300 Jones Valley Marina Dr., Redding, Tel. 530/275-7950, www.shastalakeresorts.com

Hausboote für Törns auf dem Shasta Lake. Für 12–18 Personen ab 3000 $ pro Woche.

Coffee Creek Ranch, 4940 Coffee Creek Rd., Trinity Center, Tel. 530/266-3343, www.coffeecreekranch.com, DZ ab 1075 $ (Kinder 955 $) pro Woche mit Vollpension

Gästeranch in einem Seitental der Trinity Alps mit einem breiten Angebot an Aktivitäten wie Reiten, Wandern, Angeln, Bogenschießen und Square-Dancing, dazu Kinderprogramme mit Betreuung.

Klamath River Resort Inn, 61700 Hwy. 96, Happy Camp, Tel. 530/493-2735, www.klamathriverresortinn.com, DZ 79 $

Ein mit viel Liebe modernisiertes Angler-Motel am Ufer des Klamath River. Besitzer James Buchner war Manager im Silicon Valley – jetzt berät er seine Gäste bei Touren in die Salmon Mountains und vermietet Kajaks.

Auf diesem Berg sollen gelegentlich Außerirdische landen. Die Korbsessel der Mount Shasta Ranch wären dann der perfekte Beobachtungsposten

Vortex Adventures, 400 Chestnut St., Tel. 530/926-4326, www.shastavortex.com).
Zwei Tipps für das profane leibliche Wohl: Bunte California Cuisine bietet **Lily's** (1013 South Mt. Shasta Blvd.), Burger und Riesensalate serviert der **Black Bear Diner** (401 W. Lake St.).
HAPPY CAMP: 1851 wurde im Klamath River das erste Gold gefunden, heute treffen sich im Sommer Hobby-Goldsucher in dem fotogen verwitterten Örtchen. Informationen, Kurse und Goldwaschpfannen finden Sie neben der großen Bigfoot-Statue im **New 49'ers Prospecting Club** (27 Davis Rd., www.goldgold.com).
REDWOOD NATIONAL PARK (siehe Seite 134): Innerhalb der Grenzen des weitläufigen Parks stehen knapp die Hälfte aller alten Redwoods in Kalifornien. Die schönsten Haine liegen in den State Parks, die der Nationalpark umschließt: etwa im **Jedediah Smith Redwoods State Park** ganz im Norden, wo sich die schmale Douglas Park Road zur Stout Grove und weiter durch den Urwald schlängelt (keine Wohnmobile); oder in den **Prairie Creek Redwoods** im Süden entlang des Newton P. Drury Scenic Parkway.
PATRICK'S POINT STATE PARK: Eines der schönsten Kaps der Nordküste mit Steilklippen, einem **Achat-Strand** und einem nachgebauten Dorf der Yurok-Indianer. Vom Wedding Rock aus kann man im Frühjahr und Herbst **Wale** beobachten.
TRINIDAD: Der alte Hafen lohnt einen Stopp wegen seiner Lage, aber auch wegen der Fischlokale: Kaum irgendwo können Sie näher am Wasser sitzen als im **Seascape Restaurant** am Pier. Blick aufs Meer bietet auch das **Larrupin' Cafe** (1658 Patrick's Point Dr.), dazu einen Garten mit Jazz an Sommerwochenenden.
ARCATA: Dank der Humboldt-Universität das lebendigste Städtchen der Nordküste. Legen Sie an der **Town Plaza** (9th St./Ecke G Street) eine Cappuccino-Pause ein, und sehen Sie dem Treiben zu. Ein Höhepunkt im Festkalender ist das **Kinetic Sculpture Race** am letzten Mai-Wochenende, bei dem die Teilnehmer in den verrücktesten Fortbewegungsmitteln über die Dünen und Lagunen kurven.

Übernachten

Best Western Hilltop Inn
2300 Hilltop Dr., Redding, Tel. 530/221-6100, www.thehilltopinn.com, DZ 149 $ inkl. opulentem Frühstück
Komfortables Mittelklassehotel am Hügel über der Stadt mit gutem Restaurant.

Weston House
Red Rock Road, Shingletown, Tel. 530/474-3738, www.westonhouse.com, DZ 145–175 $
Modernes, sehr gepflegtes Bed & Breakfast. An klaren Tagen reicht der Blick 100 Kilometer weit übers Central Valley.

Rim Rock Ranch Resort
Hwy. 89, Old Station, Tel. 530/335-7114, www.rimrockcabins.com, DZ 45–70 $
Rustikales Motel aus den 1930er Jahren mit einfachen Cabins, besser sind die Zimmer im alten Ranchhaus.

Mount Shasta Ranch
1008 W. A. Barr Rd., Mt. Shasta, Tel. 530/926-3870, www.stayinshasta.com, DZ 60–110 $
Früher wurden hier Rennpferde gezüchtet, heute empfängt das imposante Ranchhaus von 1923 Übernachtungsgäste mit Bonanza-Flair. Großartig: die Veranda mit Bergblick.

Bed & Breakfast mit Weitblick: das Weston House

Shasta MountInn B&B
203 Birch St., Mt. Shasta, Tel. 530/926-1810, www.shastamountinn.com, DZ 100–175 $
Die ehemalige Villa des Bürgermeisters bietet heute vier liebevoll eingerichtete Gästezimmer – vom „Twin Peaks Room" haben Sie den besten Blick auf den Mount Shasta.

Hiouchi Motel
2097 Hwy. 199, Crescent City, Tel. 707/458-3041, www.hiouchimotel.com, DZ ab 60 $
Sauberes Motel inmitten der großen Redwood-Wälder des Jedediah Smith State Park.

Requa Inn
451 Requa Road, Klamath, Tel. 707/482-1425, www.requainn.com, DZ 85–135 $
Für Naturliebhaber: ein historischer Country Inn an der Mündung des Klamath River ins Meer. Ideal als Standort für Wandertouren in die Redwoods.

Bishop Pine Lodge
1481 Patrick's Point Dr., Trinidad, Tel. 707/677-3314, www.bishoppinelodge.com, DZ 80–95 $
Älteres, sehr gepflegtes Motel mit blumenumrankten Blockhütten auf einer Klippe über dem Meer.

Der Sunset Boulevard ist die Flaniermeile von Los Angeles – auch wenn hier meistens per Auto spaziert wird

DIESE STADT STEHT NIEMALS STILL

Hollywood, Santa Monica, Universal Studios und Disneyland – das sind die bekannten Besuchermagneten von L. A. Doch in der Super-City wachsen ständig neue Attraktionen. Die neueste: das alte Herz der Metropole

INFORMATION: **Los Angeles Visitor Centers**, 685 S. Figueroa St., Downtown, Tel. 213/689-8822; 6801 Hollywood Blvd., Hollywood, Tel. 323/467-6412; www.seemyla.com **Santa Monica Visitor Center**, 1920 Main St., Santa Monica, Tel. 310/393-7593, www.santamonica.com **Beverly Hills Visitors Bureau**, 239 S. Beverly Drive, Beverly Hills, Tel. 310/248-1015, www.beverlyhills behere.com

WEBSITES: **www.downtownla.com** Veranstaltungen, Restaurants und Kunst in Downtown **www.laweekly.com** Website des wöchentlichen Stadtmagazins mit Neuigkeiten aus Film, Kunstleben, Restaurantszene **www.calendarlive.com** Stadtportal der Los Angeles Times **www.tvtickets.com** Hier können Sie Karten für die Aufzeichnung von Fernsehshows vorbestellen

TRANSPORT: Vier Linien hat die neue **Metro** von Los Angeles mittlerweile. Unkenrufen zum Trotz funktioniert sie prima und ist auf manchen Strecken auch für Touristen sinnvoll. Etwa für Fahrten von Hollywood zu den Universal Studios oder von Downtown nach Hollywood, nach Chinatown oder Pasadena. Der Tagespass kostet 3 $ und gilt auch für die Buslinien; Netzplan und weitere Infos unter www.metro.net.

Ein Tipp für Autofahrer: Sehen Sie sich vorab auf dem Stadtplan ihre Route zum gewünschten Ziel an, und prägen Sie sich die Abfahrten ein, dann verliert das Gewirr der Stadtautobahnen nach wenigen Kilometern seinen Schrecken.

Übernachten

Fairmont Miramar
101 Wilshire Blvd., Santa Monica, Tel. 310/576-7777, www.fairmont.com/santamonica, DZ ab 340 $
Marilyn Monroe stieg hier ab, die Präsidenten Kennedy und Clinton waren zu Gast, und Greta Garbo wohnte gar vier Jahre lang im Miramar. Kürzlich wurde das historische Schmuckstück auf der Klippe über dem Strand aufwendig restauriert.

Hotel Angeleno
170 N. Church Lane, Brentwood, Tel. 310/476-6411, www.hotelangeleno.com, DZ ab 159 $
Völlig neu gestalteter Hotelturm direkt unterhalb des Getty Center (Shuttleservice zum Museum). Verkehrsgünstige Lage an der Kreuzung des Sunset Boulevard mit der I-405; zur UCLA und nach Santa Monica ist es nicht weit.

Inn at Venice Beach
327 Washington Blvd., Venice Beach, Tel. 310/821-2557, www.innatvenicebeach.com, DZ ab 125 $
Modernes Hotel in guter Lage, der Strand ist nur ein paar Fußminuten entfernt.

The Standard Downtown LA
550 S. Flower St., Downtown, Tel. 213/892-8080, www.standardhotel.com, DZ ab 99 $
„Standard" ist hier eigentlich gar nichts: Cooles Retro-Design regiert in Zimmern und Lobby, das Restaurant ist ganz in Gelb gehalten. Der Clou des Szenehotels ist die Dachterrasse mit Pool, Bar und Late-Night-Club, als Hotelgast dürfen Sie bevorzugt die Türsteher passieren.

Hotel Figueroa
939 S. Figueroa St., Downtown, Tel. 213/627-8971, www.figueroahotel.com, DZ ab 95 $
Die Alternative für Downtown: ein stimmungsvolles historisches Hotel mit Marokko-Dekor wie in alten Stummfilmen.

Anschauen

DOWNTOWN: Mit der **Walt Disney Concert Hall** (111 S. Grand Ave., tgl. Führungen, Eintritt 10–15 $, www.musiccenter.org) auf dem Bunker Hill hat die Innenstadt einen neuen Blickfang bekommen. Vom Konzertsaal nur wenige Schritte entfernt steht die monumentale **Cathedral of Our Lady of the Angels** (555 W. Temple St.) des spanischen Architekten José Rafael Moneo. Am Bau scheiden sich die Geister, sehen Sie selbst, warum.

Das Kontrastprogramm zur Moderne ist eine Führung zu den architektonischen Kleinoden, die vor Jahrzehnten gebaut wurden. **Los Angeles Conservancy** etwa öffnet jeden Samstag die großartigen alten Kinopaläste am Broadway; auf einem anderen Spaziergang, ebenfalls samstags, können Sie die Art-déco-Schätze des „Old Bank District" entdecken (jeweils 10 $ pro Person, Tel. 213/623-2489, www.laconservancy.org). Auch wenn Sie sich nicht für eine Führung entscheiden sollten, das **Bradbury Building** (304 S. Broadway; siehe Seite 82), einen Art-nouveau-Bau von 1893, müssen Sie sehen.

Direkt gegenüber, in der Markthalle des **Grand Central Market**, können Sie frisch gerupfte Hähnchen vom Chinesen kaufen, der nur Spanisch spricht. Ein Bummel über den **Broadway** rundet das besondere lateinamerikanische Erlebnis ab. Die Schlagader von Downtown säumen kleine Läden mit allem, was Sie nicht brauchen.

CHINATOWN: Das erst 1938 durch Umsiedelung entstandene Chinesenviertel ist zwar nicht so berühmt wie jenes in San Francisco, aber nicht weniger authentisch. Tauchen Sie für einige Stunden ein in das bunte Gewirr der Asienmärkte um **North Broadway** und **North Hill Street** und bummeln Sie über die von chinesischen Toren umrahmte **Central Plaza** (947

Maximale Aufmerksamkeit mit minimalistischem Design: das Standard Hotel

N. Broadway). Das **Empress Pavilion** (Bamboo Plaza, 988 N. Hill St.) nebenan ist für einen Lunch mit Dim-Sum-Köstlichkeiten zu empfehlen.
Für Neulinge verblüffend sind die Avantgarde-Kunstgalerien, darunter einige der besten der Westcoast, die sich hinter fernöstlich gestalteten Fassaden in der Chung King Road verbergen, etwa der **Oulous Repair Shop** (www.oulous.com) und die **Happy Lion Gallery** (www.thehappylion.com). Alle paar Wochen wird zu gemeinsamen Eröffnungsabenden geladen, Informationen unter www.chinatownla.com.
HOLLYWOOD: Das 2001 eröffnete **Kodak-Theatre**, in dem die Oscars verliehen werden, und der angrenzende Entertainment- und Shoppingkomplex **Hollywood & Highland** haben dem etwas schäbig gewordenen Hollywood Boulevard neuen Glanz gegeben. Die jüngste Attraktion für Filmfans ist **The Hollywood Museum** (1660 N. Highland Ave., Hollywood, www.thehollywoodmuseum.com, Do-Sa 10–17 Uhr, Eintritt 15 $): Auf vier Stockwerken erzählt es mit Postern, Kostümen und Kulissensets die Geschichte der Filmindustrie. Besonders schön sind die Schminkräume des legendären Visagisten Max Factor, dem das Gebäude ursprünglich gehörte. Stärken Sie sich nach dem Besuch mit Burger und Milkshakes nebenan in **Mel's Drive-In**, einem Diner wie aus „American Graffiti".
THE GETTY CENTER (1200 Getty Center Dr., Brentwood, www.getty.edu, Di–Do und So 10–18, Fr/Sa 10–21 Uhr, Eintritt frei): Das berühmteste Museum Kaliforniens (siehe Seite 112) ist schon allein wegen der spektakulären Architektur von Richard Meyer einen Besuch wert. Nicht verpassen: den Blick auf L.A. vom Kakteengarten aus. Die Antikensammlung wird seit Februar 2006 wieder in der renovierten **Getty Villa** in Malibu gezeigt (17985 Pacific Coast Hwy., Pacific Palisades, Do–Mo 10–17 Uhr).
VENICE: Die Main Street zwischen Santa Monica und Venice ist schon seit 20 Jahren als schrille Meile bekannt. Die Avantgarde aber verlagert sich derzeit weiter nach Süden: zum **Abbot Kinney Boulevard**. Kaufen Sie sich bei **Stroh's Gourmet Deli** (Nr. 1239) einen Caffelatte zum Mitnehmen und bummeln Sie los: Gleich nebenan liegt die **Ten Women Gallery**, die Werke von 22 örtlichen Künstlerinnen ausstellt. Ringsum reihen sich weitere Galerien und Ateliers, dazu Design- und Möbelgeschäfte. Im Trend liegen auch kreative Blumenläden wie **Scentiments** (Nr. 1331) und **Floralart** (Nr. 1338). Aktuelle Mode von Claudia Milan finden Sie bei **Collage** (Nr. 1416), originelle Holzkunst bei **Tortoise** (Nr. 1208). Der idyllische Garten der **Jin Patisserie** (Nr. 1202) verlockt zu einer Pause bei feinsten Torten und Teilchen.

On the Waterfront heißt das Café in Venice– kein leeres Versprechen

Essen & Trinken

Ciudad
Union Bank Plaza, 445 S. Figueroa St., Downtown, Tel. 213/486-5171, www.ciudad-la.com
Kreative Latino-Küche mit Gerichten aus Mexiko bis Peru. Verführerisch: die Happy Hour mit mexikanischen „Cuchifritos" (Snacks) und guten Drinks werktags von 15–19 Uhr.

Original Pantry Café
877 S. Figueroa St., Tel. 213/972-9279
Klassischer Coffeeshop im Süden von Downtown – seit 1924 durchgehend geöffnet. Nirgendwo bekommen Sie ein besseres American Breakfast mit Eiern und Speck.

A Pacific Seafood Grill
2 Rodeo Drive, Beverly Hills, Tel. 310/859-0434, www.mccormickandschmicks.com
Die Terrasse ist der perfekte Ort für ein Glas Champagner und ein halbes Dutzend Austern, während Sie dem Treiben auf der berühmten Shoppingmeile von Beverly Hills zusehen.

Cafe Montana
1534 Montana Ave., Santa Monica, Tel. 310/829-3990
Die Chancen, beim Frühstück oder Lunch ein durch Filme bekanntes Gesicht zu entdecken, stehen gut, denn dieses stilvolle Bistro liegt an der bei Stars und Sternchen beliebten Einkaufsstraße Montana Avenue (Infos unter www.montanaave.com).

Cafe Marguerite
123 Washington Blvd., Marina del Rey, Tel. 310/822-5379
Bistro mit Terrasse am ruhigen Südende von Venice Beach. Gut für Frühstück oder Lunch.

Privatkredit

- Günstiger als ein Dispo
- Nur 6,5 %* Zinsen p. a.
- Kostenlose Bereitstellung
- Direkte Überweisung auf Ihr Girokonto
- Flexible Rückzahlung

*Nominalzins, Zinssatz variabel, zuletzt geändert am 15.7.2005, anfänglicher effektiver Jahreszins 6,7 %.

Jetzt Dispo-Zinsen sparen!

0180 2 / 88 10 00
(0,06 Euro pro Anruf – Festnetz der Dt. Telekom)

www.ing-diba.de/dispo

45.104 ING DiBa

GOOD, GOOD, GOOD, GOOD VIBRATIONS

Der Pazifik wird nur ganz im Süden warm genug zum Baden. Deshalb blüht vor allem hier, in den Beachtowns zwischen Los Angeles und San Diego, die viel besungene Strandkultur Kaliforniens

Surfin' USA: Beach Boy am Strand von Coronado

INFORMATION: San Diego International Visitor Center, 1040 1/3 West Broadway/Harbour Drive, San Diego, Tel. 619/236-1212, www.sandiego.org

San Diego North Visitors Bureau, 360 North Escondido Blvd., Escondido, Tel. 760/745-4741, www.sandiegonorth.com

Borrego Springs Chamber of Commerce, 786 Palm Canyon Dr., Borrego Springs, Tel. 760/767-5555, www.borregosprings.org

WEBSITES:

www.surfrider.org/surfreport Wellen- und Wettervorhersage für Südkalifornien

www.surfcityusa.com, www.newportbeach.com, www.lagunabeachinfo.org, www.carlsbadca.org Info-Portale der Strandorte südlich von Los Angeles

Südkalifornien liegt auf der Breite von Tunesien und kann deshalb mühelos mit 300 Sonnentagen pro Jahr aufwarten. Nur im Juni liegt meist Hochnebel über der Küste.

Die Region lässt sich in fünf bis sechs Tagen erkunden. Unser Vorschlag zur Streckenführung: Auf dem Pacific Coast Highway (Hwy. 1) von L.A. nach San Diego, dann über die Berge nach Borrego Springs und weiter nach Palm Springs. Eine Schleife, die auch gut in die klassische Kalifornien-Rundreise (siehe Seite 130) einzubauen ist.

SAN DIEGO

Was Lage und Freizeitwert betrifft, kann sich Kaliforniens südlichste City durchaus mit Weltstädten wie Rio oder Sydney vergleichen. Auch San Diego ist eine von glitzernden Meeresbuchten umrahmte Millionenstadt, und an den langen Stränden ihrer Vororte Coronado, La Jolla und Mission Beach tummeln sich Badegäste und Surfer fast rund ums Jahr.

Anschauen & Erleben

Zwei Tage sind in San Diego schnell verplant, denn unternehmen lässt sich eine Menge: eine Hafenrundfahrt; ein Besuch in **Old Town**, der restaurierten spanischen Keimzelle der Stadt, im **San Diego Zoo** mit seinem neuen, im Sommer 2005 eröffneten Primaten-Gehege oder bei den Delfinen und Walen von **Sea World** in Mission Beach. Nicht fehlen darf ein Nachmittag an den Stränden der Halbinsel **Coronado**, wo Billy Wilder 1958 das Hotel Del Coronado als Kulisse für seinen Film „Manche mögen's heiß" erwählte. Und wen Technik fasziniert, der sollte sich die neueste Attraktion San Diegos nicht entgehen lassen: den als Museum nun fest verankerten Flugzeugträger **USS Midway** (910 N. Harbor Dr., tgl. 10–17 Uhr, 15 $).

Für einen Einkaufsbummel empfiehlt sich die in einem erfrischenden Stilmix gebaute **Horton Plaza** in der Innenstadt. Das benachbarte **Gaslamp Quarter**, ein von viktorianischen Häusern geprägtes Altstadtviertel, hat sich in den letzten zehn Jahren zum Nightlife-Zentrum gewandelt. Die Terrassen von Szenelokalen wie der **Osteria Panevino** (722 Fifth Ave.) oder dem **Bella Luna** (748 Fifth Ave.) sind gute Startplätze ins abendliche Treiben. Am Morgen danach wird Ihnen im **Cheese Shop** (627 4th Ave.) ein deftiges Katerfrühstück mit Eiern, Speck und Pancakes serviert.

Übernachten

Hotel Solamar

435 6th Ave., Tel. 619/531-8740, www.hotelsolamar.com, DZ 319–399 $

Mit der durchgestylten Poolbar im vierten Stock wird das Solamar seinem Anspruch als jüngstes Designerhotel der City gerecht. Gute Lage am Rand des Gaslamp Quarter.

Hillcrest Inn

3754 5th Ave., Tel. 619/293-7078, www.hillcrestinn.net, DZ ab 79 $

Modernes, freundliches Hotel mit nur 45 Zimmern mitten im Nightlife- und Schwulenviertel Hillcrest. Innenhof mit Jacuzzi; ringsum viele Bars und Szenelokale.

500 West Hotel

500 W. Broadway, Tel. 619/234-5252, www.500westhotel.com, DZ 69 $

Ein Budget-Hotel in bester Innenstadtlage. Hinter der historischen Fassade liegen 208 schlichte, aber komplett modernisierte Zimmer mit Etagenbädern. Restaurant und großes YMCA-Fitnesscenter im Haus.

The Grande Colonial La Jolla

910 Prospect St., La Jolla, Tel. 858/454-2181, www.grandcolonial.com, DZ ab 195 $

Historische Grandezza mit Meerblick. Auf der Landseite empfängt Sie die Flanierstraße des eleganten Strandortes La Jolla. Sehr gutes Restaurant.

DIE WÜSTE

Jenseits der grünen Küstenberge Südkaliforniens beginnen die Wüsten: im Norden die höher gelegene Mojave Desert, entlang der mexikanischen Grenze die heißere, teils unter Meeresniveau liegende Colorado Desert. Trotz der im Sommer extremen Hitze von bis zu 50 Grad Celsius birgt die Colorado-Wüste ein vielfältiges Ökosystem mit Palmenoasen, Kakteen- und Wildblumen, in dem Bergschafe, Adler und Kojoten leben.

Anschauen & Erleben

Gut zwei Stunden dauert die kurvenreiche Fahrt auf der SR 78 von San Diego über die Berge zum **Anza-Borrego Desert State Park**. Fast 2500 Quadratkilometer Urlandschaft der Colorado Desert stehen hier unter Schutz. Bester Ausgangsort für Erkundungen ist das Oasennest **Borrego Springs**, der einzige Ort im Park. Im unterirdisch angelegten **Visitor Center** (200 Palm Canyon Drive, www.anzaborrego.statepark.org, Okt.–Mai 9–17 Uhr, sonst nur an Wochenenden) bekommen Sie Wanderkarten: etwa für den Weg in den von Palmen gesäumten **Borrego Palm Canyon** (5 km hin und zurück). Erkundigen Sie sich auch nach dem Zustand der Sandpiste zum **Fonts Point** – dort erwartet Sie ein grandioser Blick über das sonnenverbrannte Ödland der Borrego Badlands. Wüstenfans sollten versuchen, den Park zur Zeit der **Wildblumenblüte** im März zu besuchen. Den genauen Zeitpunkt erfahren Sie beim Ansagedienst der Wildflower-Hotline: 760/767-4684.

Übernachten

La Casa del Zorro

3845 Yaqui Pass Road, Borrego Springs, Tel. 760/767-5323, www.lacasadelzorro.com, DZ ab 290

Eine Oase mit Palmen, plätschernden Brunnen, Pools, Gärten und einem exzellenten Restaurant.

The Palms at Indian Head

2220 Hoberg Rd., Borrego Springs, Tel. 760/767-7788, www.thepalmsatindianhead.com, DZ ab 79 $

Der Look aus den 1950er Jahren ist echt: In dem nostalgischen Resort-Motel schliefen schon Marilyn Monroe und Clark Gable. Restaurant und Bar, Riesen-Pool und ein weiter Blick über die Wüstenberge.

Eine Stadt macht gern blau: San Diego mit dem Yachthafen Shelter Island

Zum Selbstlesen oder Verschenken!

Gratis zur Wahl!

Rosenzweig & Schwarz, Hamburg

1. GEO Special-Heftpaket »Mexiko + Südafrika«

Mexiko-Stadt – Wo der Moloch menschlich ist, Riviera Maya – Entdeckung der Karibik, Durban – Wo die Nation baden geht, Johannesburg und Kapstadt. Faszinierende Themen, die Sie in diesen beiden spannenden Ausgaben von GEO Special erwarten.

2. Acrylschuber

Diese praktische Sammelbox schützt Ihre wertvolle Sammlung vor Staub und gibt bis zu 7 Heften einen sicheren Stand.

Entdecken Sie mit GEO Special die Welt – über 14 % sparen und Dankeschön Ihrer Wahl!

Sichern Sie sich GEO Special zum Selbstlesen oder Verschenken. Sie erhalten 6x im Jahr die schönsten Gegenden der Welt frei Haus und sparen dabei über 14 %! **Zum Dank für Ihre Bestellung erhalten Sie ein Geschenk Ihrer Wahl: entweder das GEO Special-Heftpaket »Mexiko + Südafrika« oder den praktischen Acrylschuber!**

Ihre GEO Special-Abo-Vorteile

- **Ein Dankeschön Ihrer Wahl gratis!**
- **Über 14 % Ersparnis gegenüber Einzelkauf!**
- **Lieferung frei Haus!**
- **Nach 6 Ausgaben jederzeit kündbar!**
- **Geld-zurück-Garantie für zu viel bezahlte Hefte!**

Abonnenten-Service Österreich
Tel.: 0820/00 10 85
Geo-Special@abo-service.at

Leser-Service Schweiz
Tel.: 041/329 22 20
Geo-Special@leserservice.ch

Bitte Bestellnummer aus dem Vorteilscoupon angeben.

Die Preise gelten nur in Deutschland, Österreich und der Schweiz. Weitere Auslandspreise auf Anfrage.

GEO Special erscheint im Verlag Gruner+Jahr AG & Co KG, Dr. Gerd Brüne, Am Baumwall 11, 20459 Hamburg. AG Hamburg HRA 102257.

*12 Cent/Min.

GEO Special-Vorteilscoupon

Ja, ich möchte GEO Special selbst lesen oder verschenken für zzt. nur € 6,65 je Ausgabe statt € 7,80 in Deutschland/zzt. € 7,75 je Ausgabe statt € 8,60 in Österreich/zzt. Fr. 13.– je Ausgabe statt Fr. 15.30 in der Schweiz. Als Dankeschön für meine Bestellung erhalte ich ☐ **das GEO Special-Heftpaket** oder ☐ **den Acrylschuber** (bitte nur ein Kreuz) nach Zahlungseingang gratis. Die Lieferung aller Hefte erfolgt frei Haus. Nach Erhalt der 6. Ausgabe kann ich jederzeit kündigen – mit Geld-zurück-Garantie für bezahlte, aber noch nicht gelieferte Hefte. GEO Special erscheint 6x jährlich. Alle Preise inkl. Zustellung und MwSt.

Meine Adresse: Bitte auf jeden Fall ausfüllen!

Name, Vorname

Straße/Nr. Geburtsdatum 19

PLZ Wohnort

Telefonnummer E-Mail-Adresse

■ Ja, ich bin damit einverstanden, dass Sie mich ggf. per Telefon oder E-Mail über weitere Gruner+Jahr-Angebote informieren.

Ich zahle bequem per Bankeinzug (D: halbjährlich € 19,95):

Bankleitzahl Kontonummer

Geldinstitut

Widerrufsrecht: Die Bestellung kann ich innerhalb der folgenden zwei Wochen ohne Begründung beim GEO Special Kunden-Service, 20080 Hamburg, in Textform (z. B. Brief oder E-Mail) oder durch Rücksendung der Zeitschrift widerrufen. Zur Fristwahrung genügt die rechtzeitige Absendung.

Datum X Unterschrift **478619**

Adresse des Geschenkempfängers: Nur ausfüllen, wenn Sie GEO Special verschenken möchten!

Name

Vorname Geburtsdatum 19

Straße/Nr.

PLZ Wohnort **478620**

Dauer der Geschenklieferung: ☐ unbefristet (mindestens 1 Jahr) ☐ 1 Jahr (6 Ausgaben)

Vorteilscoupon einsenden an: GEO Special Kunden-Service, 20080 Hamburg

Oder anrufen unter: 01805/861 80 00*

Einfach per E-Mail: GeoSpecial-Service@guj.de

INFORMATION: Paso Robles Visitors Bureau, 1225 Park St., Paso Robles, Tel. 805/238-6160, www.pasorobleschamber.com
San Luis Obispo Visitors Bureau, 811 El Capitan Way, San Luis Obispo, Tel. 805/541-8000, www.sanluisobispocounty.com
Solvang Visitors Bureau, 1511 Mission St., Solvang, Tel. 805/688-6144, www.solvangusa.com
Santa Barbara Visitors Bureau, 1601 Anacapa St., Santa Barbara, Tel. 805/966-9222, www.santabarbaraca.com

WEBSITES:
www.pasowine.com, www.slowine.com, www.sbcountywines.com Info-Portale der Weinregionen
www.sidewayswineclub.com Mit der „Sideways Tour" der Filmprotagonisten zum Ausdrucken und Nachfahren

TIPP: Monty Roberts, das lebende Vorbild für Robert Redfords „Pferdeflüsterer", stammt aus dem Santa Ynez Valley. Sein großes Gestüt **Flag Is Up Farms** in Solvang steht Besuchern offen (901 East Highway 246, Tel. 805/688-6288, tgl. 9–17 Uhr, www.montyroberts.de).

CHARDONNAY AUF SEITENWEGEN

Das Napa Valley genießt Weltruf, aber Kenner wissen: Auch zwischen Paso Robles und Santa Barbara werden hervorragende Weine gekeltert

Kaliforniens berühmteste Traube Chardonnay ist auch im Süden stark vertreten, ebenfalls vorzüglich gedeiht Pinot Noir. Dieser Rebe wird im Film „Sideways" gehuldigt, der im Santa Ynez Valley gedreht wurde. Seither sind an Wochenenden Scharen von Weinkennern unterwegs: per Fahrrad oder Miet-Limousine zu den Schauplätzen des Films.
Wenn Sie es gleichtun wollen: Die meisten „Tasting Rooms" der Kellereien sind täglich von 11 bis 17 Uhr geöffnet, viele verlangen fünf bis acht Dollar für die Verkostung von vier bis sechs Weinen.

PASO ROBLES

Im Hinterland der Zentralküste bauten Einwanderer aus Frankreich und Italien schon im 19. Jahrhundert Reben an. Seit den 1970er Jahren sind große Güter entstanden, die jedoch ihre Ernte meist als Beimischung für Weine in den Norden verkauften, auch nach Napa.
Heute ist das Tal von Paso Robles das größte Weinanbaugebiet Südkaliforniens mit gut 10 000 Hektar Rebfläche. Noch immer gehen mehr als zwei Drittel der Trauben in andere Weinregionen Kaliforniens.
Doch in den letzten zehn Jahren verdreifachte sich auch die Zahl der ansässigen Kellereien auf über 100. Darunter zahlreiche kleine „Boutique Wineries", die zum Teil hervorragende Rotweine produzieren. Auf den kalkhaltigen Böden wachsen Rebsorten wie Cabernet Sauvignon, Merlot und Zinfandel besonders gut.

Anschauen & Probieren

Die Rebenfelder der Großproduzenten liegen östlich der Autobahn US 101. Sehenswert: die mit vielen Preisen dekorierte **Eberle Winery** (Hwy. 46 East). Die kleineren Weingüter verstecken sich in den Hügeln auf der Westseite des Tals. Bei einer Rundfahrt über Hwy. 46 West, Vineyard Drive und Adelaida Road treffen Sie auf einige der interessantesten Winzereien: die auf Zinfandel spezialisierten **Turley Wine Cellars** (2900 Vineyard Drive) oder die **Opolo Vineyards** (7110 Vineyard Drive), die auch Sangiovese und Viognier keltern. **Tablas Creek Vineyard** (9339 Adelaida Rd.) produziert nach französischer Tradition, **Justin Vineyards** (11680 Chimney Rock Rd.) lädt zu Führungen und zur Rast im eigenen Restaurant, und bei **Wild Coyote** (3775 Adelaida Rd.) können Sie Merlots und sogar Portweine kosten.
Auch die Stadt Paso Robles verdient den Besuch – sie wurde wegen heißer Quellen einst als Kurort gegründet. Die schattige Plaza im Zentrum umrahmen historische Bauten, in denen sich vorzügliche kleine Restaurants wie das **Odyssey World Café** (1214 Pine St.) befinden.

Erfolgreiche Mission: Franziskaner brachten den Wein nach San Luis Obispo

Übernachten

Wild Coyote B&B
3775 Adelaida Rd., Paso Robles, Tel. 805/610-1311, www.wildcoyote.biz, DZ ab 225 $
Besitzer Gianni Manucci ist Winzer und Architekt. Seinem Weingut hat er eine „Pension" im Pueblostil hinzugefügt, die grandios auf einem Hügel liegt.

SAN LUIS OBISPO

Vor über 200 Jahren bauten die Franziskanermönche der Mission von San Luis Obispo die ersten Reben für ihren Messwein an. Heute erweisen sich die vulkanischen Böden des Tales in Kombination mit dem Nebel vom nahen Pazifik als ideal für komplexe Chardonnays und Pinots Noirs. Ein Dutzend kleiner Weingüter produziert südöstlich von San Luis Obispo auf gut 1200 Hektar Rebfläche hochwertige Tropfen.

Anschauen & Probieren

Eine Runde durch die Kellereien im **Edna Valley** können Sie an einem Nachmittag unternehmen. Tipp: Verbinden Sie den Ausflug mit einem Picknick. Brot, Käse und holländisches Gebäck bekommen Sie in der **Utopia Bakery** (2900 Broad St.) bei der Ausfahrt aus San Luis Obispo. Von dort sind es nur wenige Kilometer zur modernsten und größten Kellerei, der **Tolosa Winery** (4910 Edna Road/Hwy. 227), wo Sie vom Tasting Room aus bei der Verarbeitung zusehen können. **Saucelito Canyon** (3080 Biddle Ranch Rd.) ist auf Zinfandel-Weine spezialisiert, die zum Teil an mehr als 120 Jahre alten Rebstöcken wachsen. **Bayleana Winery** (5828 Orcutt Rd.), geleitet von einem Kellermeister aus dem Burgund, residiert in einem alten Schulhaus mit schönem Picknickplatz.

Übernachten

Garden Street Inn
1212 Garden Street, San Luis Obispo, Tel. 805/545-9802, www.gardenstreetinn.com, DZ 155–175 $
Eine elegante Villa im Herzen der Altstadt mit 13 stilgerecht möblierten Gästezimmern.
Old Edna, Suite Edna
1655 Old Price Canyon Road, San Luis Obispo, Tel. 805/544-8062, www.oldedna.com, DZ 235 $, werktags günstiger
Besitzerin Pattea Torrence hat das Cottage aus dem Jahr 1908 mit viel Liebe zum Detail restauriert und kümmert sich jetzt ebenso hingebungsvoll um ihre Gäste. Für genussvolle Tage.

Volle Konzentration auf preisgekrönte Weine: Im Wild Coyote gibt es weder Telefon noch Internet

SANTA YNEZ VALLEY

Das breite Hochtal in den Küstenbergen zwischen Santa Barbara und Solvang war vor allem für Pferde- und Rinderzucht bekannt. In den letzten 15 Jahren aber hat der Weinbau alle anderen Wirtschaftszweige im Santa Ynez Valley überholt. Gut 60 „Boutique Vineyards" keltern heute exzellente Jahrgänge. Die Weine profitieren von der längsten Wachstumsperiode aller Anbaugebiete Kaliforniens. Derzeit wird hier vielfach mit Rhone-Rebsorten wie Syrah, Viognier oder Grenache experimentiert.

Anschauen & Probieren

Solvang ist ein Stück Dänemark in Kalifornien – ein Dorf mit Windmühlen, falschem Fachwerk und „æbleskiver", dänischen Apfelküchlein, auf den Speisekarten der Restaurants. Solvang ist aber auch der ideale Startpunkt für eine Weintour ins Santa Ynez Valley. Nehmen Sie, von Santa Barbara kommend, den Panorama-Highway 154 über den San Marcos Pass.
Einen ersten Stopp verdient die **Sunstone Winery** (125 Refugio Rd.), ein ökologisch produzierender Betrieb mit Provence-Flair. Vor der Weiterfahrt sollten Sie sich in Solvang für ein Picknick eindecken; gute Adressen sind der Gourmet-Supermarkt **El Rancho Market** am Hwy. 246 östlich von Solvang (2886 Old Mission Dr.) oder **Epicurean Picnic** (1582 Mission Dr.) mitten im Ort, das eine prima Auswahl an heimischen und importierten Käsesorten bietet.
Entlang der Alamo Pintado Road nördlich von Solvang reihen sich weitere Kellereien; kosten Sie den Pinot Noir und den Merlot der **Foley Estates Winery**.
Weiter nördlich an der durchs Hügelland mäandernden Foxen Canyon Road lohnen sich Stopps bei **Fess Parker** wegen exzellenter Chardonnay- und Rieslingweine und bei **Zaca Mesa**. Tipp: Etwas versteckt unterhalb des Parkplatzes des **Firestone Vineyard** (5000 Zaca Station Rd.) stehen die Picknicktische, von denen Sie den besten Blick übers Tal haben.
Der hübscheste Ort im Weinland ist **Los Olivos**, ein Städtchen mit kaum mehr als einer Kreuzung und einem halben Dutzend Weinläden. Einladend ist **Los Olivos Tasting Room** (2905 Grand Ave.), in dem Sie rund 50 Weine weniger bekannter Güter verkosten können. Mit feiner kalifornischer Küche und einer lauschigen Terrasse wartet **Los Olivos Café** auf (2879 Grand Ave.); an der langen Theke nippen Wein-Aficionados an Rebsäften von kleinen Winzereien der Region.
Wenn Ihnen der Sinn nach Steak steht, ist das **Hitching Post Restaurant** in Buellton die richtige Adresse (406 East Hwy. 246). Das Traditionslokal besitzt Filmruhm: In „Sideways" lernte Miles hier die Kellnerin Maya kennen.

Übernachten

Royal Scandinavian Inn
400 Alisal Road, Solvang, Tel. 805/688-8000, www.royalscandinavianinn.com, DZ 100–220 $
Komfortables Hotel im dänischen Fachwerk-Look mit Pool und Restaurant.

Solvang Gardens Lodge
293 Alisal Road, Solvang, Tel. 805/688-4404, www.solvanggardens.com, DZ ab 119 $
Idyllischer Landgasthof mit nur 24 Zimmern, umrahmt von bunten Blumenbeeten.

Santa Ynez Valley: Hier findet der Held des Films »Sideways« die Wahrheit im Wein

ALL BUSINESS IS SHOWBUSINESS

So schnell wie Las Vegas wächst keine andere amerikanische Metropole. Und längst hat sich zur Spielsucht ein anderes Laster gesellt – die Gier nach dem nächsten Superlativ

Kopieren als Kunstform: Rialto-Brücke, Canal Grande und Campanile gehören zum Hotel Venetian

INFORMATION: Las Vegas Convention & Visitors Authority, c/o Aviareps Mangum, Sonnenstr. 9, 80331 München, www.visitlasvegas.de, Tel. 089/23 66 21 62, Servicenummer für Broschüren: 01908/290 46 (1,86 €/Min.). Hier sind vorab Stadtplan und Visitors Guide zu bestellen.

WEBSITES: www.visitlasvegas.com Die offizielle Seite des Fremdenverkehrsamtes
www.lasvegas360.com Virtuelle Touren
www.vegas.com Online-Reservierungen für Restaurants und Shows
www.lasvegasweekly.com Wöchentliches Stadtmagazin

TRANSPORT: Seit kurzem verkehrt eine **Monorail** hinter den Casinos auf der Ostseite des Strip (www.lvmonorail.com, einfache Fahrt 3 $, Tageskarte 10 $, drei Tage 25 $). Die Bahnstrecke führt vom MGM Grand über das Convention Center bis zum Sahara Casino am Nordende des Strip. Vor allem Kongressbesucher dürfen sich über die Route freuen; fürs Sightseeing sind die Stationen oft zu weit entfernt an der Rückseite der Casinos.
Praktischer sind die kostenlosen **Trams**, die auf der Westseite des Strip verkehren, zum Beispiel zwischen dem Bellagio und dem Monte Carlo sowie zwischen den Hotels Excalibur, Luxor und Mandalay Bay.

Heute hat der Großraum Las Vegas rund 1,7 Millionen Einwohner, und mehr als 37 Millionen Besucher jährlich lassen gut 30 Milliarden Dollar da. Noch größer, noch grandioser lautet die Devise bei jedem Casino-Neubau. Nachtclubs florieren, Top-Künstler werden für die schillernden Shows eingeflogen, und die besten Köche der Welt zaubern hier. Nebeneffekt dieser Gigantomanie: Die Preise haben kräftig angezogen, in den Hotels ebenso wie in den Restaurants. Zwei oder drei Nächte sollten Sie aber einplanen, um wenigstens einen Teil der Attraktionen zu erleben – vieles ist noch kostenlos.
PS: Bringen Sie unbedingt ein Paar bequeme Schuhe mit, die Wege sind lang. Und ein übergehängter Pulli hilft gegen die stets kalt fächelnden Klimaanlagen.

Übernachten

Nicht selten sind die 135 000 Hotelzimmer in Las Vegas komplett ausgebucht. Tipp: Kommen Sie am Anfang der Woche. Dann zahlen Sie pro Nacht in einem der großen Casinohotels 50 bis 90 Dollar (in der Nebensaison im Sommer), ab Donnerstag kostet dasselbe Zimmer 250 Dollar und mehr. Ähnlich hohe Preise gelten während großer Kongresse und an Feiertagen. Alternative: Buchen Sie vorab im Reisebüro die teils günstigeren Veranstalterraten.

Wynn. Las Vegas
3131 Las Vegas Blvd. South, Tel. 702/770-7100, www.wynnlasvegas.com, DZ werktags ab 200 $
Das neueste und teuerste Hotel der Stadt. Mit dem spiegelnden Turmbau samt Golfplatz hat sich Casinomogul Steve Wynn ein 2,5 Milliarden Dollar teures Denkmal gesetzt. Gönnen Sie sich hier ein Steak im **Country Club Grill** oder superbes Sushi im **Okada**.

Bellagio
3600 Las Vegas Blvd. South, Tel. 702/693-7111, www.bellagio.com, DZ werktags ab 160 $
Die stilvollste Adresse am Strip. Ein Prunkbau mit viel Marmor und edler Kunst – im Restaurant Picasso hängen sogar Originale des Malers. Tipp: Die Terrasse des italienischen Hotelrestaurants **Olives** (Tel. 702/693-8181) ist das schönste Plätzchen, um den Wasserspielen in der Lagune zuzusehen (alle halbe Stunde).

New York-New York
3790 Las Vegas Blvd. South, Tel. 702/740-6969, www.nynyhotelcasino.com, DZ werktags ab 80 $
Hinter der Skyline von New York warten 2024 komfortable Zimmer – in bester Lage am Strip und zu vernünftigen Preisen. Dazu: Pool, Achterbahn und elf Restaurants.

The Palms Casino Resort
4321 W. Flamingo Rd., Tel. 702/942-7777, www.palms.com, DZ werktags ab 65 $
Derzeit das angesagteste Casinohotel. Gute Restaurants, zwei coole Nachtclubs und viel Prominenz aus der Mode- und Musikszene. Hier entschloss sich Britney Spears zu heiraten (das erste Mal).

Anschauen

LAS VEGAS BOULEVARD: Die größte Anziehungskraft auf Besucher hat der **Strip**, der rund sechs Meilen lange Abschnitt des Las Vegas Boulevard mit seinen gigantischen Bauten. Am besten, Sie beginnen Ihren Spaziergang am späten Nachmittag – dann ist es kühler, und die spektakulären Casinohotels funkeln in bunter Neonlichterpracht. Im Zentrum des Strip, rund um die Kreuzung mit der Flamingo Road, stehen zwei der prunkvollsten Hotels: **Caesars Palace** und das **Bellagio**, nördlich davon das **Venetian** mit echten Gondeln und nachgebauten venezianischen Fassaden. Nach Süden hin schließen sich das **Paris Las Vegas** samt Eiffelturm an, das **New York-New York**, die Märchenburg des **Excalibur** und die gewaltige Pyramide des **Luxor**. Den Schlusspunkt setzt das **Mandalay Bay** mit seinem ausgezeichneten Aquarium und einem Haifischbecken zum Durchspazieren.

FASHION SHOW MALL: Der neu gestaltete Konsumtempel gegenüber dem Wynn Las Vegas lädt mehrmals täglich zu Modenschauen. Für eine Pause: das Tapas-Café **Ba-Ba-Reeba**.

IMPERIAL PALACE (gegenüber dem Caesars Palace): Wer wollte nicht einmal gegen Madonna oder Rod Stewart gewinnen? Hier ist Ihre Chance – einige der **Blackjack Dealer** sind perfekte Doubles der Stars.

DOWNTOWN: Abends jeweils zur vollen Stunde erstrahlt die **Fremont Street** bei Light-Shows mit Musik. Nostalgiker könnte die Ausstellung alter Neonschilder (Ecke Third Street) erfreuen.

ELVIS WEDDING CHAPEL (1205 Las Vegas Blvd. South, Tel. 702/384-0771, www.theelvisweddingchapel.com): **Heiraten** in Vegas? Geht ruck, zuck, kostet 200 bis 600 Dollar, ein Elvis-Imitator gibt den Friedensrichter, und die Verwandtschaft ist per Webcam live dabei.

Krönt auch in Las Vegas die Prachtstraße: der Arc de Triomphe

Essen

Shrimp-Cocktails und Steaks waren lange das Nonplusultra der Casino-Cuisine. Doch neuerdings öffnen immer mehr Gourmetlokale in Las Vegas – hervorragend, aber teuer.
Ein gutes Preis-Leistungs-Verhältnis bieten die riesigen **Buffets**, für die das Zockerparadies berühmt ist. Die besten finden Sie im Bellagio, im Paris Las Vegas und im Rio beim „Carnival World Buffet“; aktuelle Preise unter www.vegasbuffets.com.

Mix

The Hotel, Mandalay Bay Casino, 3950 Las Vegas Blvd. South, Tel. 702/632-9500, www.chinagrillmgt.com

Wer am Spieltisch groß abgesahnt hat, darf hier bei Haute Cuisine feiern. Frankreichs Sternekoch Alain Ducasse wird seinem Michelin-Ruhm auch in Las Vegas gerecht. Tipp: Kommen Sie am Spätnachmittag zu einem Drink in die Loungebar des Restaurants im 43. Stockwerk – der Blick von der Terrasse über den Strip beim Sonnenuntergang ist sensationell.

Sensi

Bellagio Casino, 3600 Las Vegas Blvd. South, Tel. 702/693-8800

Der Deutsche Martin Heierling glänzt als der neue Shootingstar am kulinarischen Himmel von Las Vegas. In seiner verglasten Showküche mixt er Ideen aus Asien, Italien und Amerika. Ringsum regiert cooles Design mit plätschernden Wasserwänden.

Margaritaville

Flamingo Casino, 3555 Las Vegas Blvd. South, Tel. 702/733-3302, www.margaritaville lasvegas.com

Ein Partylokal, ganz klar. Die Drinks sind exzellent, aus der Küche kommen Shrimps, Fajitas und Riesensalate. Zu hören gibt es Songs von Jimmy Buffett – ihm gehört schließlich das Lokal. Am schönsten und mit Blick über den Strip sitzen Sie auf der Terrasse im zweiten Stockwerk.

Toby Keith's I Love this Bar & Grill

Harrah's Casino, 3475 Las Vegas Blvd. South, Tel. 702-693-6111

Countrystar Toby Keith kommt aus Oklahoma, im Lokal werden seine Lieblingsspeisen serviert: BBQ-Rippchen, Meatloaf, knuspriger Catfish – und „Freedom Fries“ für amerikanische Patrioten. Ab 21 Uhr gibt es Live-Countrymusik, manchmal sogar mit Toby persönlich.

Hofbräuhaus

4510 Paradise Rd., Tel. 702/853-2337, www.hofbrau hauslasvegas.com

Die Dependance des Münchner Traditionslokals: originalgetreu nachgebaut, mit Hofbräu vom Fass, Maßkrügen auf blanken Holztischen und bayrischen Blaskapellen. Wenn Sie in Las Vegas neue Freunde finden wollen, vor allem Amerikaner und Japaner – hier ist der Kennenlernfaktor am höchsten.

Nightlife

Siegfried und Roy sind Geschichte, geblieben ist von den legendären deutschen Magiern der **Secret Garden** mit weißen Tigern und Löwen im Hotel Mirage.
Doch Las Vegas trauert nicht lange, aktuelle Publikumslieblinge sind die aufwendigen **Artistenshows** des Cirque du Soleil wie zum Beispiel „KÀ“ (im MGM Grand), „O“ (Bellagio) oder das erotische „Zumanity“ (New York-New York).
Musicals sind ebenfalls sehr beliebt: Derzeit laufen „Mamma Mia“ (Mandalay Bay) und der Broadway-Hit „Avenue Q“ (Wynn Las Vegas), demnächst kommen „Hairspray“ (Luxor) und „Phantom der Oper“ (Venetian) hinzu. Und in der **Konzerthalle** des Caesars Palace, eigens für Celine Dions Show „A New Day“ erbaut, tritt auch Elton John („The Red Piano“) auf.
Auf den großen Bühnen der Casinos gehen meist zweimal pro Abend die Lichter an: gegen 19 Uhr für die **Dinner-Shows** (ca. 50–150 $) und gegen 22 Uhr für die etwas preisgünstigeren **Cocktail-Shows**. Buchung vorab im Internet oder kurzfristig beim Hotelconcierge. Beim Besuch der Shows ist selten eine Kleiderordnung einzuhalten, sehr wohl aber in den **Nightclubs**: Ohne schickes Outfit haben Sie keine Chance, in Szeneclubs wie dem **Tao** (im Venetian), dem **Light** (Bellagio), dem **Studio 54** (MGM Grand) oder in Steffi Grafs **Pure** (Caesars Palace) eingelassen zu werden; Eintritt 10–30 $.

Überblick

Ein Helikopterflug über die Glitzerwelt des Strip ist schon für 50 bis 90 Dollar zu haben: im komfortablen Ledersessel bei **Maverick Helicopter Tours** (Tel. 702/261-0007, www.maverick helicopter.com) oder etwas einfacher, aber genauso verlässlich mit **Papillon Helicopters** (Tel. 702/736-7243, www.papillon. com). Deutlich teurer, auf ca. 350–450 Dollar, kommt ein rund vierstündiger Ausflug zum Grand Canyon, wie ihn beide Firmen ebenfalls anbieten.

Verkehrte Welt: Im Restaurant Sensi steckt der Koch im Aquarium, kommt aber traditionell nie unters Messer

Karl Teuschl, 50, ist seit seinem Amerikanistik-Studium 1978 in Los Angeles mehrmals im Jahr in Kalifornien unterwegs. Bei der Recherche für dieses Heft hat er besonders die Fahrt in den Norden genossen – und seine natürlich rein dienstlichen Abstecher in die Weinregion zwischen Paso Robles und Santa Barbara.

KALIFORNISCHE SCHICKSALSTAGE

Seit seiner Gründung erfindet sich der Golden State immer wieder neu – und bleibt sich damit treu

Bauernsohn auf Mission: Franziskaner-Pater Junípero Serra gilt als Gründer von San Francisco und San Diego

Am 9. Januar 1769 brechen von der Halbinsel Baja California drei kleine Schiffe auf. Zwei Fußtrupps folgen in das sagenumwobene Land Richtung Norden. Bereits kurz nachdem die Spanier vor mehr als 200 Jahren die Halbinsel Baja California eingenommen hatten, entdeckten sie auch Alta California. Doch erst jetzt entsenden sie eine Expedition, um das Gebiet westlich des Colorado zu besiedeln. Als die Truppen im Juli endlich die Bucht von San Diego erreichen, ist nur noch die Hälfte der Mannschaft am Leben. Franziskaner-Pater Junípero Serra lässt sich nicht beirren: Umgehend errichtet er die ersten Missionsstationen und beginnt, Indianer in „Zivilisation" und rechtem Glauben zu unterweisen. Wer einmal getauft ist, darf nicht mehr weg. Die Indianer wehren sich, stecken Missionen in Brand, ermorden Prediger und Soldaten. Machtlos indes sind sie gegen die von den Spaniern eingeschleppten Masern. Bis Mitte des 19. Jahrhunderts schrumpft die Bevölkerung der über 300 000 Ureinwohner um die Hälfte.

14. Juni 1846. Im Morgengrauen überwältigen 30 amerikanische Siedler in der kleinen Stadt Sonoma den mexikanischen Statthalter General Vallejo. Seit 1821 gehört Kalifornien zu Mexiko – damit soll nun Schluss sein: Die Rebellen hissen eine Flagge mit der Aufschrift „California Republic", die ein Stern und ein hastig gezeichneter, eher an ein Schwein erinnernder Grizzlybär zieren. Was niemand von ihnen weiß: Die Vereinigten Staaten haben Mexiko einen Monat zuvor den Krieg erklärt; in den kalifornischen Gewässern kreuzt bereits die US-Navy. Mexiko wird in diesem Krieg die Hälfte seines gesamten Territoriums verlieren. Kaum einen Monat nach der Rebellion wehen auch in Sonoma anstelle der Bärenflagge „Stars and Stripes".

5. Dezember 1848. Begeistert verkündet US-Präsident James Knox Polk, der wegen seiner kostspieligen Eroberung in der Kritik steht, was ihm ein Bote berichtet: In Kalifornien wurde Gold entdeckt! Über Nacht machen sich Zehntausende auf den beschwerlichen Weg nach Westen. Monatelang ziehen sie mit Planwagen durch Wüsten und Indianergebiete. Wohlhabendere reisen von der Ostküste per Schiff um Kap Horn. Jeder zwölfte Abenteurer stirbt unterwegs oder verliert sein Leben in den Minen. Wer mehr Glück hat, wird sein Gold in den Saloons und Bordellen oft schnell wieder los. Das schreckt kaum jemanden ab: Bereits drei Jahre nach der Ansprache des Präsidenten ist die nichtindianische Bevölkerung in Kalifornien von 10 000 auf 255 000 Menschen gestiegen. Und auch nach dem Ende des Goldrausches reißt der Strom nicht ab. Als 1869 die erste transkontinentale Eisenbahnlinie eingeweiht wird und San Francisco weniger als eine Wochenreise von New York trennt, ist es mit der kalifornischen Abgeschiedenheit endgültig vorbei.

Goldfunde bei Coloma ziehen Hunderttausende nach Kalifornien

Im Frühjahr 1873 wendet sich in Reno eine verzweifelte Frau an den Schneider Jacob Davis: Ihr Mann, ein dicker, wassersüchtiger Holzfäller passt in keine Hose mehr. So näht Davis ein Beinkleid aus festem Baumwollstoff und verstärkt die Nähte mit Kupfernieten. Da ihm das Geld fehlt, die robuste Arbeitshose zum Patent anzumelden, überzeugt Davis seinen Tuchlieferanten, einen bayrischen Einwanderer namens Levi Strauss, sich zu beteiligen. Eine Investition, die sich für beide aus-

Den Oberfranken Levi Strauss machen blaue Beinkleider reich

KALIFORNIEN KOMPAKT *Der Staat ist auf Optimismus gebaut – ein solides Fundament, wie die Bilanz zeigt*

DAS LAND

→ Fläche: 424 002 km² (drittgrößter Staat der USA, nach Alaska und Texas). Mit dem Death Valley (86 m u. M.) und Mount Whitney (4418 m) liegen in Kalifornien der tiefste und der höchste Punkt der USA (außer Alaska).

→ Hauptstadt: Sacramento (435 000 Einw.). Weitere Städte: Los Angeles (3,8 Mio.), San Diego (1,3 Mio.), San Francisco (764 000).

DIE MENSCHEN

→ Einwohner: 36 Mio. (bevölkerungsreichster Bundesstaat).

→ Herkunft: 26,8% der Menschen wurden im Ausland geboren (US-Durchschnitt: 12,0%). 41,3% sprechen zu Hause eine andere Sprache als Englisch (US-Durchschnitt: 18,7%). 34,9% sind lateinamerikanischer und 12,1% asiatischer Abstammung, 6,2% schwarzer Hautfarbe, 0,7% Ureinwohner.

WIRTSCHAFT

Das kalifornische Bruttoinlandsprodukt liegt mit rund 1,5 Billionen Dollar nur knapp unter dem Frankreichs. Damit ist Kalifornien, auch nach dem IT-Crash von 2001, die achtgrößte Volkswirtschaft der Welt. Größte Wirtschaftszweige sind Landwirtschaft, Luft- und Raumfahrt, Unterhaltungsindustrie und der High-Tech-Sektor.

→ mittleres Haushaltseinkommen: 51 000 Dollar

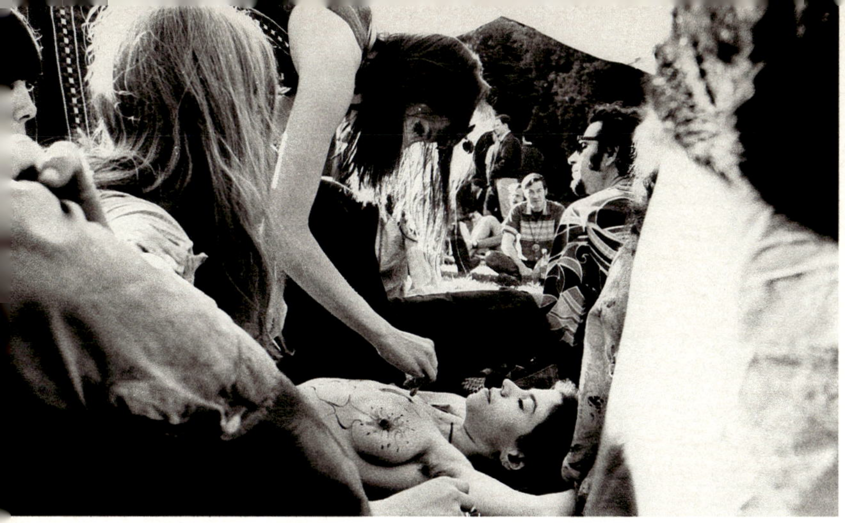

Blumen statt BHs: Mitte der 1960er Jahre wird San Francisco zum Zentrum der Hippie-Kultur

zahlt. Denn die „waist overalls", die bis zur Taille reichenden Overalls, wie Jeans zunächst heißen, werden sofort zum Hit unter Goldgräbern und Cowboys.

An einem Sommertag im Jahr 1886 beschließt das Ehepaar Wilcox, ein großes Stück Land inmitten von Orangenhainen zu kaufen. Auf dem Gelände nordwestlich von Los Angeles soll eine christliche Mustergemeinde entstehen, mit vielen Kirchen – und ohne Kneipen. Doch die Idylle zieht nicht nur Gleichgesinnte an. Auf der Suche nach guten klimatischen Bedingungen entdeckt der Regisseur Francis Boggs im Winter 1908 die Mustergemeinde, die inzwischen den Namen Hollywood trägt. Mehr und mehr Produzenten folgen ihm von der Ostküste. Sehr zum Entsetzen der frommen Bürger. Der Hotelier der Gemeinde verschließt seine Tür – „Keine Hunde, keine Schauspieler" steht darauf.

1957. Ein halbes Jahr, nachdem William Shockley für die Erfindung des Transistors mit dem Nobelpreis geehrt wurde, kündigen ihm acht seiner besten Mitarbeiter. Shockley ist ein Tyrann, der seine Angestellten mit Lügendetektoren überwacht, vor allem aber wollen die „acht Verräter" endlich Siliziumtransistoren bauen – eine Idee Shockleys, die das paranoide Genie selbst längst verworfen hatte. Mit ihrer Firma „Fairchild Semiconductors" verhelfen Gordon Moore und seine sieben Kollegen dem Siliziumchip zum Durchbruch. Ein Jahrzehnt später gründet Moore mit Robert Noyce „Intel" und präsentiert 1971 den ersten Mikroprozessor. So bahnbrechend ist die Siliziumtechnologie, dass der Landstrich, in der sie ihren Anfang nahm, den Spitznamen „Silicon Valley" erhält.

Am 6. Oktober 1966 schlucken in San Francisco Tausende Jugendliche vor den Augen der Polizei gemeinsam LSD. Ihr Protest gegen das Verbot der Droge ist der Auftakt des „Summer of Love", der ein ganzes Jahr dauern wird. 200 000 Teenager aus allen Teilen Amerikas machen sich auf den Weg in den Stadtteil Haight-Ashbury. Zur Musik von Janis Joplin und The Grateful Dead experimentieren sie mit freier Liebe und einer geldlosen Gesellschaft: Man teilt die Wohnung, sammelt in Märkten übrig gebliebene Lebensmittel ein, verschenkt Kleider, Drogen – und Blumen. Denn seit Scott McKenzie gilt: „When you are going to San Francisco, be sure to wear some flowers in your hair."

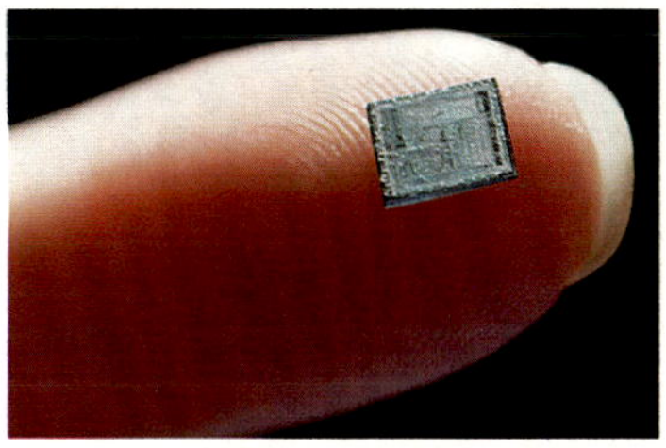

Kleiner Chip, große Wirkung: Mikroprozessoren aus dem Silicon Valley

29. April 1992. Schwarze Jugendliche zertrümmern in South Central Los Angeles eine Ladenfront und schleudern Steine auf vorbeifahrende Autos. „This is for Rodney King!", brüllt einer von ihnen. King, ein Afroamerikaner, ist von vier weißen Polizisten brutal zusammengeschlagen worden. Trotz beweiskräftiger Videoaufnahmen spricht eine mehrheitlich weiße Jury die Polizisten frei! Die Wut in den Armenvierteln gerät außer Kontrolle. Tausende Geschäfte werden geplündert, 1100 Gebäude in Brand gesteckt und über 50 Menschen sterben, bis die Nationalgarde nach fünf Tagen wieder Herr der Lage ist.

Flächenbrand der Wut: Nach dem Urteil im Fall Rodney King ist Los Angeles im Ausnahmezustand

7. Oktober 2003. Zum ersten Mal in der Geschichte setzen die Kalifornier per Volksbegehren einen Gouverneur ab. Anstelle des geschassten Demokraten Gray Davis wählen sie mit 48,2 Prozent den republikanischen Kandidaten Arnold Schwarzenegger, einen Hollywood-Star. *Susmita Arp*

(der US-Durchschnitt liegt bei 44 684 Dollar).

→ Arbeitslosenquote: 5,4% (2005).

LANDWIRTSCHAFT

Der Staat produziert über die Hälfte aller in den USA erzeugten Früchte. Wichtigste Waren sind Weintrauben, Mandeln und Milchprodukte. 1947 wurde Marilyn Monroe zur ersten „Kalifornischen Artischocken-Königin" gekrönt.

TOURISMUS

Der meistbesuchte US-Bundesstaat zieht jährlich rund 4,2 Mio. Gäste aus Übersee an, allen voran Briten und Japaner. Deutschland rangiert mit rund 275 000 Touristen an dritter Stelle.

POLITIK

→ Gouverneur: Arnold Schwarzenegger, bis Januar 2007.

Mit jährlich mehreren Volksentscheiden und Hunderten regionaler Initiativen gilt Kalifornien als „Paradies der direkten Demokratie". Kritiker beklagen, dass die Flut an Plebisziten das Parlament de facto entmachtet habe.

UND ANSONSTEN ...

→ haben 76% der Kalifornier noch nie gesurft;

→ aber immerhin 63%, nach eigenem Bekunden, schon einmal einen Baum umarmt.

→ ist der Grizzlybär das Wappentier, der allerdings ist im Staat seit 1922 ausgestorben.

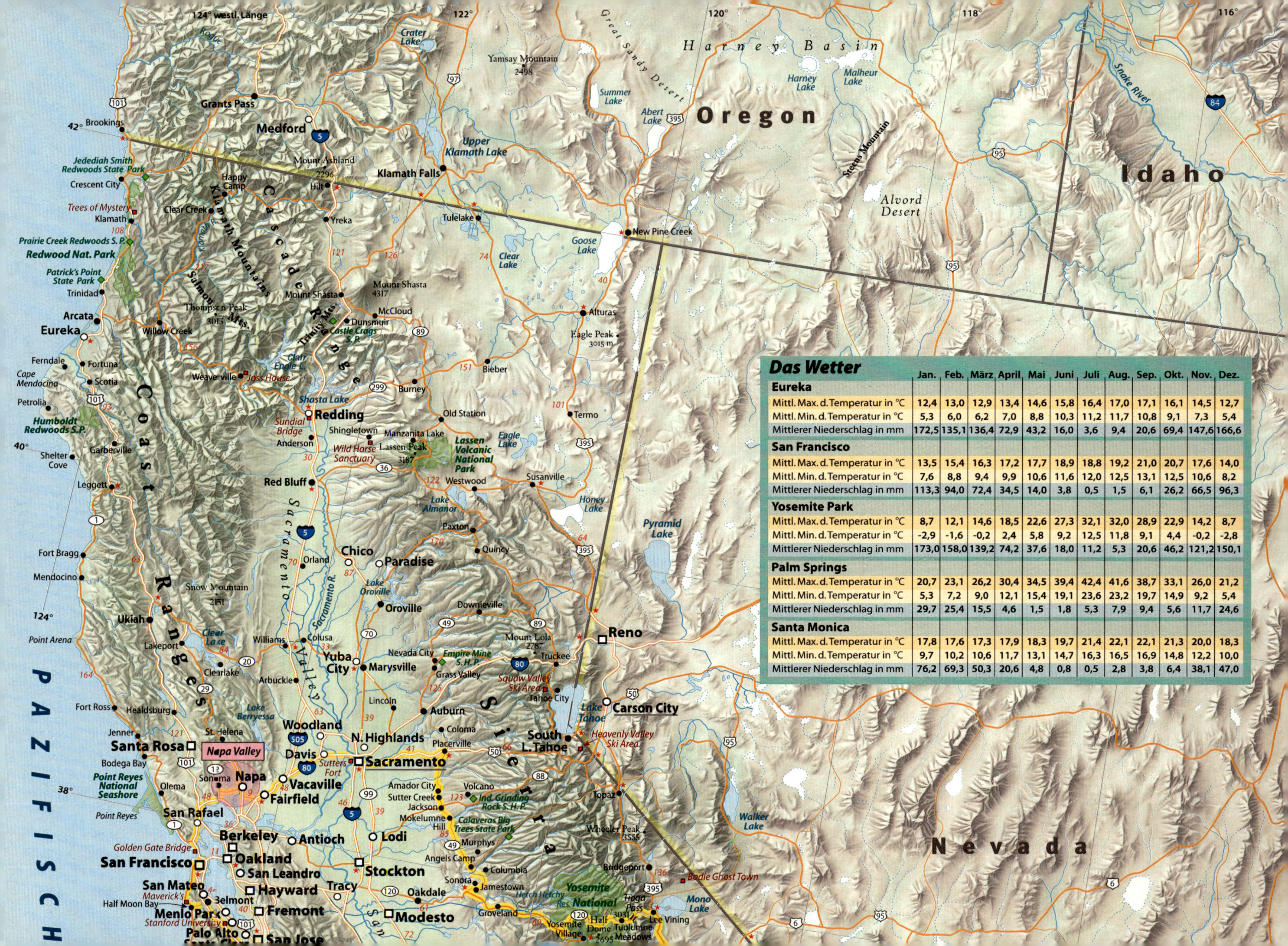

Das Wetter	Jan.	Feb.	März	April	Mai	Juni	Juli	Aug.	Sep.	Okt.	Nov.	Dez.
Eureka												
Mittl. Max. d. Temperatur in °C	12,4	13,0	12,9	13,4	14,6	15,8	16,4	17,0	17,1	16,1	14,5	12,7
Mittl. Min. d. Temperatur in °C	5,3	6,0	6,2	7,0	8,8	10,3	11,2	11,7	10,8	9,1	7,3	5,4
Mittlerer Niederschlag in mm	172,5	135,1	136,4	72,9	43,2	16,0	3,6	9,4	20,6	69,4	147,6	166,6
San Francisco												
Mittl. Max. d. Temperatur in °C	13,5	15,4	16,3	17,2	17,7	18,9	18,8	19,2	21,0	20,7	17,6	14,0
Mittl. Min. d. Temperatur in °C	7,6	8,8	9,4	9,9	10,6	11,6	12,0	12,5	13,1	12,5	10,6	8,2
Mittlerer Niederschlag in mm	113,3	94,0	72,4	34,5	14,0	3,8	0,5	1,5	6,1	26,2	66,5	96,3
Yosemite Park												
Mittl. Max. d. Temperatur in °C	8,7	12,1	14,6	18,5	22,6	27,3	32,1	32,0	28,9	22,9	14,2	8,7
Mittl. Min. d. Temperatur in °C	-2,9	-1,6	-0,2	2,4	5,8	9,2	12,5	11,8	9,1	4,4	-0,2	-2,8
Mittlerer Niederschlag in mm	173,0	158,0	139,2	74,2	37,6	18,0	11,2	5,3	20,6	46,2	121,2	150,1
Palm Springs												
Mittl. Max. d. Temperatur in °C	20,7	23,1	26,2	30,4	34,5	39,4	42,4	41,6	38,7	33,1	26,0	21,2
Mittl. Min. d. Temperatur in °C	5,3	7,2	9,0	12,1	15,4	19,1	23,6	23,2	19,7	14,9	9,2	5,4
Mittlerer Niederschlag in mm	29,7	25,4	15,5	4,6	1,5	1,8	5,3	7,9	9,4	5,6	11,7	24,6
Santa Monica												
Mittl. Max. d. Temperatur in °C	17,8	17,6	17,3	17,9	18,3	19,7	21,4	22,1	22,1	21,3	20,0	18,3
Mittl. Min. d. Temperatur in °C	9,7	10,2	10,6	11,7	13,1	14,7	16,3	16,5	16,9	14,8	12,2	10,0
Mittlerer Niederschlag in mm	76,2	69,3	50,3	20,6	4,8	0,8	0,5	2,8	3,8	6,4	38,1	47,0

Kalifornien
OZEAN
MEXIKO
Arizona
KLASSISCHE ROUTE
KLASSISCHE ROUTE
Paso Robles Valley
Edna Valley
Santa Ynez Valley
Santa Cruz
Monterey Bay
Watsonville
Marina
Salinas
Monterey
Carmel
Hollister
Morgan Hill
Merced
Atwater
Los Banos
Madera
Fresno
Sanger
Selma
Reedley
Hanford
Visalia
Lemoore
Tulare
Porterville
Delano
Wasco
Shafter
Bakersfield
Lamont
Arvin
Diablo Range
Coast Ranges
San Joaquin Valley
Sierra Nevada
Kings Canyon Nat. Park
Sequoia Nat. Park
Mount Whitney 4418
Bishop
White Mts.
White Mountain Peak
Big Pine
Lone Pine
Owens Lake
Olancha
Inyo Mts.
Panamint Range
Death Valley National Park
Scotty's Castle
Rhyolite Ghost Town
Stovepipe Wells
Death Valley (Furnace Creek)
Zabriskie Pt.
Badwater
Dante's View
Telescope Peak 3368
Amargosa Range
Las Vegas
Red Rock Canyon
Lake Las Vegas Res.
Lake Mead National Recreation Area
Lake Mead
Hoover Dam
Boulder City
Ridgecrest
Mojave Desert
Mojave
Tehachapi Mts.
EDWARDS AIR FORCE BASE
Lancaster
Barstow
Calico Ghost Town
Dagget
Newberry Springs
Baker
Clark Mountain 2417
Mojave National Preserve
Cima
Kelso
Devils Playground
Ludlow
Amboy
Needles
Lake Havasu City
Victorville
Apple Valley
Hesperia
San Gabriel Mts.
San Bernardino Mts.
San Bernardino
Yucca Valley
Joshua Tree
Twentynine Palms
Joshua Tree Nat. Park
Palm Springs
Palm Desert
Indio
Salton Sea
Sonora Desert
Colorado Desert
Chocolate Mountains
Blythe
Brawley
El Centro
Calexico
Mexicali
Yuma
Anza-Borrego Desert State Park
Paso Robles
Atascadero
Morro Bay
San Luis Obispo
Mission San Luis Obispo de Tolosa
Pismo Beach
Santa Maria
Lompoc
VANDENBERG AIR FORCE BASE
Space Shuttle Launch Complex
Buellton
Solvang
Los Olivos
Santa Ynez
Point Conception
Santa Barbara
Santa Barbara Mission
Santa Barbara Channel
Channel Islands National Park
Ventura
Oxnard
Thousand Oaks
Simi Valley
Malibu
Santa Monica
Glendale
Pasadena
Beverly Hills
LOS ANGELES
Hollywood
Getty Center
Venice
Manhattan Beach
Redondo Beach
Long Beach
Anaheim
Ontario
Santa Ana
Riverside
Moreno Valley
Huntington Beach
Irvine
Newport Beach
Laguna Beach
San Juan Capistrano
San Clemente
Santa Catalina Island
San Nicolas I.
San Clemente I.
CAMP PENDLETON MARINE CORPS BASE
Oceanside
Carlsbad
Legoland
Encinitas
Escondido
Torrey Pines State Reserve
La Jolla
SAN DIEGO
Santee
El Cajon
Coronado
Chula Vista
Tijuana
Hearst San Simeon State Historical Monument
San Simeon
Cambria
Big Sur
Henry Miller Memorial Library
Julia Pfeiffer Burns S.P.
Andrew Molera State Park
Point Lobos State Res.
Garrapata State Park
Asilomar State Beach
Monterey Bay Aquarium
Moss Landing State Beach
Henry Cowell Redwoods S.P.
Año Nuevo State Res.
Verkehrswege (Auswahl)
Highway (mehrspurig)
Hauptverbindungsstraße
sonstige Straße
Interstate Highway
U.S. Highway
State and Provincial Highway
Grenzen
Staatsgrenze
Bundesstaatsgrenze
Gewässer
periodischer Fluss
Trockensee
Salzsee
Sonstiges
bes. Sehenswürdigkeit
Weinanbaugebiet
militärische Einrichtung
Entfernung in Meilen (Auswahl)
Umrechnungstabelle
Meilen Kilometer
10 16
20 32
30 48
40 64
50 80
60 96
70 112
80 128
90 144
100 160
Orte
LOS ANGELES über 1 Mio Einwohner
San Francisco 500 000 - 1 Mio Einw.
Fresno 100 000 - 500 000 Einw.
Eureka 50 000 - 100 000 Einw.
Chico 25 000 - 50 000 Einw.
Oroville 10 000 - 25 000 Einw.
Jenner unter 10 000 Einw.
Sacramento Hauptstadt des Bundesstaates
50 km
(31 Miles)
GEO-Grafik

Leserbriefe

LONDON-SPECIAL (5/2005)

Direkt vor meiner Abreise nach London sind mir die beiden Hefte GEO Special und GEO EPOCHE zum Thema „London" in die Hände gefallen. Noch größer war die Freude, als ich mich – ausschließlich bewaffnet mit diesen beiden Heften – ein Wochenende lang durch Europas Metropole Nr. 1 bewegt habe. Was für eine kurzweilige und inspirierende Lektüre! Besonders das Special hat mir sowohl bei der Suche nach Restaurants als auch bei der Stadtviertel-Erkundung wertvolle Tipps geliefert. Und was für ein Genuss, anhand dieses Heftes einmal einen Blick in die architektonische Zukunft Londons zu werfen. Das ungewöhnliche Layout – passend zum Thema „Wolkenkratzer" – hat mir bei diesem Artikel besonders gefallen. Ich bedanke mich für geistreiche, informative und unterhaltende London-Unterstützung – die Hefte sind beim nächsten London-Trip garantiert wieder im Gepäck.

Janne Wortmann, per E-Mail

Da ich erst im September in London war, kam ihr Heft natürlich sehr gelegen. Der Bericht über Jack the Ripper hat mich besonders angesprochen, da ich eben diese Tour mit Donald Rumbelow mitgemacht habe. Er hat uns dann nachts vor dem Haus des letzten Mordopfers stehen lassen und die Führung beendet. Ganz schön gruselig! Eine kleine Korrektur: Der – wenngleich sehr malerische – „Old Curiosity Shop" in der Portsmouth Street hat nichts mit dem gleichnamigen Geschäft in dem Roman von Charles Dickens zu tun – das ist lediglich ein Werbegag des Besitzers. Das haben wir in der großartigen Führung „Legal and Illegal London" erfahren. Das Highlight unserer Reise war übrigens die „Last Night of the Proms" im Hyde Park. Ein unvergessliches Erlebnis.

Ulrike Maar-Dietl, Fürth

GEO Special

Gruner + Jahr AG & Co KG, Druck- und Verlagshaus,
Am Baumwall 11, 20459 Hamburg.
Postanschrift für Verlag und Redaktion:
20444 Hamburg, Telefon 040 / 3703-0, Telefax 040 / 37 03 56 48.
E-Mail: briefe@geo.de; Internet: www.GEO.de

CHEFREDAKTEUR: Peter-Matthias Gaede

STELLVER. CHEFREDAKTEUR: Michael Schaper

GESCHÄFTSFÜHRENDE REDAKTEURE: Florian Hanig (Text), Ruth Eichhorn (Fotografie), Jutta Krüger (Art Direction)

ART DIRECTOR: Beate Meding

TEXTREDAKTION: Meike Kirsch, Brigitte Gajser (Reise-Service), Markus Wolff

BILDREDAKTION: Venita Kaleps, Tina Ahrens

DOKUMENTATION: Dr. Agnes Bretting, Carola Hoffmeister (freie Mitarbeit), Andrea-Rebecca Flörke (Reise-Service)

KARTOGRAPHIE: Günther Edelmann

SEKRETARIAT: Maren Heidorn, Elke Rehländer-Stöhr, Hella Strepp

HONORARE/SPESEN: Angelika Györffy

SCHLUSSREDAKTION: Jürgen Brüggemann; Assistenz: Hannelore Koehl

MITARBEITER DIESER AUSGABE: Dr. Susmita Arp, Wolfgang Bauer, Barbara Baumgartner, Marc Deckert, Michael Detto, Emanuel Eckardt, Amira El Ahl, Michaela Haas, Torsten Hampel, Steffan Heuer, Ina Rometsch, Jochen A. Siegle, Karl Teuschl, Dr. Andreas Weber, Susanne Weingarten

BILDADMINISTRATION UND -TECHNIK: Bernd Dinkel

GEO-BILDARCHIV: Bettina Behrens, Gudrun Lüdemann, Peter Müller

VERANTWORTLICH FÜR DEN REDAKTIONELLEN INHALT: Peter-Matthias Gaede

REDAKTIONSBÜRO NEW YORK: Nadja Masri (Leitung), Lars Willumeit, Brigitte Barkley, Wilma Simon; Ann Binlot (Sekretariat)
375 Lexington Avenue, New York, NY 10017-5514,
Tel. 212-499-8100, Fax 212-499-8105, E-Mail: geo@geo-ny.com

VERLAGSLEITUNG: Dr. Gerd Brüne, Ove Saffe
ANZEIGENLEITERIN: Anke Wiegel
VERTRIEBSLEITERIN: Ulrike Klemmer
MARKETINGLEITER: Jan-Piet Stempels
HERSTELLER: Oliver Fehling

ANZEIGENABTEILUNG
Anzeigenverkauf: Korinna Koschek,
Tel. 040 / 37 03 22 48, Fax 040 / 37 03 56 04
Anzeigendisposition: Marco Schütze,
Tel. 040 / 37 03 23 27, Fax 040 / 37 03 56 04
Es gilt die Anzeigenpreisliste Nr. 33 vom 1. Januar 2006
Bankverbindung: Deutsche Bank AG Hamburg,
Konto 0322800, BLZ 200 700 00
Druck: Prinovis Itzehoe GmbH & Co KG

GEO ist auf Papier gedruckt, das aus einem Drittel – ausschließlich chlorfrei gebleichtem – Zellstoff, aus einem Drittel Durchforstungsholz und einem Drittel Altpapier hergestellt ist

GEO-SPECIAL-LESERSERVICE

FRAGEN AN DIE REDAKTION
Telefon: 040 / 37 03 20 73, Telefax: 040 / 37 03 56 48
E-Mail: briefe@geo.de

ABONNEMENT- UND EINZELHEFTBESTELLUNG

ABONNEMENT DEUTSCHLAND
Bestellungen
Gruner + Jahr AG & Co KG
GEO-Kundenservice
20080 Hamburg
Telefon: 01805 / 861 80 01*
(* 12 Cent/Min.)

Heftpreis im Abonnement: 6,65 €
Kundenservice allgemein
(persönlich erreichbar)
Mo–Fr 7.30 bis 20.00 Uhr
Sa 9.00 bis 14.00 Uhr
Telefon: 01805 / 861 80 01*
Telefax: 01805 / 861 80 02*

24-Std.-Online-Kundenservice: www.MeinAbo.de/service

ABONNEMENT ÖSTERREICH
GEO Special-Abonnentenservice
Postfach 5, 6960 Wolfurt
Telefon: 0820 / 00 10 85
Telefax: 0820 / 00 10 86
E-Mail: geo-special@abo-service.at

ABONNEMENT SCHWEIZ
GEO Special-Leserservice
Postfach, 6002 Luzern
Telefon: 041 / 329 22 20
Telefax: 041 / 329 22 04
E-Mail: geo-special@leserservice.ch

ABONNEMENT ÜBRIGES AUSLAND
GEO Special-Kundenservice, Postfach, CH-6002 Luzern;
Telefon: 041 / 329 22 80, Telefax: 041 / 329 22 04
E-Mail: geo-special@leserservice.ch

BESTELLADRESSE FÜR GEO-BÜCHER, GEO-KALENDER, SCHUBER ETC.

DEUTSCHLAND
GEO-Versand-Service
Werner-Haas-Straße 5
74172 Neckarsulm
Telefon: 01805 / 06 20 00
(12 Cent/Min.)
Telefax: 01805 / 08 20 00
(12 Cent/Min.)
E-Mail: service@guj.com

SCHWEIZ
GEO-Versand-Service 50/001
Postfach 1002
CH-1240 Genf 42

ÖSTERREICH
GEO-Versand-Service 50/001
Postfach 5000
A-1150 Wien

BESTELLUNGEN PER TELEFON UND FAX FÜR ALLE LÄNDER
Telefon: 0049-1805 / 06 20 00, Telefax: 0049-1805 / 08 20 00
E-Mail: service@guj.com

ISBN-Nr. 3-570-19668-2
ISSN-Nr. 0723-5194

Fotovermerke nach Seiten. Anordnung im Layout: l. = links, r. = rechts, o.= oben, m. = Mitte, u. = unten

Titel: Paul Harris/Getty Images

Seite 3: Meike Kirsch: o.; Alex Tehrani/Redux: m.

Seite 4: Kevin Lahey: l. o.; Erik Lang: l. m.; Robert Landau/Corbis: l. u.; Jörg Modrow/laif: 4 r. o.; BVI/Disney/Pixar Animation Studios/Cinetext: r. u.

Seite 5: Jack Dykinga/Getty Images: r. o.; Patrick Trefz: r. m.; Cheryl Himmelstein/Corbis: r. u.

HABITAT
DPA/Picture Alliance: 6 o.; Michael Goulding/Orange County Register/Corbis: 6 u.; David McNew/Getty Images: 7 l. o., l. u., und r. u.; Ina Rometsch: r. o.; Illustration: Lutz Widmaier: 8

SORGE DICH NICHT, SCHWEBE
Louie Psihoyos: 10/11; Thomas Lerch/Visum: 12/13; Jörg Modrow/laif: 14/15; Hermann Erber/Look 16/17; Gunter Marx Photography/Corbis: 18/19; Lars Schneider: 20–23; Galen Rowell/Mountain Light: 24/25

HASTA LA VISTA, ARNIE
Interfoto: 26, 27 l.; Sam Jones/Corbis Outline 27 m.; Picture Alliance/dpa-Report: 27 r.; Holger André: 28

DER ZIRKUS UMS GROSSE GELD
Erik Lang: 32/33; David Strick/Redux/laif: 34/35 o.; David Strick/Redux: 34 u., 35 u. ; Picture Net/Corbis: 36 o.; Massimo Borchi/Atlantide: 36 u.; Jörg Modrow/laif: 37 l.; Stefano Amantini/Atlantide: 37 r.; Alex S. Maclean/Landslides: 38/39; David Lefranc/Gamma: 40 o.; Lester Lefkowitz/Corbis: 41 l. o.; Christian Heeb/Look: 41 r. o.; Doris Klaas: 41 l. u.; Torsten Hampel: 41 r. u.

ALLER FORTSCHRITT GEHT VOM VOLKE AUS
Thomas Kern/Lookat: 42; Jamie Rector: 43

EKSTASE IM SCHLEUDERGANG
Patrick Trefz: 44/45; Lawrence Beck: 46; NOAA: 47 l. o. Mit freundlicher Genehmigung von Grant Washburn: 47 l. m.; David Perry 47 r. o.; Tony Canadas: 48/49; Doug Acton 50; John Bilderback: 51 o.; Heinz Heiss: 51 u.

MONSTERMÄSSIG ERFOLGREICH
Art Streiber/Corbis Outline: 52; Lucas Film: 53 o., 56 r. o.; Buena Vista/Cinematext: 53 u.; Robert Polidori: 55 o., r. m. und l. u., 56 u.; BVI/Disney/Pixar Animation Studios/Cinetext: 55 l. m., 57 l. u. ; Disney/Pixar Animation Studios/Cinetext: 55 r. u.; Cinetext: 56 l. o.; 20th Century Fox/Cinetext: 57 o.; Julia Zimmermann: 57 r. u.

BIENVENIDO A MEXIFORNIA
David Hume Kennerly/Getty Images: 58; Christopher J. Morris/Redux/laif: 59

EINE WELTSTADT, VOM ERDBODEN VERSCHLUCKT
California Historical Society, FN-04024: 61; CHS, FN-36066: 62; CHS, FN-36057: 63 o.; CHS, FN-28544: 64 o. ; CHS, FN-28963: 64 u.; CHS, GN-1404: 65; CHS, FN-26472: 66 o.; CHS, FN-25438: 66 u.; San Francisco History Center/MB Photo: 63 u.; Emanuel Eckardt: 67 l. u.; Bernhard Edmaier: 67 r. u.

IM ANFANG WAR DER ORT
Sean Arbabi: 68/69; Rich Reid/National Geographic Image Collection: 70/71; Len Jenshel: 72; Carr Clifton/Minden Pictures: 73, 76–79; Jim Richardson/National Geographic Image Collection: 74/75

DICHTER AN DIE NATUR
Library of Congress: 80; John Muir Papers, Holt-Atherton Special Collections, University of the Pacific Library © 1984 Muir-Hanna Trust: 80/81 (Hintergrund), 81 o.

NEUE FLÜGEL FÜR DIE STADT DER ENGEL
Robert Landau/Corbis: 82/83; Alex Tehrani/Redux: 84–92

BIS ZUM HORIZONT UND BREITER
Lara Jo Regan/Liaison/Getty Images: 94; UNEP, 2005. „One Planet, Many People: Atlas of Our Changing Environment": 95

DER ZAUBERBERG
Kevin Lahey: 96; Erika Larsen/Redux: 97–102

LICHTGESTALTER DER MODERNE
J. Paul Getty Trust. Used with permission. Julius Shulman Photography Archive, Research Library at the Getty Research Institute: 104, 105 o., 107, 110/111; © 2001 Phil Ethington: 105 u.; Deutsches Architektur Museum: 108/109

DER KAISER VON KALIFORNIEN
Mark Kauffman/Time Life Pictures/Getty Images: 112; Tim Street-Porter/ESTO: 113

VENICE FOREVER!
Cheryl Himmelstein/Corbis: 114/15, 122 o.; Cheryl Himmelstein: 116–121, 122 m. und u.

INFO-TEIL
Louie Psihoyos/Science Faction Images: 126; Patrick Trefz: 127; Rabouan-Fion/Hemisphères: 128; Alfred Bullesbach/Visum: 130 o., Lars Willumeit: 130 u.; Blaine Harrington: 131 o., 137 o.; Bildagentur Huber/Giovanni Simeone: 131 u., 146 o.; James Randklev/Getty Images: 132 o.; Bildagentur Huber/Massimo Ripani: 132 u.; Jörg Modrow/laif: 133, 137 u., 141; Carr Clifton/Minden Pictures: 134 o.; David Keaton/Corbis: 134 u.; Floris Leeuwenberg/TCS: 136; Dave G. Houser/Houserstock: 138; Karl Teuschl: 139, 140 u., 144 u., 147; Christian Heeb/laif: 140 o.; Holger Leue/Look: 142 o.; Phil Schermeister/Network Aspen: 142 u.; Robert Harding Picture Library Ltd./Alamy: 144 o.; Damian P. Gadal/Alamy: 145; Jochen Tack/Das Fotoarchiv: 146 u.

PROFIL
Lake County Museum/Corbis: 148 l. o.; Bettmann/Corbis: 148 l. u. , 149 o.; Hans Scherhaufer/images.de: 148 r.; Peter Turnley/Corbis: 149 m.; Jim Sugar/Corbis: 149 u.

VORSCHAU
Marc Steinmetz/Visum: 153 o. und l. u.; Gulliver Theis: 153 r. u.

INTERVIEW
Ina Rometsch: 154

KARTEN
Günther Edelmann: 92, 134; Günther Edelmann/Rainer Droste/Gunter Kaiser: 150/151

Für unverlangt eingesandte Manuskripte und Fotos übernehmen Verlag und Redaktion keine Haftung.

© GEO 2006, Verlag Gruner + Jahr, Hamburg, für sämtliche Beiträge. Einem Teil der Auflage liegen Prospekte für Visit Britain sowie Gruner + Jahr AG & Co. KG bei.

Vorschau

Wer könnte dieser Stadt die Show stehlen? Beim Hafengeburtstag schon gar keine. Und auch sonst ist Hamburg das Licht im Norden

HAMBURG

Edle Sportclubs: Schule der Hanseaten

Bordelle und Baukräne: Die neue Reeperbahn

Rote Flora: Der Anthroposoph und die Autonomen

Rätsel: Wo Hamburg aussieht wie ...

Kinder testen Museen

Grüne Verlockung: Wo die Stadt wild wird

Kunst: Der Biedermann und die Brandstifter

Reif für die Insel: Expedition nach Wilhelmsburg

Extra-Booklet: Zwölf tolle Tage mit Hamburger Prominenten

Aufbruch allerorten: Der Hafen boomt, die Stadt wächst und setzt sich mit der Elbphilharmonie ein kühnes Denkmal. Rechtzeitig zum 25. Jubiläum der Heftreihe fühlt die GEO-Special-Redaktion ihrer Heimatstadt wieder einmal den Puls. GEO-Reporter haben in der Hafencity, Europas größtem Bauprojekt, zur Probe gewohnt und die letzte Erotik-Show auf dem Kiez besucht. Sie haben in der „Roten Flora" Autonome getroffen und Nachwuchs-Millionäre in Hamburgs feinsten Sportclubs, haben den radikalsten Kunstsammler der Stadt interviewt und die ehrgeizigste Modedesignerin. Und können frisch bezeugen: Hamburg rockt!

Ein sanftes Amazonas-Gefühl im Jugendstil-Viertel: Verwunschene Tretbootreviere gibt es reichlich in Hamburg. Und, zum Beispiel, Hockeyclubs. Kein Zufall, dass sie in dieser Stadt mehr Tradition haben als, sagen wir, Schlammboxen

Die zuletzt erschienenen Ausgaben:

Australien Nr. 4/2005

London Nr. 5/2005

Kanaren Nr. 6/2005

Die folgenden Ausgaben:

RUSSLAND

PORTUGAL

CHILE + ARGENTINIEN

GEO Special Hamburg
erscheint am 5. April 2006

... Palmendoktor von Beverly Hills?

Was wäre Kalifornien ohne Palmen? Ken Pfalzgraf kämpft um den Erhalt der prächtigen Bäume, die erst seit 100 Jahren an der Westküste gepflanzt werden – und doch das kalifornische Lebensgefühl so prägen

Herr Pfalzgraf, wie sind Sie Palmendoktor geworden?

1989 sollte ich als Kranführer in Las Vegas eine Palme in ihr Pflanzloch hieven. Gar nicht so einfach, denn das Ding war viel schwerer als die Bretter und Zementeimer, die ich sonst durch die Luft hob. Später sah ich, dass meine Palme abgestorben war. Da habe ich mich gefragt, wie das wohl kommt, und Gärtnerkurse besucht. So hat es angefangen.

Mit einem Erweckungserlebnis auf einem Kran?

Genau. Von diesem Moment an las ich alles über Palmen. Ohne Doktortitel war es natürlich schwierig, im Fachmagazin „Palms" zu veröffentlichen. Aber es hat geklappt, mein erster Artikel trug den stolzen Namen: „Vom Umpflanzen großer Palmen". 2001 engagierte mich dann die Stadtverwaltung von Beverly Hills, hier gehören Palmen einfach zum Stadtbild.

Wieso brauchen Palmen einen Arzt?

Weil es schlecht um ihre Gesundheit steht. In den letzten 40 Jahren ist in Beverly Hills jede vierte Kanarische Dattelpalme gestorben, fast 350 Stück. Und 196 sind zurzeit krank. Das Problem taucht überall in Kalifornien auf. Die Folgen sind dramatisch, da gehen 100-jährige Alleen einfach zu Grunde.

Was bringt die Palmen um?

Die Krankheit Fusarium-Welke. Sie wird von einem Schimmelpilz im Boden ausgelöst. Er wandert in das Gewebe, das für den Wassertransport der Palme zuständig ist, und verstopft es. Dann trocknen die Palmwedel aus, werden braun und sterben ab. Manchen Palmenarten macht der Pilz nichts aus, aber Dattelpalmen killt er.

Und was tun Sie dagegen?

Gegen die Krankheit selbst bin ich machtlos, jede infizierte Palme stirbt. Aber ich warne davor, dass der Pilz sich vor allem über Sägen verbreitet, mit denen wir alte Wedel stutzen. Deshalb müssen Sägen immer sterilisiert werden: Erst Holzspäne abbürsten, dann Sägeblatt in ein Chlorbleiche-Wasser-Gemisch tauchen. Und benutzen Sie bloß keine Kettensägen! Die bekommen Sie nie steril! In meinem Computer habe ich außerdem eine Bestandsaufnahme aller Palmen der Stadt. So weiß ich, welche Bäume infiziert sind, und sorge dafür, dass wir sie rechtzeitig abholzen. Sonst fällt womöglich die ganze Krone ab. Dann krachen 2500 Kilo von oben auf die Straße!

Wieso schlägt die Krankheit denn gerade jetzt zu?

Weil die Palmen alt geworden sind. Palmen sind an der kalifornischen Küste nicht heimisch, viele wurden vor ziemlich genau 100 Jahren gepflanzt. Und nachdem sie Jahrzehnte in einem engen Fleckchen am Straßenrand gewachsen sind, haben die Wurzeln nicht mehr genug Platz. Das macht anfällig für Krankheiten.

Sterben dann die Palmen in Kalifornien bald aus?

Nein, bestimmt nicht! In Zukunft werden zwar die prächtigen Alleen seltener werden. Aber Palmen in privaten Gärten wird es immer geben. Obwohl große Exemplare zum Teil richtig teuer geworden sind: Für eine zehn Meter hohe Kanarische Dattelpalme müssen Sie gut 13 000 Dollar hinlegen. Hinzu kommt der Lohn für die Leute, die das Ding einpflanzen. Und der Kran, den Sie brauchen, kostet noch einmal 250 Dollar die Stunde.

Sollten Sie also lieber robuste Eichen pflanzen?

Mal ehrlich, hohe Palmen bringen den Menschen eigentlich nichts. Sie spenden keinen Schatten und fangen die Rußpartikel der Autoabgase nicht ein. Sie sind hübsch und symbolisieren Reichtum, aber vom Nutzen her sind Palmen wie ein Telefonmast. Trotzdem hänge ich an ihnen. (*Pfalzgraf rollt seinen rechten Hemdsärmel nach oben, auf seinem Unterarm ist eine Dattelpalme tätowiert.*)

Interview: Ina Rometsch

Ein Mann, ein Baum, eine Mission: Ken Pfalzgraf kennt jede kranke Palme in Beverly Hills